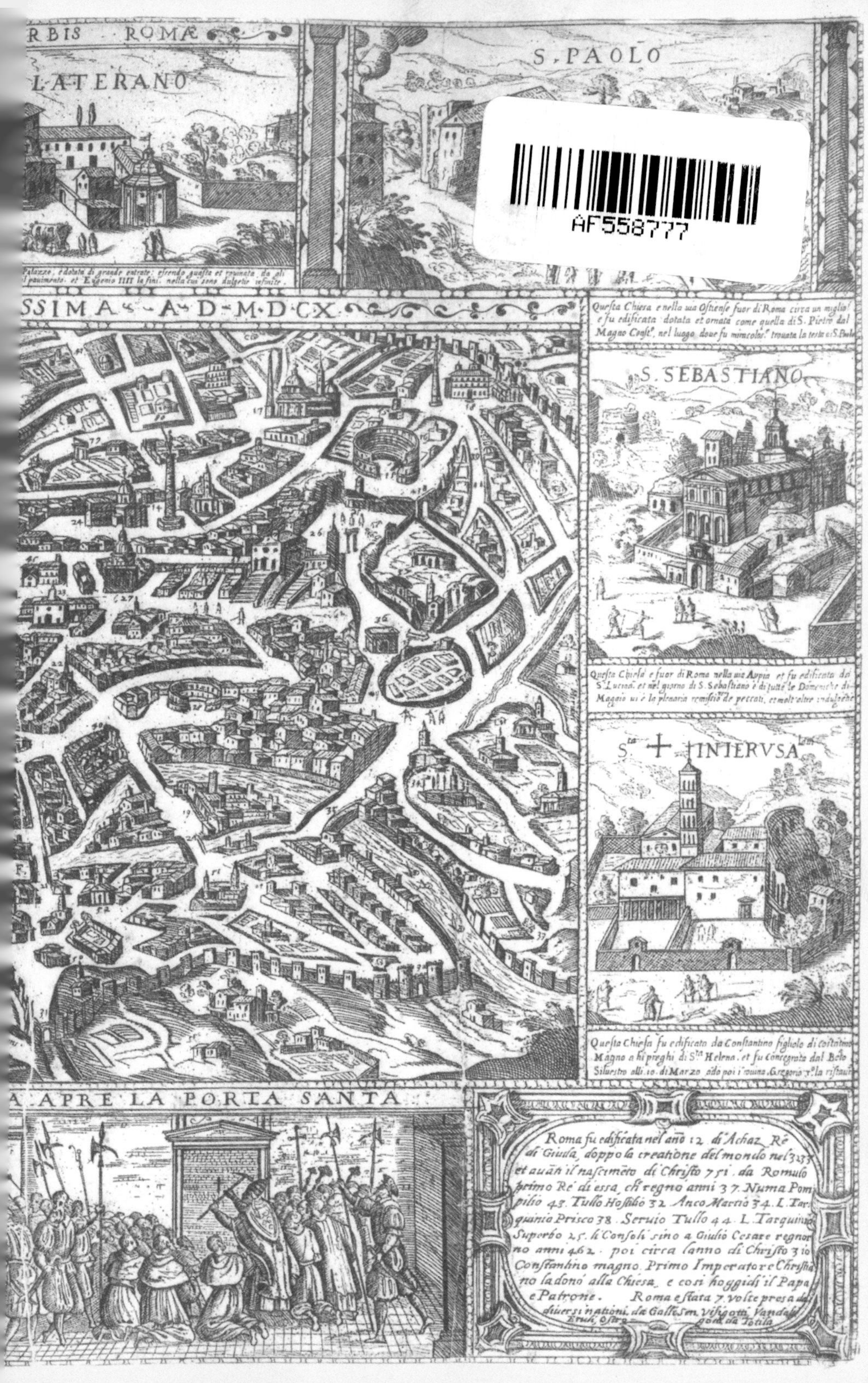
RBIS ROMÆ
LATERANO
S. PAOLO
AF558777
SSIMA A·D·M·DCX
Questa Chiesa è nella uia Ostiense fuor di Roma circa un miglio
e fu edificata dotata et ornata come quella di S. Pietro dal
Magno Const°. nel luogo doue fu miracolos.te trouata la testa di S. Paolo
S. SEBASTIANO
Questa Chiesa è fuor di Roma nella uia Appia et fu edificata da
S. Lucina et nel giorno di S. Sebastiano è di tutte le Domeniche di
Maggio ui è la plenaria remissio de peccati, et molt'altre indulgenze
S.ta + IN IERVSALem
Questa Chiesa fu edificato da Constantino figliolo di Costantino
Magno a hi preghi di S.ta Helena. et fu Concegrata dal Beato
Silvestro alli 10. di Marzo ado poi i rouina. Gregorio 3.° la ristaurò
A APRE LA PORTA SANTA
Roma fu edificata nel año 12 di Achaz Rè
di Giuda, doppo la creatione del mondo nel 3233
et auāti il nascimēto di Christo 751. da Romulo
primo Rè di essa, chi regno anni 37. Numa Pom
pilio 43. Tullo Hostilio 32 Anco Martio 34. L. Tar
quinio Prisco 38. Seruio Tullo 44. L. Tarquinio
Superbo 25. li Consoli sino a Giulio Cesare regnor
no anni 462. poi circa l'anno di Christo 310
Constantino magno. Primo Imperatore Christia
no la donò alla Chiesa, e così hoggidì il Papa
e Patrone. Roma è stata 7. volte presa da
diuersi nationi, da Galli Sen. Visigotti Vandali
Eruli, Ostro goti da Totila

Arne Karsten

BERNINI

Der Schöpfer des barocken Rom

Arne Karsten

BERNINI

Der Schöpfer des barocken Rom

Leben und Werk

C.H.Beck

Die 1. Auflage dieses Buches ist in gebundener Form
im Jahr 2006 im Verlag C.H.Beck erschienen.
1., durchgesehene Auflage in der Beck'schen Reihe. 2007
2., durchgesehene und aktualisierte Auflage der gebundenen Ausgabe. 2017

Mit 51 Abbildungen und einer Karte
Vorsatz: Giovanni Maggi, Romplan, 1610

3., durchgesehene Auflage. 2024

www.chbeck.de
Umschlagabbildung: Gianlorenzo Bernini, *Apoll und Daphne*,
1622–1625, Villa Borghese, Rom, © akg-images, Berlin
Umschlaggestaltung: Atelier 59, München
Satz aus der Janson Text: C.H.Beck.Media.Solutions, Nördlingen
Druck und Bindung: Pustet, Regensburg
Gedruckt auf säurefreiem und alterungsbeständigem Papier
Printed in Germany
ISBN 978 3 406 82073 1

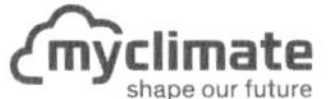

verantwortungsbewusst produziert
www.chbeck.de/nachhaltig

Inhalt

Schwierige Zeiten. Die Herrschaft Innozenz' X. (1644–1655)

Höhe des Lebens? Die Jahre der Herrschaft Alexanders VII. (1655–1667)

Dem Ende entgegen

Anhang

Vorwort zur Neuauflage

«So viel wie nötig, so wenig wie möglich» war die Maxime, der ich bei der Überarbeitung dieser Bernini-Biographie auch diesmal gefolgt bin. Neue Erkenntnisse der Forschung wurden verschiedentlich eingearbeitet, ohne die Erzählstruktur des Buches zu verändern, die Bibliographie um die wichtigsten Neuerscheinungen ergänzt. Stefanie Hölscher und Beate Sander vom Verlag C.H.Beck sei für die einmal mehr überaus angenehme Zusammenarbeit herzlich gedankt!

Wuppertal, am 15. April 2024

Der Schöpfer des barocken Rom

Die zwei Gesichter des Gianlorenzo Bernini

Für die einen war er «jener Drache, der unermüdlich über die Gärten der Hesperiden wachte und sicher stellte, dass kein anderer nach den Äpfeln päpstlicher Gunst greifen konnte»,[1] ein ebenso ehrgeiziger wie egozentrischer Karrierist, der neben sich keine Kollegen oder gar Konkurrenten duldete. Von anderer Seite hingegen wurde ihm bescheinigt, er sei «ein seltener Mensch, von sublimer Begabung, durch göttliches Wirken geboren, um zum Ruhme Roms Licht in dieses Jahrhundert zu tragen».[2] Keine Frage, an Gianlorenzo Bernini schieden sich die Geister. Eines jedoch steht außer Zweifel: er war das, was man gemeinhin als «Großer Mann» bezeichnet. Kein anderer Künstler hat das Stadtbild Roms in vergleichbarer Weise geprägt. Seine Produktivität lässt sich in Qualität und Vielfalt allenfalls mit derjenigen Michelangelos vergleichen, dem zeitlebens von Bernini bewunderten Vorbild. Der «Michelangelo seines Jahrhunderts» wollte er werden – und wurde von den Zeitgenossen auch tatsächlich so gesehen und genannt.[3]

Nun ist es mit «großen Männern» so eine Sache. Ihre Größe geht oftmals einher mit wenig anziehenden Charakterzügen, und wenn man fragt, ob der persönliche Umgang mit ihnen stets erfreulich sei, so sind in aller Regel einige Vorbehalte anzuführen, um es vorsichtig zu formulieren. Gianlorenzo Bernini jedenfalls, den man ohne Übertreibung als den Schöpfer des barocken Rom bezeichnen kann, vereinte in sich irritierend widersprüchliche Eigenschaften. Seit jeher gilt er als die geradezu vollkommene Verkörperung des «Hofkünstlers», der es mit Virtuosität verstand, sich auf dem glatten Parkett der höfischen Gesellschaft zu bewegen. Und soviel ist daran richtig, dass er seinen Erfolg nicht zuletzt der Fähigkeit verdankte, im Umgang mit den päpstlichen und adligen Auftraggebern stets den rechten Ton zu treffen, gemischt aus Bescheidenheit und Selbstbewusstsein. Sein Charme und seine Produktivität, sein schlagfertiger Esprit, seine unermüdliche geistige Präsenz, kurz: die Intensität seiner Persönlichkeitswirkung müssen die Zeitgenossen immer wieder aufs Neue fasziniert haben – in den Quellen finden sich zahllose Hinweise darauf.

Daneben aber stand die andere Seite, nicht unvermittelt, sondern eher als Komplementärstück, dunkel, drohend, destruktiv. Der geistreiche Witz konnte unversehens in blanke Boshaftigkeit umschlagen, oft brillant, doch bitter für das Opfer, das, willentlich oder unabsichtlich, Berninis Reizbarkeit herausgefordert hatte. Seine Produktivität war staunenerregend, nicht weniger jedoch die Egozentrik, mit der er danach strebte, die Aufmerksamkeit der Umwelt auf sich allein zu lenken. Obwohl er es als Leiter einer beständig wachsenden, glänzend organisierten Werkstatt mit Dutzenden von Mitarbeitern zu tun hatte, lag ihm nichts ferner als Teamarbeit, die auf die sensible Berücksichtigung der Interessen von Untergebenen und Angestellten achtet. Im Umgang mit den Kollegen legte er im besten Fall die kalte Toleranz der Gleichgültigkeit an den Tag; oft genug jedoch verhielt er sich rüde oder gar beleidigend. Überhaupt: die Tatsache, dass es Kollegen gab, scheint ihm entschieden unangenehm gewesen zu sein – jedenfalls, soweit sie nicht tot und damit als Konkurrenten ungefährlich waren. Der wohlstilisierten Formvollendung, mit der er sich am päpstlichen Hof zu bewegen wusste, standen Wutausbrüche von eruptiver Gewalt gegenüber, die ihn zumindest in einem Fall um ein Haar zum Mörder hätten werden lassen; es war reiner Zufall, dass es, wie man heute sagen würde, bei «versuchtem Totschlag in Tateinheit mit schwerer Körperverletzung und Hausfriedensbruch» blieb. Und während der einzigen großen Reise, die er in seinem Leben unternahm, verstand er zwar auf der einen Seite Ludwig XIV., den Sonnenkönig, durch seine gewitzten Schmeicheleien glänzend zu unterhalten. Seine übrigen Gesprächspartner jedoch bekamen anderes zu hören: endlose Mäkeleien über die französische Kunst, die Lernbedürftigkeit der französischen Architekten, die Minderwertigkeit der französischen Handwerker. Verständlich, dass sich in Paris die Begeisterung über den berühmten Italiener in engen Grenzen hielt.

Wer also war Gianlorenzo Bernini? Es ist an dieser Stelle auf die grundlegende Problematik jeder «psychologisierenden Annäherung» an geschichtliche Größen hinzuweisen, die immer in der Gefahr schwebt, ihr Studienobjekt zur beliebigen Projektionsfläche zu machen. In den unzähligen Trivialbiographien mehr oder minder bedeutender Gestalten der Vergangenheit kann man das einfache Strickmuster, dem sie ihre Existenz verdanken, ohne große Mühe durchschauen: mit Hilfe von ein paar bunt kostümierten Puppen, denen man die Ideen, Wertvorstellungen und Ideale der Gegenwart in den Mund legt, wird Karl der Große unversehens zum Bannerträger der Völkerverständigung, Lorenzo de'Medici zum Vorkämpfer der Demokratie und Christina von Schweden zur Begründerin der Frauenbewegung. Kitsch, so hat Jorge Luis Borges einmal konstatiert, sei eine spanische Wand vor dem Tod. Und eine solche Art von Geschichtswahrnehmung wäre nach dieser Definition hochgradig kitschig, indem sie nämlich über die Vergänglichkeit der Menschen, die Zeitgebundenheit ihrer Wertvorstellungen und Weltwahrnehmung hinwegzutäuschen sucht.

Doch gilt es festzuhalten, dass selbst bei sorgfältig-skrupulöser wissenschaftlicher Arbeit ein gewisses Maß an Subjektivität, an unwillkürlich interpretierender Wahrnehmung der Vergangenheit unvermeidlich ist und unweigerlich zu Verzerrungen führt. Geschichte «ist» nun einmal nicht, sie wird erst durch das auswählende Auge des Historikers gemacht,[4] der selbst beim sorgsamsten Blick auf die Nachrichten aus der Vergangenheit nicht aus seiner Haut kann, und das heißt konkret: die Darstellung durch die Auswahl dessen, was ihn interessiert, prädisponiert. So bleibt alle historische Forschung zeitgebunden, vergänglich wie die Menschen, von denen sie handelt. In besonderem Maße gilt das für die Beschäftigung mit etwas so schwer zu Begreifendem wie einem individuellen Menschenschicksal. Das Fremde und Fremdgewordene verstehen zu suchen, ohne aber das grundsätzliche Anders-Sein zu übertünchen, ist vermutlich seit jeher eine Kernaufgabe historischer Forschung gewesen und zugleich die Garantie dafür, dass bei aller Freude an der Erkenntnis die Beschäftigung mit der Vergangenheit immer nur zu Ergebnissen von heiter-skeptisch zu beurteilender Vorläufigkeit führt.

Allein, was bleibt uns übrig? Wenn wir nicht als Opfer der Tageseindrücke an der Oberfläche unserer eigenen Zeit umhergeworfen werden wollen, dann hilft letztlich nur der Blick in den Brunnen der Vergangenheit, im vollen Bewusstsein, dass er, ein Dichterwort zu zitieren, nicht nur tief, sondern unergründlich genannt werden sollte. Aber auch wenn alle historische Erkenntnis unvollkommen und ihrem Wesen nach zeitgebunden bleibt, so sind doch wenigstens Annäherungen an die historische Wahrheit möglich, an Rankes berühmte Forderung, zu zeigen, «wie es eigentlich gewesen». Im Falle Gianlorenzo Berninis weitgehende Annäherungen, weitergehende jedenfalls, als gegenüber den allermeisten seiner Zeitgenossen. Über kaum einen Menschen des 17. Jahrhunderts wissen wir mehr als gerade über ihn. Um zu verstehen, warum, ist ein Blick auf die Quellen nötig.

Biographen und Archivare

Die wichtigsten Zeugnisse über das Leben des Gianlorenzo Bernini stellen zwei Lebensbeschreibungen dar, die schon sehr bald nach seinem Tod im November 1680 verfasst wurden. Die erste entstammt der Feder seines jüngsten Sohnes, Domenico Bernini, der im Jahre 1657 geboren wurde. Ursprünglich hätte er in den Jesuitenorden eintreten sollen, heiratete jedoch schon in jungen Jahren und lebte dank des reichen väterlichen Erbes als Privatgelehrter seinen historischen Studien, die in einem umfangreichen und durchaus anspruchsvollen Werk über die «Geschichte der Häresien» kulminierten.[5] Enthusiastischer Bewunderer von Werk und Person des Vaters, machte er sich unmittelbar nach dessen Tod an die Arbeit, Material zu sammeln, um eine Lebensgeschichte zu verfassen, die sich nicht nur auf mündliche Nachrichten aus erster Hand, sondern auch auf eine beträchtliche Anzahl von Briefen und anderen schriftlichen Quellen stützt.

Domenico Berninis Vita erschien erst im Jahre 1713 im Druck, was dazu führte, dass lange Zeit die «Vita del Cavaliere Gianlorenzo Bernini» von Filippo Baldinucci für die früheste Lebensbeschreibung des Künstlers gehalten wurde.[6] Bei Baldinucci handelte es sich um einen mäßigen Maler und kompetenten Kunstkenner aus Florenz, dessen anerkannte Fähigkeiten als Connaisseur ihm einen ehrenvollen Platz in der kulturellen Entourage des Großherzogs Ferdinand II. der Toskana eintrugen. Im April 1681 begab sich Baldinucci nach Rom und erhielt dort von der künstlerisch überaus interessierten Königin Christina von Schweden, einer glühenden Bewunderin Berninis, den Auftrag, eine Biographie des kaum ein halbes Jahr zuvor verstorbenen Künstlers zu verfassen. Baldinucci ging sogleich mit Eifer ans Werk, und dabei kam ihm zugute, dass ihm Domenico Bernini seine eigenen Studien zur Verfügung stellte.[7] Hier und da zog Baldinucci auch andere Quellen zu Rate, aber alles in allem beruht seine Arbeit zu wesentlichen Teilen auf den Angaben des jüngeren Bernini.

Sowohl in der Vita, die Domenico Bernini verfasste, als auch beim weitgehend von ihm abhängigen Baldinucci finden sich zahlreiche Elemente von stilisierter Memoriabildung, mit der so etwas wie eine urkatholische Prädestination des Künstlers zum Dienst an Kirche und Glauben konstruiert werden soll. Die Hinweise auf die früh hervortretende Begabung des jungen Gianlorenzo entbehren gewiss nicht des wahren Kerns, erfahren aber eine Deutung, die sie in die Nähe eines Quasi-Wunders im nahezu religiösen Sinne rückt. Besonders in dieser Hinsicht sind die Angaben der beiden Autoren mit Vorsicht zu behandeln und, gerade was ihre Beschreibung der frühen Jahre Gianlorenzo Berninis angeht, mitunter nachweislich falsch. Auch sonst sind sie geflissentlich darum bemüht, ihren Helden in möglichst hellem Glanz erstrahlen zu lassen; zu den Schattenseiten des Protagonisten, den charakterlichen Schwächen oder seinem mitunter eigenwilligen Benehmen, findet sich bei ihnen nur hier und da ein vorsichtiger Hinweis, und auch der oft nur, wenn man zwischen den Zeilen zu lesen versteht.

Weniger hagiographischen Charakter als diese beiden Werke hat das unschätzbare Tagebuch, das Paul Fréart Sieur de Chantelou, ein französischer Adeliger, während des Aufenthaltes Berninis in Paris 1665 führte.[8] Chantelou fungierte in dieser Zeit als persönlicher Betreuer des berühmten Künstlers und sah ihn in dem halben Jahr, das Bernini an der Seine verbrachte, beinahe täglich. Sein Tagebuch ist ohne Zweifel geprägt von der Bewunderung und persönlichen Sympathie, die er, der gebildete aristokratische Dilettant, dem anerkannten Großmeister entgegenbrachte. Doch sorgt die fast protokollhafte Genauigkeit, mit welcher der Autor Tag für Tag die Ereignisse aufnahm, für einen ungewöhnlich direkten Blick auf das Denken und Verhalten des «Cavaliere», wie Chantelou ihn durchgängig nennt. Lange Passagen enthalten kunsttheoretische Reflexionen Berninis, die für das Verständnis seiner Kunstauffassung von grundlegender Bedeutung sind. Interessanter noch, und für eine Biographie zweifellos auch bedeutsamer, erscheinen freilich die unwillkürlichen, nicht reflektierten Äußerungen des Künstlers; und schließlich sein alltägliches Benehmen, die Lebens- und Arbeitsgewohnheiten, sein Umgang mit der Umwelt, seien es Berufskollegen (die wenig Freude an ihm hatten) oder Angehörige der glanzvollen französischen Hofgesellschaft (die auch allerlei Gelegenheit bekamen, sich über sein Verhalten zu wundern). Chantelou notierte alles, den Gemüts- und Gesundheitszustand, die täglichen Aktivitäten, Besuche beim König, bei Angehörigen des Hochadels, bei Antiquaren und die Teilnahme an Gottesdiensten, Berninis Ansichten über die bildenden Künste, über die Unterschiede zwischen Rom und Paris. Er berichtet detailliert von der praktischen Arbeit Berninis an den Entwürfen für den Louvreneubau und der Porträtbüste des Königs, von geistreichen Bonmots wie von unkontrollierten Wutausbrüchen, und gestattet uns damit einen Blick auf jenen «alltäglichen» Bernini, der in den sauber stilisierten Briefen und formelhaft verkürzten Berichten der Zeit nicht zu fassen ist.

Freilich sind auch letztere von erheblicher Bedeutung für die Rekonstruktion seines Lebens. Angesichts der außerordentlichen Produktivität Berninis und seines spätestens seit den späten zwanziger Jahren des 17. Jahrhunderts europaweiten Renommees, finden sich Nachrichten über ihn in vielen Archiven Italiens und Europas.[9] Interessant sind zumal die in den *avvisi di Roma*, Vorläufern der späteren Zeitungen, enthaltenen Informationen nicht zuletzt deshalb, weil die *avvisi* die Ereignisse in Rom in der Regel unkommentiert schildern und damit der tendenziösen Deutung unverdächtig sind. Auffällig oft ist in ihnen vom «Cavaliere» – Bernini trug diesen Titel seit 1621 – die Rede: Kaum ein anderes Künstlerleben der Frühen Neuzeit dürfte von den Zeitgenossen so aufmerksam beobachtet und beschrieben worden sein wie dasjenige des Gianlorenzo Bernini. Ein unmissverständliches Zeichen für den Ruhm, den er zu Lebzeiten genoss.

Und mit dem es schon sehr bald nach seinem Tode vorbei war. Bernini, dessen Werke das Bild der Ewigen Stadt in so hohem Grade prägten, geriet in einen Misskredit, an dem zunächst der Bedeutungsverlust des Papsttums im 18. Jahrhundert, dann die Antikenbegeisterung des bürgerlichen 19. Jahrhunderts die Hauptschuld trugen.[10] Besonders folgenreich wirkte sich die Ablehnung der barocken Kunstsprache durch Jacob Burckhardt aus. Dem Basler Protestanten verschlossen sich die geistigen Grundlagen des römischen Barock und die ihm zugrunde liegende Weltsicht der katholischen Universalkirche; zumindest waren sie ihm zutiefst suspekt. Seine Verdikte über die Arbeiten Berninis zeitigten Folgen, zumal beim deutschen protestantischen Bildungsbürgertum, womöglich bis in die Gegenwart. Zwar nicht in den Kreisen der Kunsthistoriker, die Bernini schon seit längerem wiederentdeckt und seinem Werk eine wahre Flut von Studien gewidmet haben. Doch außerhalb der Fachgelehrten-Zunft hat sich Skepsis gehalten: Kann Kunst in einer so überschwenglich-suggestiven, sinnlichen Form, wie sie uns in der «Apoll-und-Daphne-Gruppe» oder in der «Heiligen Teresa» in Santa Maria della Vittoria entgegentritt, gute Kunst sein, ja, handelt es sich überhaupt noch um Kunst, und nicht vielmehr um eine Art «Edelkitsch»?

Um diese Frage zu beantworten, wird man versuchen müssen, die Zeitumstände zu rekonstruieren, in der diese Kunst entstanden ist, nicht nur das Leben ihres Schöpfers, sondern auch die physische, psychische und geistige Umwelt, in der sich sein Dasein abspielte. Vollständigkeit im Sinne einer Werkmonographie ist dabei in keiner Weise angestrebt. Viele, mitunter auch bedeutende Werke Berninis werden nicht einmal angesprochen werden, in einigen Passagen wird vom Künstler und seinen Arbeiten kaum oder gar nicht die Rede sein. Ausblicke auf politische, gesellschaftliche, religiöse oder kulturelle Kontexte sollen, dies ist zumindest meine Hoffnung, dazu beitragen, das Verständnis für die Umwelt, in der und für (oder auch gegen) die Bernini agierte, zu vertiefen. Denn darum wird es im Folgenden gehen: um das Nachzeichnen eines Lebensweges, doch nicht in selbstzweckhafter Weise, sondern um mit ihm zugleich Einblick in eine Epoche zu gewinnen, jene Epoche des römischen Barock, in der die entscheidenden künstlerischen Impulse für ganz Europa zum letzten Mal aus Italien kamen.

Anfänge: Die Jahre unter Paul V. und Gregor XV. (1605–1623)

Eine glückliche Kindheit?

Gianlorenzo Bernini wurde am 7. Dezember 1598 in Neapel geboren. Wenige Jahre später, im Herbst 1606, zog die Familie nach Rom, wo der Vater, Pietro Bernini, ein tüchtiger, aber keineswegs herausragender Bildhauer, im Dienste Papst Pauls V. Borghese (1605–1621) Arbeit gefunden hatte. Schon bald konnte er sich in der Ewigen Stadt nicht nur über wohlgefüllte Auftragsbücher freuen, sondern ebenso über die früh ans Licht tretende, herausragende Begabung seines Sohnes. Der Vater förderte sie mit Eifer und Geschick. Die Konstellation im Hause Bernini glich derjenigen in der Musikerfamilie Mozart anderthalb Jahrhunderte später, und wie der junge Wolfgang Amadeus erhielt auch Gianlorenzo schon als Kind Gelegenheit, seine frühreife Begabung vor dem Papst zu demonstrieren. Paul V., neugierig geworden auf den kleinen Nachwuchskünstler, empfing ihn im Vatikan und fragte ihn, ob er ein Gesicht zeichnen könne. Statt einer Antwort bekam er die selbstbewusste Gegenfrage gestellt, was für ein Gesicht er denn wünsche? Worauf der Pontifex meinte, wenn es so sei, dann könne er wohl alle beliebigen Köpfe machen, und ihm befahl, einen Kopf des Heiligen Paulus zu zeichnen. Das Ergebnis, mit raschen, sicheren Strichen zu Papier gebracht, setzte den Papst und seinen Hofstaat in Erstaunen.

«Se non è vero, è ben trovato» – «wenn es nicht wahr ist, dann gut erfunden», so ließe sich die von Berninis Sohn und erstem Biographen Domenico überlieferte Anekdote kommentieren.[1] Natürlich rückt sie den Künstler in ein strahlendes Licht, woran Bernini Zeit seines Lebens Gefallen fand. Allerdings heißt das noch lange nicht, dass die Geschichte eine spätere Erfindung sein muss. Denn die Familie Bernini war in diesen Jahren im Dienste der Borghese tätig, und der kleine Gianlorenzo wurde schon sehr früh an den Arbeiten in der Werkstatt des Vaters beteiligt. Unter diesen Umständen erscheint es nicht unplausibel, dass die kulturell aufgeschlossene Hofgesellschaft den Pontifex darauf hingewiesen hat, hier sei ein ungewöhnliches, frühreifes Talent zu bestaunen.

Entscheidend aber ist, dass der junge Gianlorenzo Bernini sehr bald durch besondere Begabung auffiel,[2] nicht nur aufgrund seiner schon im kindlichen Alter stupenden Fähigkeiten im Umgang mit Marmor und Zeichenstift, sondern ebenso aufgrund des Eifers, mit der er an der Entwicklung dieser Fähigkeiten arbeitete. Tag für Tag begab sich der Junge vom väterlichen Wohnhaus bei Santa Maria Maggiore quer durch das gesamte damals besiedelte römische Stadtgebiet zum Vatikan, um dort die berühmte Antikensammlung zu studieren, das heißt zu zeichnen, so lange es das Tageslicht zuließ. Dort blieb er dann Stunde um Stunde, oft bis in den späten Abend, so dass ihn der Vater mitunter tagelang nicht zu Gesicht bekam. Doch nicht nur die antiken Statuen faszinierten ihn, sein Interesse galt ebenso der jüngeren und jüngsten Malerei, den Arbeiten Raffaels und Michelangelos, der Carracci-Brüder und Guido Renis. Und stets hielt er mit dem Zeichenstift fest, was er sah. Domenico Bernini berichtet, die in diesen Kindheitsjahren entstandenen Studienzeichnungen hätten sich erhalten, sie lägen ihm vor, «und ich kann bestätigen, dass kaum ein Menschenleben genügt, all diese Dinge auch nur mit den Augen zu sehen, die er damals im Zeitraum von gerade einmal drei Jahren zeichnete.»[3]

Es stellt sich die Frage nach den Ursachen des jugendlichen Schaffensfurors: welcher Genius führte, oder, anders gedeutet, welcher Dämon trieb den jungen Gianlorenzo, wenn er unermüdlich weiterarbeitete, dieweil seine Brüder und die Mitarbeiter des Vaters sich längst den behaglichen Freuden des Feierabends hingaben? Ohne Zweifel spielte eine wichtige Rolle, dass er hohe «Anerkennungsprämien» für seine Lernbegierde durch den stolzen Vater bekam. Auch hier ist der Vergleich mit dem jungen Mozart hilfreich, dessen

Kindheit und Jugend Norbert Elias eine anregende Untersuchung gewidmet hat,[4] in der die früh entwickelten außerordentlichen Fähigkeiten des Kindes als Ergebnis des Zusammenspiels von «Begabung», so schwer zu fassen dieser Begriff auch ist, technisch-handwerklicher Förderung und geschickter emotionaler Steuerung durch den Vater gedeutet werden. Pietro Bernini bewies eine glückliche Hand im Umgang mit seinem hochbegabten Kind. Dazu gehörte nicht zuletzt, dass er genug Größe besaß, sich mit der eigenen Mittelmäßigkeit abzufinden. Als der kunstsinnige Kardinal Maffeo Barberini eines Tages beim Anblick einiger früher Skulpturen des jungen Gianlorenzo dem Vater unverblümt ins Gesicht sagte, er werde wohl von den Arbeiten seines Sohnes bei weitem in den Schatten gestellt werden, replizierte Pietro Bernini gelassen: «Wer in diesem Spiel verliert, gewinnt.»[5] Eine weise Antwort, und eine glaubwürdige zudem. Denn die Begabung des jungen Gianlorenzo hätte sich wohl kaum so glänzend entwickeln können, wenn nicht der Vater fordernd und fördernd, zugleich aber ohne Neidgefühle das ungewöhnliche Talent des Kindes wahrgenommen hätte.

Doch die Sensibilität und das Engagement des Vaters reichen als Erklärung für die staunenerregende Behendigkeit kaum aus, mit welcher der Sohn sich Fähigkeiten und Fertigkeiten aneignete, wie sie für sein Alter außergewöhnlich waren. Es ist kaum anzunehmen, dass seine Brüder (Gianlorenzo besaß deren fünf) anders behandelt wurden, oder jedenfalls anders behandelt worden wären, hätten sie ein vergleichbares Talent und eine ähnliche Lernbereitschaft gezeigt. Die rasche Auffassungsgabe, eine bemerkenswerte Fähigkeit zur konzentrierten Anspannung seines Geistes, mit der es ihm gelang, sich neue Eindrücke binnen kürzester Zeit in ihrer wesentlichen Substanz anzueignen und ins Produktive umzusetzen, sollte Bernini Zeit seines Lebens bewahren; wir werden noch des Öfteren auf Beispiele dafür stoßen. Jedenfalls entwickelte er sich schon bald nicht nur zum Vorzeigekünstler am Papsthof, sondern auch zu einem unverzichtbaren Mitarbeiter in der Werkstatt seines Vaters.

Rom zur Zeit Pauls V. (1605–1621)

Damit wird es höchste Zeit, für einen Moment die Blickrichtung zu wechseln und die Aufmerksamkeit der betriebsamen Bildhauerwerkstatt Pietro Berninis zuzuwenden: den Kunstwerken, die dort entstanden, den Mitarbeitern, die sie schufen, vor allem aber dem kulturellen und gesellschaftlichen, kurz, dem historischen Ambiente, das sie prägte.

Es ist das Rom zur Zeit Papst Pauls V. Borghese (1605–1621), eine Stadt von etwas mehr als 100000 Einwohnern. Groß mithin nach den Maßstäben der Zeit, wenn auch bei weitem nicht die größte Stadt Italiens: Palermo etwa und Neapel, ebenso Venedig und Mailand zählten wesentlich mehr Menschen in ihren Mauern. Dennoch übertraf Rom an künstlerischem Glanz alle Metropolen dieser Epoche, nicht nur die italienischen. Das lag an den Päpsten und ihrer eigentümlichen Doppelrolle als Souveräne des Kirchenstaates und Oberhäupter der katholischen Christenheit. Das Papsttum stellte in den Jahren zu Beginn des 17. Jahrhunderts wenn auch keine europäische Großmacht mehr, so doch unzweifelhaft eine Macht von europäischer Bedeutung dar. Alle größeren katholischen Staaten unterhielten diplomatische Vertretungen am Tiber, am aufwendigsten die Erzrivalen Spanien und Frankreich, im säkularen Kampf um die Vorherrschaft in Europa ineinander verbissen und darum bemüht, ihren Einfluss an der Kurie zu verteidigen und nach Möglichkeit auszubauen. Doch auch die Staaten Mittel- und Oberitaliens, etwa die Republiken Genua und Venedig oder das Großherzogtum Toskana (s. Italienkarte S. 251), achteten sorgsam auf eine angemessene Präsenz am Papsthof, der dementsprechend von zeitgenössischen Beobachtern als «Theater der europäischen Politik» bezeichnet wurde.[6] Dieses Bild war nicht schlecht gewählt. Auf der Bühne am Tiber agierten schließlich nicht nur die diplomatischen Gesandten, sondern, in Abstimmung mit ihnen, freilich oftmals auch in Konkurrenz, Angehörige des geistlichen Standes. Zumal die Kardinäle, jene im «Heiligen Senat» der Kirche vereinten bis zu 70 Spitzenkleriker, die in dieser Epoche zumeist ausgebildete Juristen und versierte Politiker, nur selten jedoch Berufs-Theologen waren.[7] Dementsprechend erwies sich das Konklave, die Wahl eines neuen Papstes, stets von Neuem als ein Politikum ersten Ranges. Hinter den Kulissen kämpften die verschiedenen Faktionen erbittert um die Durchsetzung von Favoriten und Verhinderung von Feinden. So zogen sich die Verhandlungen oft über Wochen oder gar Monate hin.

War die Wahl entschieden, vollzog sich jedes Mal aufs Neue das gleiche Spiel: der frisch gekürte Pontifex besetzte die Schlüsselpositionen in Politik und Verwaltung mit seinen Gefolgsleuten, und das hieß in einer Epoche, die politische Parteien im modernen Sinne nicht kannte, mit Verwandten und Freunden – wobei letzterer Begriff in einem funktionalen Sinn zu verstehen ist.[8] Auf diese Weise erlangte alle paar Jahre eine neue Familie mit einem Schlag den Status eines europäischen Herrscherhauses, denn als Souverän des Kirchenstaates war der Papst ein Fürst unter Fürsten. Für die meist aus der gehobenen Mittelschicht stammenden Angehörigen des neuen Nachfolgers Petri bedeutete das einen sozialen Quantensprung, doch handelte es sich um eine Herrlichkeit auf Zeit, die mit dem Tod des Familienpontifex unvermeidlich ihr Ende fand. Denn die nächste Generation von *Nepoten* (Neffen) folgte sogleich und verdrängte die Vorgänger mehr oder minder rücksichtslos aus ihren einflussreichen und lukrativen Positionen. Daraus resultierte ein ausgeprägtes Wettbewerbsklima in der römischen «guten Gesellschaft», eine Art sozialer Hyperkonkurrenz: die Verhältnisse wandelten sich mit oftmals atemberaubender Geschwindigkeit und zudem in kaum vorhersehbarer Weise. Zu dem Zeitpunkt etwa, da die Familie Bernini von Neapel nach Rom zog, war das Drei-Päpste-Jahr 1605 noch in lebhafter Erinnerung. Nach dem Tod Clemens' VIII. Aldobrandini hatte am 1. April jenes Jahres Leo XI. de'Medici den Stuhl Petri bestiegen, zum Jubel der Franzosen, denen er seit langem verbunden war, und ebenso der Florentiner, denn er entstammte einer Seitenlinie des berühmten Florentiner Herrscherhauses. Doch auf den Jubel folgte schon bald Entsetzen, als nämlich der neue Pontifex nach vier Wochen starb. Mit der Wahl Camillo Borgheses als Paul V. ergaben sich ganz neue gesellschaftliche und politische Konstellationen – diesmal triumphierten die Spanier sowie in besonderem Maße die Angehörigen und Freunde einer Juristenfamilie aus Siena, die erst seit einer Generation in Rom ansässig war. Was der römische Volksmund boshaft, aber nicht unzutreffend kommentierte:

Nach den Carafa, den Medici, Farnese
Bereichert sich von nun an – das Haus Borghese.[9]

Freilich nur bis zum Ende des Pontifikats. Mit anderen Worten: Erfolg und Misserfolg, Aufstieg und Abstieg wechselten rasch, und dieser Sachverhalt war im Wesentlichen verantwortlich für das unvergleichlich angeregte kulturelle und künstlerische Klima im Rom dieser Jahre.

Denn all die vergleichsweise traditionsarmen Aufsteigerfamilien, diejenigen der Päpste besonders (aber auch unter den Kardinälen und ihren Angehörigen gab es eine Vielzahl von Emporkömmlingen), sahen sich gehalten, die womöglich kurze Zeit im Glanz der Gnadensonne des Pontifex dazu zu nutzen, Kapital zu akkumulieren, und zwar nicht nur wirtschaftliches, sondern ebenso soziales und kulturelles. Wachsende Einnahmen gestatteten die Knüpfung von prestigeträchtigen Eheverbindungen, und man tat gut daran, beides, Einnahmen wie Eheverbindungen, mit künstlerischer Pracht zu veredeln, welche die bedrohliche Traditionsarmut und das daraus resultierende Legitimationsdefizit werbewirksam übertünchte. Mehr noch: mit jedem neuen Papst wechselte nicht nur das politische, sondern auch das künstlerische Establishment, denn in dem Bemühen, sich von den verfeindeten Vorgängern abzusetzen, sahen sich die papstverwandten Parvenüs gehalten, ihre Kultiviertheit durch die «Entdeckung» neuer Künstler unter Beweis zu stellen. Abgesehen davon gab es, wenn eine Papstfamilie nicht aus Rom stammte, und das war die Regel, landsmannschaftliche Bindungen zu beachten; wir werden Beispiele dafür noch in Fülle finden.

Große Auftragsvolumen und Zwang zur Innovation: kein Wunder, dass die künstlerische Produktivität in Quantität wie Qualität alle übrigen Städte Europas in diesen Jahren in den Schatten stellte und überall, sogar über die Konfessionsgrenzen hinweg, eifrig rezipiert wurde. Zu den Nutznießern dieser Situation gehörte Pietro Bernini, der, wie fast alle in Rom tätigen Künstler, nicht in der Ewigen Stadt geboren worden war, sondern in Sesto Fiorentino, einem nahe Florenz gelegenen Provinznest. Der einst so strahlende kulturelle Glanz der Stadt am Arno war schon seit längerem im Verblassen begriffen, und so begab sich Pietro Bernini gleich vielen seiner Kollegen in die Ewige Stadt, nahm zwischenzeitlich einige Aufträge im zum spanischen Weltreich gehörenden Neapel an und zog schließlich 1606 erneut nach Rom, wo er sich in der Nähe von Santa Maria Maggiore ein zweistöckiges Haus mit großem Atelier errichtete.

Offensichtlich beabsichtigte der Bildhauer, sich dauerhaft am Tiber niederzulassen; Arbeit würde es auf absehbare Zeit genug geben. Tatsächlich entstand in der Berninis neuem Haus gegenüberliegenden Patriarchalkirche Santa Maria Maggiore just in diesen Jahren eine Grabkapelle, wie sie selbst das Grablegen-Eldorado Rom noch nicht gesehen hatte: Paul V. trug frühzeitig Sorge für ein angemessenes Gedenken an seine Person und seine Herrschaft und ließ in der Cappella Paolina ein Ensemble errichten, das nicht nur sein eigenes Erinnerungsmonument, sondern auch noch dasjenige für seinen Vorgänger Clemens VIII. (1592–1605) umfasste. Auf Kosten der Apostolischen Kammer gönnte sich der Pontifex ein Grabmal der Superlative, das durch seine schiere Größe, vor allem aber die Verwendung edelster Materialien am Ende fast das Vierfache der gegenüberliegenden Kapelle Sixtus' V. kostete, und insgesamt so viel wie Fassade und Langhaus von St. Peter zusammen.[10] Neben den monumentalen Skulpturen der hier verewigten Päpste erzählten großflächige Reliefs von deren bedeutendsten Taten, vor allem von gewonnenen Schlachten gegen die Ungläubigen und von aufwendigen Baumaßnahmen. Einige dieser Reliefs wurden Pietro Bernini zur Ausführung übertragen, und dieser, seit jeher alles andere als ein Spezialist für lebenswirkliche Porträts, mochte froh sein, dass ihm hier zum ersten Mal bei einem großen Auftrag sein hochbegabter Sohn zur Hand ging und das Gesicht Clemens' VIII. schuf. Wenig später folgten Gianlorenzos erste eigenständig geschaffene Skulpturen, die bereits ahnen ließen, dass eine Revolution der römischen Bildhauerei bevorstand.

Frühe Meisterwerke

Angesichts der gängigen Arbeitspraxis in Bildhauerwerkstätten, verschiedene Künstler an einem Werk zu beschäftigen, ist es nicht immer ganz einfach zu sagen, wer für einzelne Skulpturen in der Hauptsache verantwortlich war. Eine der ersten Figuren, bei denen an der Autorschaft Gianlorenzo Berninis kein Zweifel besteht, ist der Hl. Lorenzo (Abb. 1). Es handelt sich um den Namenspatron des Künstlers, und Bernini soll diese Statue aus persönlicher Frömmigkeit und Verehrung für den frühchristlichen Märtyrer geschaffen haben. Das mag stimmen; dass Bernini ein gläubiger Katholik war, ist vielfach belegt. Später verkaufte er die Skulptur an den Grafen Leone Strozzi, der sie in seiner römischen Villa aufstellte und somit auch als Auftraggeber in Frage käme. Vielleicht handelte es sich dabei aber auch um den Kardinal Maffeo Barberini,[11] auf den noch zurückzukommen sein wird.

Die Statue, die im Laufe des Jahres 1617 entstand, muss auf die Betrachter atemberaubend gewirkt haben, zunächst schon allein aufgrund der technischen Virtuosität, mit der sie gestaltet worden war. Denn die Darstellung des Martyriums, das der Heilige Lorenzo im Zuge der Christenverfolgungen unter Kaiser Valerian im Jahre 258 n. Chr. erlitten haben soll, stellte ungewöhnliche Anforderungen an die Fähigkeiten eines Bildhauers. Er wurde nämlich auf einem Rost im wahrsten Sinne des Wortes gegrillt – was im Übrigen dem Heiligen den Humor nicht verschlagen haben soll: nach einiger Zeit forderte er die Folterknechte auf, ihn zu wenden, auf der unteren Seite sei er jetzt gar.[12] Eine gern und oft erzählte Anekdote im nachtridentinischen Rom, wo angesichts der existenzbedrohenden Kritik der Protestanten am Heiligenkult die Verehrung gerade der frühchristlichen Märtyrer mit ihrer traditions- und damit legitimationsstiftenden Wirkung eine wahre Blütezeit erlebte.[13] Zumal in Rom entwickelte sich in diesen Jahrzehnten der Besuch der Katakomben nachgerade zu einer Mode, und das kam nicht zuletzt dem Heiligen Laurentius zugute, seit jeher einer der Schutzpatrone der Römer. Nur eben, wie gesagt, für einen Bildhauer ein dankbares, aber alles andere als einfaches Sujet aufgrund der Hinrichtungsweise. Wie sollte ausgerechnet im Medium des statischen Marmors die zerstörerische Wirkung der züngelnden Flammen gestaltet werden?

Dass der gerade einmal achtzehnjährige Künstler vor dieser Aufgabe nicht zurückschreckte, spricht für sein Selbstbewusstsein. Die Lösung, die er fand, ist noch nicht von der Vollkommenheit, die er

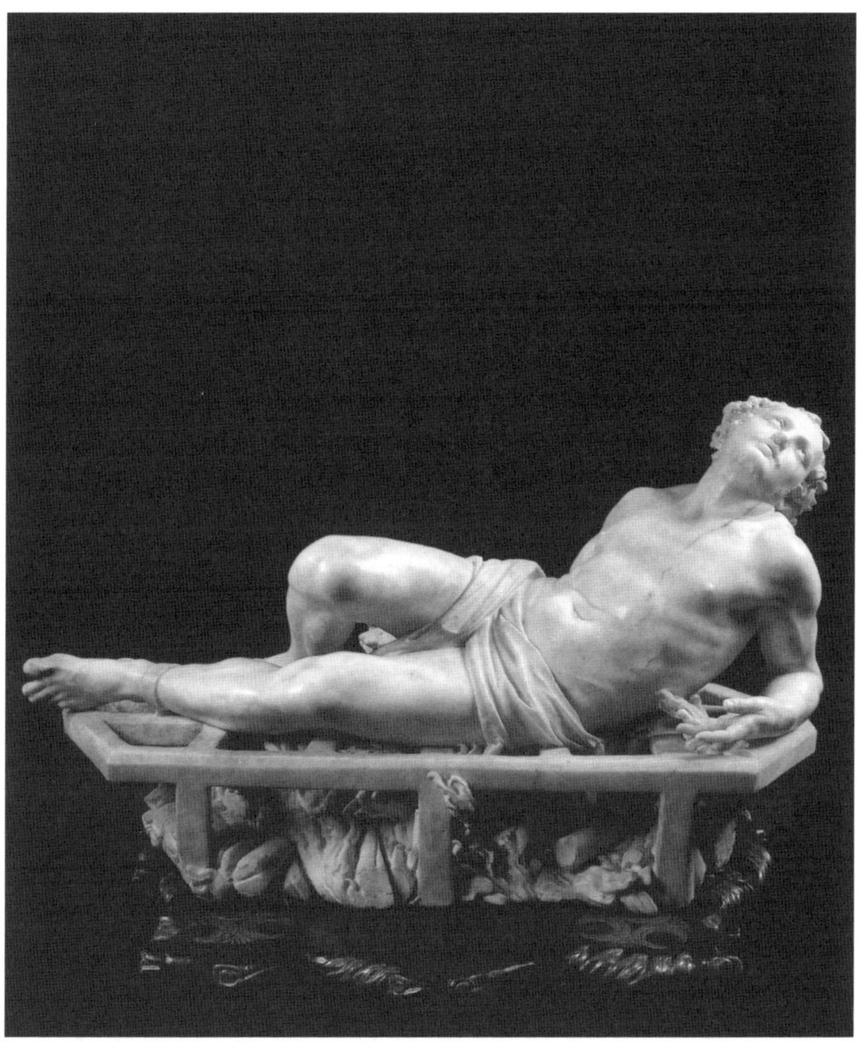

Abb. 1 Skulptur des Hl. Lorenzo, Sammlung Conti Bonacossi, Florenz (1617)

wenige Jahre später bei der Apoll-und-Daphne-Gruppe erreichte, doch überzeugend allemal. Durch hell-dunkel-Effekte wird die unruhige Lichtwirkung des Feuers angedeutet; einige Flammenzungen lecken am Körper des Heiligen, dessen expressives Pathos in Gestik und Mimik jedoch dafür sorgt, dass die Aufmerksamkeit des Betrachters ihm gewiss ist. Bernini stellte ihn in dem Moment dar, da der Tod eintritt, die Augen brechen, die Muskeln des gequälten Körpers sich entspannen, besonders deutlich zu erkennen an den Fingern der linken Hand. Die Darstellung einer Handlung auf ihrem Höhe- und Umschlagpunkt ist neu, geradezu revolutionär, und sollte in der Folgezeit prägend für die römische Barockskulptur werden.

Einen vorbildlicheren, ästhetisch ansprechenderen und zugleich in seiner religiösen Glaubensstärke überzeugenderen Heiligen konnte man sich wahrlich nicht wünschen! Die Kreise der gebildeten römischen Oberschicht, zumal ihre kulturell besonders interessierten Vertreter, waren begeistert. Vor allem Kardinal Maffeo Barberini, in diesen Jahren Präfekt der *Segnatura di Giustizia*, dem wichtigsten gerichtlichen Appellationstribunal des Kirchenstaates, zeigte sich enthusiastisch. Barberini, geboren 1568, stammte wie Pietro Bernini aus Florenz und war im Alter von 20 Jahren nach Rom gekommen. In der Folgezeit hatte er an der Kurie eine Bilderbuchkarriere absolviert, deren wichtigste Stationen die Nuntiatur am französischen Königshof von 1604 bis 1607 und wenig später die Tätigkeit als päpstlicher Legat, also oberster Verwaltungschef, im zum Kirchenstaat gehörenden Bologna darstellten. Selbstbewusst, energisch und überaus eitel, bewegte sich Barberini mit diplomatischem Geschick und politischem Talent am Hof des Papstes. Sein Ruf als «kommender Mann» profitierte zudem in hohem Maße von seinen kulturellen Neigungen. Selbst ein nicht unbegabter Schriftsteller, der einige Bücher mit lateinischen Gedichten veröffentlicht hatte, zeigte er Interesse an künstlerischen Neuerungen aller Art. Sein waches Auge fiel rasch auf den vielversprechenden jungen Bildhauer, der dem Kardinal eine Skulptur des Heiligen Sebastian schuf, auch sie gleichermaßen bemerkenswert im Hinblick auf die Virtuosität der Meißelhandhabung wie die Expressivität der Formensprache (Abb. 2). Diese Arbeit markiert den Beginn einer lebenslangen Verbindung.

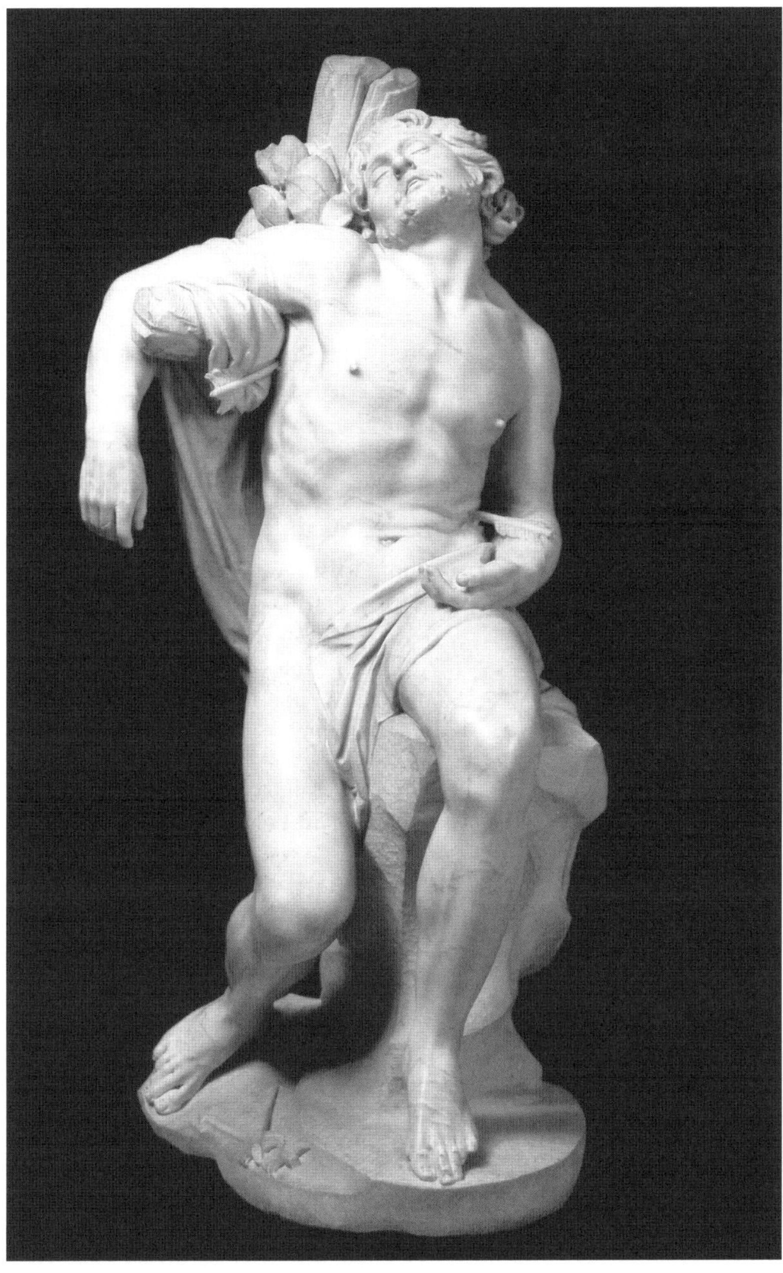

Abb. 2 Hl. Sebastian, Sammlung Thyssen-Bornemisza, Lugano (1617)

Man wäre versucht, von Freundschaft zu sprechen, würde dieser Begriff nicht die sozialen Abstände zwischen dem Künstler und dem Kirchenfürsten in missverständlicher Weise verwischen. Lassen wir es also dabei, von einer geradezu idealtypischen Beziehung zwischen gebildetem Mäzen und geistreichem Künstler zu sprechen, von der beide auf ihre Weise profitieren sollten.

Aeneas und Anchises

Die frühen Arbeiten Gianlorenzo Berninis waren erstaunlich genug. Der Durchbruch jedoch, mit dem er auf einen Schlag zum umjubelten Nachwuchsstar unter den römischen Bildhauern wurde, gelang ihm mit der Aeneas-und-Anchises-Gruppe (Abb. 3), die er 1618, im Alter von noch nicht 20 Jahren, für Kardinal Scipione Borghese, den Neffen des regierenden Papstes, geschaffen hatte. Dieser hatte sich vor den Toren der Stadt für die gewaltige Summe von mehr als 200 000 scudi (zum Vergleich: Ein Handwerker verdiente im 17. Jahrhundert etwa 70–80 scudi im Jahr) eine prächtige Villa errichten lassen, noch heute ein Anziehungspunkt für Römer und Romtouristen gleichermaßen. Die Villa diente der repräsentativen Selbstdarstellung des Kardinalnepoten, und in diesen Kontext passte die Skulptur hervorragend; schon aufgrund des gewählten Themas. Es ist die in Vergils *Aeneis* erzählte Geschichte des Trojaners Aeneas, dem es gelingt, aus der von den Griechen eroberten brennenden Vaterstadt zu fliehen, um nach göttlichem Willen und langen Irrfahrten schließlich in Latium zu landen und dort nach Kämpfen mit den einheimischen Herrschern zum Stammvater der Römer zu werden. Die römische Weltherrschaft, so glaubte man in der Antike, fand ihren Ursprung und ihre Rechtfertigung in der Verheißung, die dem Aeneas von Seiten der Götter zuteil wurde: «Idem venturos tollemus in astra nepotes»,[14] «dereinst werden wir die Nachfahren zu den Sternen erheben», so heißt es in der Aeneis.

Der Gründungsmythos des antiken Rom also bildet eine erste Bedeutungsebene der Skulptur. Den jedoch hatte sich das Papsttum schon in der Renaissance angeeignet, indem es sich nicht allein auf

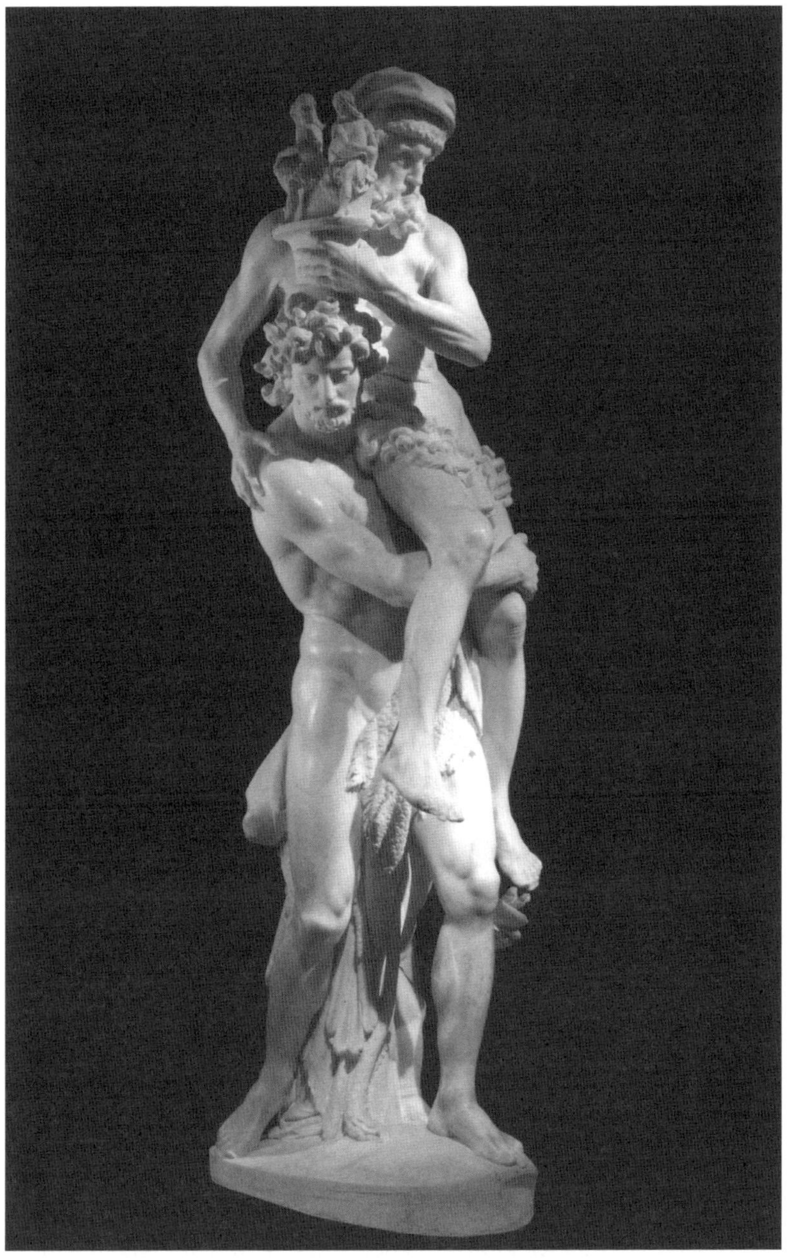

Abb. 3 Aeneas und Anchises, Villa Borghese, Rom (1618/19)

die christliche Wurzel der Petrusnachfolge berief, sondern ebenso auf die weltliche der römischen Kaiser. Nach diesem Selbstverständnis handelte es sich bei den Päpsten nicht nur um die Nachfolger Petri, sondern auch um die des Augustus, der wiederum seine Herrschaft mit der einstigen Erwählung des Urahn Aeneas begründet hatte. «Per Aeneam praesignatus fuit Pontifex Romanus», mit dieser für die Frühe Neuzeit typischen geschichtstheologischen Konstruktion schuf sich das Papsttum eine legitimierende Traditionslinie, die bis weit in die heidnische Mythologie zurückreichte. Eine zweite Sinnschicht, die «Translatio Imperii», die Übertragung der Herrschaft nicht nur von Troja nach Rom, sondern über die antiken Kaiser zu den Päpsten, lässt erkennen, warum die Darstellung des Aeneas in einer Kardinalsvilla im 17. Jahrhundert ihren guten Sinn hatte, schimmert hinter dem heidnischen Mythos doch unversehens seine Inanspruchnahme durch die römische Kirche auf.

Die Villa Borghese ist aber nicht nur von einem Kardinal erbaut worden, sondern, um genau zu sein, von einem Kardinalnepoten, und auch für dessen Selbstverständnis hielt die Aeneas-Geschichte eine beruhigend-vergewissernde Auslegungstradition bereit. Denn die grundlegende Frage, wodurch sich der römische Gründungsvater seine auszeichnende Bevorzugung durch die Götter verdient habe, fand ihre traditionelle Antwort in dem Hinweis auf seine «pietas», seine Frömmigkeit. Auf diese «pietas» des Aeneas gründete in der christlich-katholischen Tradition ein komplexes System von Normen und Pflichten, unter denen die fromme Achtung vor dem Herkommen, den Sitten und dem Glauben der Vorfahren den auf die Vergangenheit gerichteten Aspekt darstellen.[15] Doch ist sie zugleich eine Tugend, die nicht nur den Göttern der Vorfahren entgegenzubringen ist, sondern auch der Zukunft, in Form von Treue und Verantwortlichkeit gegenüber dem eigenen verheißenen Schicksal und schließlich der Gegenwart, den Mitmenschen; unter ihnen naheliegenderweise in besonderem Maße den Verwandten.

Bernini hat gerade diesen Gesichtspunkt besonders augenfällig inszeniert, indem er die ruhige Stärke des Aeneas von der Unbeholfenheit des kleinen Ascanius und der hinfälligen Schwäche des alten Anchises scharf absetzte. Im Bild des kräftigen jungen Mannes, der seinen Verwandten hilft, fiel es dem im Durchschauen von Allegorien geübten Blick der gebildeten römischen Oberschicht nicht schwer, den Nepoten zu erkennen, der seinen päpstlichen Onkel bei der mühevollen Ausübung der Herrschaft unterstützt, uneigennützig darauf bedacht, seine «pietas» gegenüber der Familie zu erweisen. Mehr noch: nach dem Verständnis der Zeit war die Stärke der Jugend unabdingbar notwendig, um im Zusammenspiel mit der Weisheit des Alters die gute Regierung zu gewährleisten. Wie könnte man sich eine verantwortungsvollere und zugleich schmeichelhaftere Inszenierung der Rolle des Kardinalnepoten vorstellen?

Doch auch mit dieser dritten Sinnschicht sind die Anspielungen, die Berninis Aeneas-Gruppe enthält, nicht erschöpft. Der Name des Auftraggebers selbst, Scipio Kardinal Borghese, kommt ins allegorische Spiel, denn das lateinische «scipio» bedeutet nichts anderes als «der Stock, auf den man sich stützt.» Mit anderen Worten: nicht nur die Rolle des Kardinalnepoten im Allgemeinen wird hier verherrlicht, sondern ganz konkret die Person, die diese Rolle in den Jahren von 1605 bis 1621 ausübte, auf deren Schultern die Verantwortung gegenüber den Verwandten, die Last der Herrschaft und die göttliche Verheißung zugleich ruhen.

Schon jetzt mag manchem Leser angesichts der Bedeutungsfülle schwindeln, und doch haben wir bisher nur die zeitgebundene, politisch-gesellschaftliche Botschaft des Bildes untersucht. Daneben hat Gianlorenzo Bernini eine ganze Reihe kunsttheoretischer Probleme seiner Zeit in exemplarischer Weise gelöst.[16] So entgeht dem aufmerksamen Betrachter der Aeneas-Gruppe nicht, wie eindrucksvoll der Künstler in der Behandlung der Körper das Thema der drei Lebensalter des Menschen veranschaulicht. Die beherrschte Kraft des muskulösen Aeneas steht im scharfen Gegensatz sowohl zur kindlichen Rundheit der Körperformen des kleinen Ascanius wie zur schlaffen Haut des alten Anchises. Nebeneinander stehen Kindheit, jugendliche Männlichkeit und Alter. In ihrer Darstellung liefert Bernini ein ausgesucht schwieriges Beispiel an «varietà». Doch dies nicht allein, um seine bildhauerischen Fähigkeiten zu demonstrieren oder im Dienste eines geistlosen Naturalismus, sondern um der inhaltlichen Aussage willen. Denn wie wir gesehen haben, kommt jeder

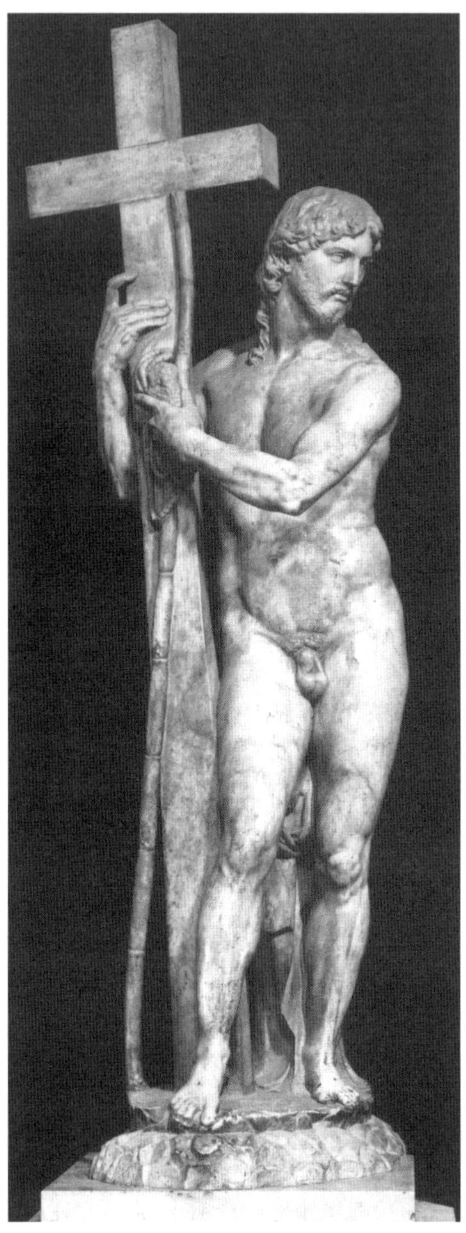

Abb. 4 Michelangelo, Christus,
Santa Maria Sopra Minerva, Rom (1519/20)

der drei Generationen ihre genau festgelegte Rolle im göttlichen Heilsplan zu, und so ist es von grundlegender Bedeutung, sie möglichst klar voneinander abzusetzen.

Nicht anders verhält es sich mit der Michelangelo-Kritik, die in Berninis Skulptur auch mitschwingt. Bei der Betrachtung von Michelangelos «Christus» in Santa Maria sopra Minerva (Abb. 4) wird dessen Vorbildcharakter für die Haltung des Aeneas sofort deutlich. Die Auseinandersetzung mit dem großen, bewunderten Vorbild Michelangelo sollte für Bernini zu einem Lebensthema werden, und es sagt einiges über das Selbstbewusstsein des Zwanzigjährigen aus, wenn er in seiner ersten großen Figurengruppe das berühmte Werk des nach dem Verständnis seiner Zeit bedeutendsten Künstlers der Nachantike nicht nur zitiert, sondern realistisch umdeutet und damit kritisiert. Während die Haltung von Michelangelos Christus, so etwa die Stellung des rechten Beines, das Ergebnis künstlerischer Willkür ist, bemüht sich Bernini, die technischen Schwierigkeiten des unter dem Gewicht einer anderen Person voranschreitenden Mannes im Sinne einer realistischen, der natürlichen Haltung entsprechenden Lösung zu gestalten. Doch ist auch diese exemplarische Vorführung seiner technischen und gestalterischen Fähigkeiten kein Selbstzweck, sondern ermöglicht die Erschließung einer weiteren Sinnschicht: indem Bernini bei den gebildeten Betrachtern, die in der Villa des Kardinal Borghese verkehrten, die Erinnerung an den Christus in Santa Maria sopra Minerva wachrief, legte er eine Interpretation des Aeneas als Vorgänger Christi nahe. Auf diese Weise gelingt auch hier die Verbindung von heidnischer Mythologie mit der christlichen Heilslehre; nicht nur das Papsttum findet seinen Vorläufer im römischen Stammvater, sondern das Christentum selbst.

Es ließe sich eine ganze Reihe von weiteren bildlichen Vorbildern für den vorbildlichen Aeneas anführen. Doch sei stattdessen innegehalten und versucht, aus dem bisher Gesagten weitergehende Schlüsse im Hinblick auf das Kunstverständnis des 17. Jahrhunderts zu ziehen. Jede Beschäftigung mit der künstlerischen Produktion vergangener Epochen verlangt von uns die Auseinandersetzung mit ihren Denk- und Sehgewohnheiten, der Arbeitsweise der Künstler und den Erwartungshaltungen der Rezipienten, für die die Werke bestimmt waren, wenn wir über die Wahrnehmung von Unterschieden und Gemeinsamkeiten gegenüber unserem Verständnis von Kunst zu einer tieferen Kenntnis von Vergangenheit und Gegenwart gelangen wollen. Für eine solche «Archäologie des Sehens» liefert die Beschäftigung mit Berninis «Aeneas-Gruppe» wesentliche Anhaltspunkte.

Zunächst dürfte klar geworden sein, dass sich Bernini mit seiner Skulptur an ein hochgebildetes Publikum wandte. Vielleicht ist Kunst zu allen Zeiten für Eliten bestimmt, diejenige, die während des 17. Jahrhunderts im Umkreis des päpstlichen Hofes entstand, war es auf jeden Fall. Nur wer mit klassischer Bildung, mit Theologie und antiker Mythologie vertraut war, besaß die Möglichkeit, die zahlreichen Bedeutungsebenen und verdeckten Anspielungen eines so komplexen Beziehungssystems, wie es Bernini mit seinem «Aeneas» ins Bild setzte, zu durchschauen. Dieses heiter-ernsthafte Spiel zwischen verschiedenen Sinnebenen ist uns fremd; es bedarf einer träumerischen Ungenauigkeit, um im «Aeneas» zugleich einen Prototypus Christi und des Papstes, der Kardinalnepoten und *eines* Kardinalnepoten zu erblicken, eine Vertrautheit mit dem Denken im Mythos, in dem jede Individualität die zeitgebundene Ausprägung und Wiederholung eines Urtypus' ist, zu der rationalistisch-aufgeklärte Zeiten wenig geneigt und deshalb nur mühsam in der Lage sind.

Zugleich aber wirft das Interesse von Berninis Zeitgenossen für die Entwicklung und künstlerische Darstellung mythologischer Traditionslinien die Frage auf, *warum* Auftraggeber und Publikum an solcherlei Inszenierungen so großen Gefallen fanden. Die Begeisterung, die Berninis Skulptur hervorrief, beweist, dass sie den Nerv der Betrachter traf, die offensichtlich Bedarf an jener selbstbestätigend-legitimierenden Botschaft hatten, die der «Aeneas» in so suggestiver Form enthält. Wir werden misstrauisch: je schriller die Propaganda, desto hässlicher ist in der Regel die Wirklichkeit, von der sie ablenken soll. Der *Pontifex Romanus* ist eine Inkarnation des römischen Stammvaters, dem seinerseits als Vorläufer Christi sein Platz in der Heilsgeschichte einzuräumen wäre. Des Weiteren ist der Papst auf die tatkräftige Hilfe seines Verwandten, des Kardinalnepoten, angewiesen, dessen Kräfte erst die gute und gerechte Herrschaft ermöglichen. Dieser Mann, auf dessen Schultern eine solche fast übermenschliche Last der Verantwortung ruht, heißt Scipione Borghese. So könnte man die von Widersprüchen nicht freie und auch nicht unbedingt bescheidene Botschaft des schönen Bildes im Hinblick auf seine politische Aussage zusammenfassen.

Die Realität freilich sah anders aus. Keine Frage, Scipione Borghese betätigte sich in den Jahren der Herrschaft seines Onkels als sehr engagierter Kunstmäzen. Ob Bilder oder Statuen, Teppiche oder Kleinkunst, er sammelte in großem Stil, und das hieß: was immer die päpstlichen Diplomaten, die (Kunst-)Agenten und Klienten des Hauses Borghese entdeckten und ihrem *padrone* anboten. Zusammen mit jener liebedienerisch-devoten Verherrlichungslyrik, mit der sich die Intellektuellen im Rom dieser Jahre um finanzielle Förderung durch den neureichen Parvenü bewarben, haben seine Kunstsammlungen die Nachwelt lange Zeit in seiner Person einen schöngeistigen Idealmäzen erblicken lassen.[17] Ein bemerkenswertes Beispiel für den langfristigen Erfolg frühneuzeitlicher Image-Kampagnen. Denn tatsächlich handelte es sich bei Kardinal Scipione Borghese um einen höchst mittelmäßig begabten, jovialen Lebemann, wie es die Karikatur des jungen Gianlorenzo Bernini meisterhaft einfängt (Abb. 5) und viele hellsichtige Zeitgenossen bissig kommentierten. Träge und vergnügungssüchtig, ließ Borghese gelegentlich Diplomaten und Gesandte stundenlang im Vorzimmer warten, wenn er etwa gerade mit befreundeten Kardinälen Karten spielte.[18] Dem päpstlichen Onkel gegenüber vorsichtig und devot bis zur Feigheit, entwickelte er ein

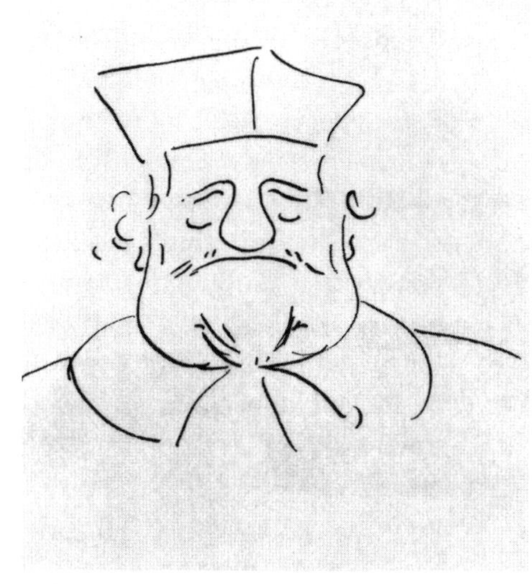

Abb. 5 Karikatur des Kardinals Scipione Borghese, Biblioteca Apostolica Vaticana (um 1630)

bemerkenswertes Maß an rücksichtsloser Durchsetzungsfreude immer dann, wenn seine persönlichen, zumal finanziellen Interessen betroffen waren. Kamen die ins Spiel, schreckte er im Zweifelsfalle auch nicht davor zurück, eine halbe Provinz des Kirchenstaates unter Wasser setzen zu lassen: Hauptsache, die Erträge seiner und seiner Klienten Güter ließen sich steigern.[19] Mit kaum zu überbietender Klarheit fasste ein zeitgenössischer Kommentator die Hintergründe für Borgheses unermüdliche Sammeltätigkeit boshaft zusammen: «[Bei den Kardinälen Ludovisi und Borghese] ist das Erwerbs- und Besitzstreben gleich ausgeprägt, aber bei dem einen aus Ehrgeiz, bei dem anderen aus Schwachsinnigkeit.»[20]

Ein derartiges Image bereitet natürlich wenig Freude. Kein Wunder also, wenn Berninis idealisierend verklärende Skulptur den Geschmack des Auftraggebers traf; und zugleich denjenigen der Zeitgenossen. Die konnten sich in der Folgezeit nicht genug darin tun, ihre Bewunderung für den jungen Bildhauer zu bekunden. Was den erfreulichen Nebeneffekt zeitigte, dass der sich über mangelnde Aufträge wahrlich nicht beklagen musste – in rascher Folge entstand eine Vielzahl von Porträtbüsten für den Papst und einflussreiche Geistliche, die in dessen Gunst standen.

Ein Karriereknick

Anfang des Jahres 1621 starb jedoch Paul V., und damit fand sich der eben noch von allen Seiten hofierte Bernini in einer unsicheren, potentiell gefährlichen Situation wieder. Denn mit jedem neuen Papst wechselte in Rom zugleich die Herrschaftselite.[21] Der neue Pontifex Gregor XV. Ludovisi (1621–1623), der am 9. Februar 1621 nach nur zweitägigem Konklave gewählt worden war, stammte aus Bologna, und so schlug sein Herz für die Bologneser Landsleute im Allgemeinen und die Künstler der Bologneser Schule im Besonderen. Berninis früher Biograph Filippo Baldinucci kommentierte lakonisch: «Dieser Papst war ein Bolognese, und da gab es natürlich für Angehörige einer anderen Nation nicht viel Gutes.»[22]

Nun kam Gianlorenzo Bernini nicht aus Bologna. Der Vater Florentiner, die Mutter Neapolitanerin, war er selbst in Neapel geboren worden, betonte jedoch Zeit seines Lebens die künstlerisch renommiertere Herkunft aus Florenz, was ihm unter der Herrschaft der aus Siena, mithin dem Großherzogtum Toskana stammenden Borghese auch durchaus von Vorteil gewesen war. Dieser Vorteil schlug jetzt in ein Handicap um, und zwar gleich ein doppeltes: denn nicht nur fehlte ihm die positive Eigenschaft, gebürtiger Bolognese zu sein, er gehörte als Entdeckung und Protegé des Kardinal Borghese trotz seiner jungen Jahre zum künstlerischen Establishment des vergangenen Pontifikats, das nunmehr in geradezu demonstrativer Art ersetzt und verdrängt wurde.

In Berninis zeitgenössischen Lebensbeschreibungen wird der Pontifikat Gregors XV. auffällig knapp abgehandelt: die Aufzählung der Gunstbeweise, die der Künstler in diesen Jahren erfährt, ist floskelhaft und so kurz wie die Liste der Aufträge von Seiten des neuen Papstes und seines Neffen, dem umtriebigen und energischen Kardinalnepoten Ludovico Ludovisi: In den zweieinhalb Jahren der Herrschaft Gregors XV. entstanden lediglich einige Porträtbüsten des Papstes. Sie brachten dem Künstler den Orden und Titel eines «Cavaliere di Christo» ein. Eine Auszeichnung, die stark den Charakter einer Abfindung trug und die ihm zudem auf Fürsprache seines alten Förderers Kardinal Barberini zuerkannt wurde, wie die päpstliche Verleihungsurkunde vom 30. Juni 1621 ausdrücklich vermerkt.[23] Bernini hätte Titel und Orden wahrscheinlich gerne gegen bedeutende Aufträge eingetauscht. Die aber erhielt er nur vom entmachteten Kardinal Borghese, und damit wird die Vermutung, die Ludovisi-Herrschaft habe für ihn einen Karriereknick bedeutet, zur Gewissheit. Denn das Verhältnis zwischen Borghese und seinem Nachfolger in der Position des Kardinalnepoten war schon bald außerordentlich gespannt. Darunter litten auch die Borghese verbundenen Menschen, seine Klientel, ganz gleich, ob es sich um die lieben Verwandten, politisch ambitionierte Geistliche oder vielversprechende Künstler handelte.[24]

Die Rücksichtslosigkeit, mit der Kardinal Ludovico Ludovisi praktisch vom ersten Tag seiner Herrschaft an – oder der seines Onkels –

auf Konfrontationskurs gegenüber dem Haus Borghese ging, hat etwas Brutales. Der Austausch bisheriger Favoriten erfolgte in allen Bereichen der kurialen Herrschaftsorganisation mit so großer Eile, dass mitunter sogar die Regeln einfachster Höflichkeit außer Kraft gesetzt wurden. Zwar war es normal, dass ein Kardinalnepot und dessen Gefolgsleute nach dem Tod des Onkels von seinem Nachfolger aus den Führungspositionen verdrängt wurde, doch nur in den wenigsten Fällen verlief dieser Prozess so rasch, so ungeschminkt wie im Frühjahr 1621. Verständlich, wenn die zeitgenössischen Beobachter berichteten, der behäbige Kardinal Borghese sei von der demonstrativen Feindschaft seines agilen Nachfolgers «terrorizzato» gewesen.[25] Was veranlasste den durchaus kultivierten und diplomatisch geschickten Ludovico Ludovisi zu einer derartig rücksichtslosen Vorgehensweise? Schließlich musste ihm klar sein, dass er sich damit nicht nur Borghese selbst, sondern dessen gesamte Klientel zu erbitterten Feinden machte.

Die Antwort ist einfach: Ludovisi war klar, dass er keine Zeit hatte. Sein päpstlicher Onkel, es ist bereits darauf hingewiesen worden, war bei seiner Wahl ein alter und kranker Mann. Fast täglich musste mit seinem Ableben gerechnet werden, und es galt, bis zu diesem nach menschlichem Ermessen nahe bevorstehenden Ereignis so viel Macht, Prestige und Geld wie irgend möglich zu akkumulieren. Der Nepot selbst verkündete: «Ich werde es niemals akzeptieren, dass irgendjemand mich übertrifft, was Willensstärke und Entschlossenheit angeht.»[26] Alles musste schnell gehen: die Besetzung wichtiger Posten mit Vertrauensleuten, der Einzug und die Neuvergabe einträglicher Pfründen, die Ernennung neuer Kardinäle, der Abschluss von Heiratsverträgen, der Erwerb prestigeträchtiger Paläste, Landgüter, Villen, Kunstsammlungen, selbst die Versicherung himmlischen Schutzes. In einer aufsehenerregenden Gruppenheiligsprechung wurden am 12. März 1622 nicht weniger als fünf neue Heilige kanonisiert, darunter Ignatius von Loyola, der Begründer des Jesuitenordens, und Franz Xaver, Apostel der China-Mission und ebenfalls Angehöriger dieses Ordens, womit sich Ludovisi die Jesuiten ebenso verpflichtete wie mit dem von ihm finanzierten Bau ihrer zweiten römischen Hauptkirche, Sant'Ignazio; dass die Arbeiten an ihr in fieberhafter Eile ohne Rücksicht auf die Kosten vorangetrieben wurden, versteht sich von selbst. Nie wieder sollte ein Pontifikat in politischer Hinsicht so dynamisch verlaufen wie die kurze Herrschaft Gregors XV. Zum letzten Mal agierte Rom aktiv und erfolgreich in der großen europäischen Politik, wurde das fein entwickelte diplomatische Netzwerk, über das die Kurie gebot, durch das Naturtalent Ludovico Ludovisi mit virtuosem Geschick eingesetzt.[27]

Für Gianlorenzo Bernini jedoch stellte sich der Pontifikat Gregors XV. recht perspektivarm dar. Dennoch verdanken wir den politischen Konstellationen in den Jahren 1621 bis 1623 eine wundervolle Skulpturengruppe. Denn das Schicksal Borgheses und die Kämpfe zwischen dem ehemaligen und dem neuen Kardinalnepoten Ludovisi sind auf das engste verknüpft mit dem bedeutendsten Werk, das Bernini in den Jahren des Ludovisi-Pontifikates schuf.

Der Raub der Proserpina

Den Auftrag für den «Raub der Proserpina» (Abb. 6) erteilte Scipione Borghese erst nach dem Tod Pauls V. Das ist ungewöhnlich, denn in aller Regel gaben die Kardinalnepoten nach dem Ende «ihres» Pontifikates kaum noch finanziell aufwendige Kunstwerke großen Stils in Auftrag. Nicht weniger ungewöhnlich war das Thema der monumentalen Figurengruppe, das, wie schon im Fall des «Aeneas», der antiken Literatur entstammte. Ovids «Metamorphosen» erzählen die Geschichte der Proserpina, Tochter der Fruchtbarkeitsgöttin Ceres, die beim Blumenpflücken von Dis, dem Gott der Unterwelt, erblickt wird, der sich in sie verliebt und kurzentschlossen entführt:

> «(...) Als Proserpina hier in dem Haine
> spielt und Veilchen pflückt und weiße, schimmernde Lilien,
> als sie im Mädcheneifer ihr Körbchen, den Bausch des Gewandes
> füllt und im Wettstreit sucht, die Gespielen im Lesen zu schlagen,
> sieht und begehrt und raubt sie zugleich fast der Herrscher des Orcus.»[28]

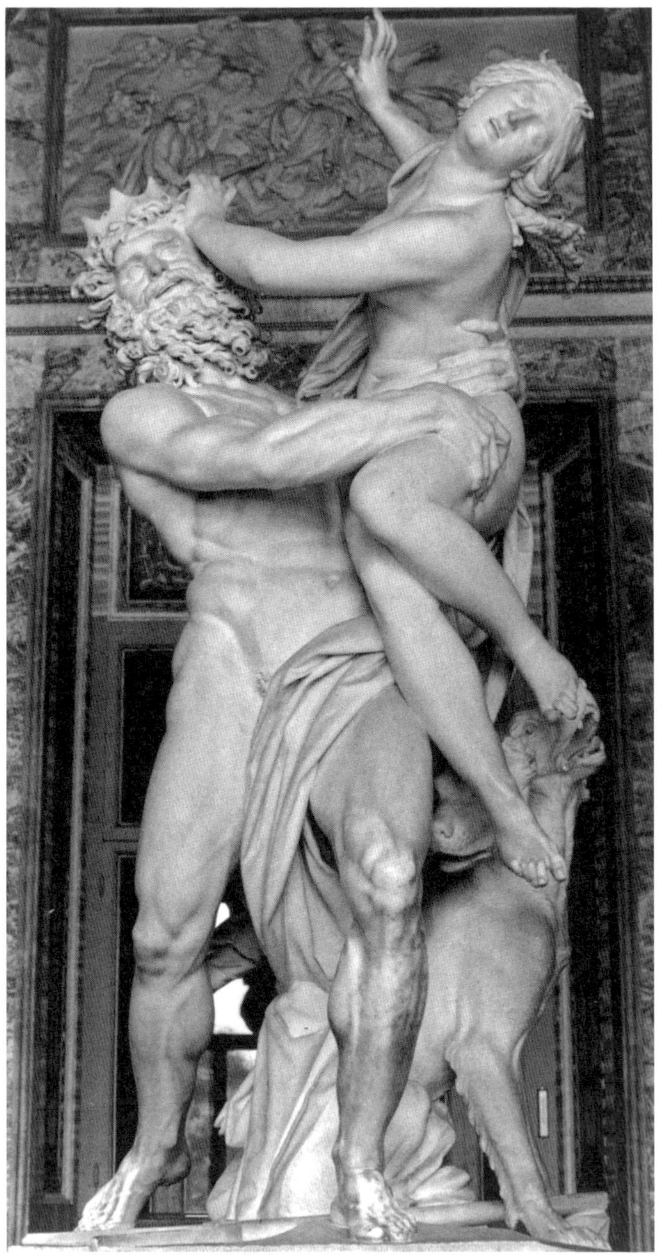

Abb. 6 Raub der Proserpina, Villa Borghese, Rom (1621/22)

Nach langem, verzweifelten Suchen sollte es Proserpinas Mutter schließlich gelingen, von Jupiter einen Schiedsspruch zu erlangen, der bewirkte, dass die Tochter nur die Hälfte des Jahres bei ihrem Gatten in der Unterwelt, die andere Hälfte aber bei ihrer Mutter verbringen sollte. Diese Lösung bot der christlichen Interpretation den Anknüpfungspunkt, im Proserpina-Mythos *auch* eine Variation der Auferstehungslehre zu sehen, doch ist es eindeutig nicht dieser Aspekt der Geschichte, den Bernini in seiner Marmorgruppe inszenierte. Ganz im Gegenteil steht das Thema des Raubes, damit des Todes, unübersehbar im Vordergrund.[29] Alle versöhnlich-vermittelnden Attribute hingegen sind ausgeblendet, selbst die Blumen, die doch in dem der Skulptur zugrunde liegenden Ovid-Text ausdrücklich erwähnt sind. Der verzweifelte Kampf der Proserpina gegen ihren rohen Räuber wird zum Kampf des Lebens selbst gegen das unerbittliche Schicksal des Todes. Beides, Verzweiflung und Unerbittlichkeit, kommen durch die gegensätzliche Darstellung der beiden Figuren prägnant zum Ausdruck: der energische, doch hoffnungslose Widerstand der Proserpina spiegelt sich nicht nur in ihrem Gesichtsausdruck, sondern in ihrer ganzen, mit aller Kraft widerstrebenden Haltung, dem linken Arm, der versucht, den Kopf des Dis wegzudrücken. Der Unterweltgott seinerseits ist ganz die Verkörperung des unerbittlich-rücksichtslosen Schicksals, das sich seines Opfers ohne Erbarmen bemächtigt: man braucht nur die schwellenden Muskelmassen des Dis mit der feinen Selbstbeherrschtheit des ebenfalls muskulösen Modellathleten Aeneas (Abb. 3) zu vergleichen, um zu erkennen, dass der Widerstand der Proserpina sich gegen elementare Urgewalt richtet.

Das Thema des Todes, der sich ebenso überraschend wie gewalttätig sein Opfer holt, wird noch zusätzlich betont durch den Vers auf dem Sockel der Skulptur, der aus der Feder des Kardinal-Dichters Maffeo Barberini stammt:

> «*Quisquis humi pronus flores legis, inspice, saevi*
> *me Ditis ad Domum rapi*»
> «Wer immer Du gebückt die Blumen der Erde pflückst,
> Siehe mich, die ich zum Haus des wilden Dis hinweggerafft werde»

Wahrlich ein seltsames Werk, dieses monumentale «Memento Mori», für den Hof eines Kardinalnepoten! Denn dessen Glanz und Blüte war schließlich stets vom Tod des päpstlichen Onkels bedroht. Von diesem Moment an hatte es mit dem Sammeln einträglicher Pfründen und Pflücken der Amtseinnahmen, passenderweise «frutti» (Früchte) genannt, ein Ende. Für unseren Geschmack war eine solche Erinnerung an die Vergänglichkeit des Nepotenglanzes also in der Villa des Kardinals höchst angebracht, und gerade dieser Umstand lässt nachdenklich werden. Denn in aller Regel sollen Bilder nicht die raue Wirklichkeit abbilden, sondern den schönen Schein schaffen, der jene idealisch verklärt. Zudem wurde die Skulptur erst in Auftrag gegeben, als der unerbittliche Tod den Borghese-Papst bereits geholt hatte, wodurch es sich weniger um ein «Memento Mori» als ein «Memento Mortui» handelte. Und alle Attribute, die Auferstehungsassoziationen nahelegen könnten, wurden, wie beschrieben, sorgfältig vermieden. Sollte der in Finanzfragen so kühl kalkulierende Scipione Borghese eine Neigung zu sentimentalem Selbstmitleid gehabt haben? Das weitere Schicksal der Skulpturengruppe liefert möglicherweise eine befriedigendere Erklärung der Motive, die den Kardinal veranlassten, sie in Auftrag zu geben.

Bernini hatte die «Proserpina» im Spätsommer 1622 beendet; am 23. September dieses Jahres wurde sie in die Villa Borghese gebracht, wo sie jedoch nicht lange blieb. Schon einen Monat später zahlte Borghese den Transport der Gruppe in die Villa seines verhassten Rivalen Ludovisi, dem er sie zum Geschenk gemacht hatte.[30] Die auffällig kurze Zeitspanne, während derer die «Proserpina» ihren Auftraggeber erfreute, deutet vielleicht darauf hin, dass dem prächtig-düsteren Kunstwerk von vorneherein eine ganz andere Aufgabe zugedacht war: als wertvolles Geschenk sollte sie das gespannte Verhältnis zwischen den Kardinälen verbessern helfen, doch enthält sie darüber hinaus einen vergifteten Beigeschmack, in Form der Mahnung an den im Augenblick fast allmächtigen Ludovisi, es nicht zu toll zu treiben und zu bedenken, wie schnell es mit der Nepotenherrlichkeit vorbei sein könne.

Wir haben es also bei der «Proserpina» mit Nepotenkunst im wörtlichsten Sinne zu tun. Nicht nur durch den Auftraggeber, nicht nur durch die Wahl des Themas, sondern sogar durch die Art und Weise, in der die Skulptur in ihrer materiellen Eigenschaft als Geschenk verwendet wurde. Sie lässt damit in besonders konziser Form die funktionale Bedeutung des Kunstwerks in der frühen Neuzeit deutlich werden. Dass Bernini darüber hinaus in seiner hochdramatischen Darstellung ein ergreifendes Gleichnis für die Gefährdung und Vergänglichkeit der menschlichen Existenz allgemein zu schaffen wusste, macht seinen Rang als einer der großen Künstler seiner Zeit aus.

Es wäre zu fragen, ob auch Kardinal Ludovisi die Qualitäten Berninis erkannte; die Antwort bleibt Spekulation. Es erscheint allerdings nicht nur möglich, sondern geradezu wahrscheinlich angesichts der vielfältigen Begabungen und Interessen des Kardinals, vor allem aber seinem ausgeprägten Instinkt für eine wirksame Selbstdarstellung, die sich nicht zuletzt in der Förderung innovativer Maler niederschlug.[31] Wenn er Bernini dennoch mit zweit- und drittrangigen Aufträgen abspeisen ließ, so vermuten wir dahinter politische Gründe: die möglichst deutliche Absetzung von seinem Vorgänger Borghese.

Ein Bildnis des Künstlers als junger Held

Im Frühjahr 1623 steigerte sich die Gemütsverfassung des ohnehin schon seit längerem zu Nervosität neigenden ehemaligen Nepoten Scipione Borghese zu blanker Panik. Nach wie vor ließ sein Todfeind Ludovisi keine Gelegenheit ungenutzt, ihn zu demütigen, und der virtuosen Boshaftigkeit, derer er sich dabei bediente, eignet unzweifelhaft etwas Perfides. Als Borghese etwa einmal mehr versuchte, die angespannte Situation durch ein prächtiges Geschenk, diesmal eine kostspielige Kutsche, zu entschärfen, bedankte sich Ludovisi mit einem Schreiben, dessen Doppelbödigkeit das Grausame streift: das Geschenk müsste man geradezu als einen Exzess an Liebenswürdigkeit des freundlichen Spenders bezeichnen, wenn er, Ludovisi, nicht ohnehin um die schier grenzenlose Großzügigkeit Borgheses ihm gegenüber wisse; seine Dankbarkeit lasse sich in Worten nur ganz und gar unzulänglich ausdrücken, weswegen er nichts sehnlicher begehre als die Gelegenheit, ihr durch Taten nachhaltig Ausdruck zu verleihen. Nach dieser Kaskade wohltönender Belanglosigkeiten schlägt der Ton in eisige Sachlichkeit um: Seine Heiligkeit habe gerade heute Morgen vier neue Kardinäle ernannt, darunter Ippolito Aldobrandini – ein Großneffe Papst Clemens VIII. Aldobrandini (1592–1605) und geschworener Todfeind der Borghese.[32] Auch über die anderen drei neuen Purpurträger, Antonio Caietani, Francesco Sacrati und Francesco Boncompagni dürfte sich Borghese nicht unbedingt gefreut haben, um es vorsichtig auszudrücken.[33] Kein Wunder, dass der vor kurzem noch so joviale Neffe Pauls V. zunehmend verstört wirkte. Seine gesellschaftliche Stellung bröckelte, ehemalige «Freunde» distanzierten sich, wo immer sie nur konnten; am Ende begann er, um sein Leben zu fürchten.[34]

Doch dann, im Sommer 1623, folgte die Erlösung. Kurz zuvor noch hatte es geheißen, dem kränkelnden Papst gehe es besser, ein Ende seiner Herrschaft stehe kaum unmittelbar bevor. Allein, die Besserung, die Gregors XV. Gesundheitszustand im Frühjahr 1623 gezeigt hatte, war nicht von Dauer, im Gegenteil, bald wurde klar, dass der Papst den heißen römischen Sommer nicht überleben würde. Dem ungestümen Drängen seines Neffen, er möge noch auf dem Sterbebett eine letzte Kardinalskreation vornehmen, um die Machtbasis der Familie zu stärken, widerstand der todkranke Greis. Am 8. Juli 1623 schloss Gregor XV. für immer die Augen. Sein Tod ließ im Übrigen auch für Gianlorenzo Bernini eine sehr delikate Situation zu einem kurzen Zwischenspiel in seiner Karriere werden, bevor sich ihm mit der Wahl von Gregors Nachfolger immense Möglichkeiten eröffneten. Er war entschlossen, sie zu nutzen. *Wie* entschlossen er war, lässt die Statue des David erkennen, die er nach dem Ende der Ludovisi-Herrschaft für Scipione Borghese schuf (Abb. 7).

Der ehemalige Kardinalnepot Pauls V. hatte offensichtlich nichts Eiligeres zu tun, als das Ende der Allmacht seines verhassten Rivalen Ludovico Ludovisi und seinen, Borgheses, damit verbundenen Triumph umgehend von Bernini in einer neuen spektakulären Skulptur

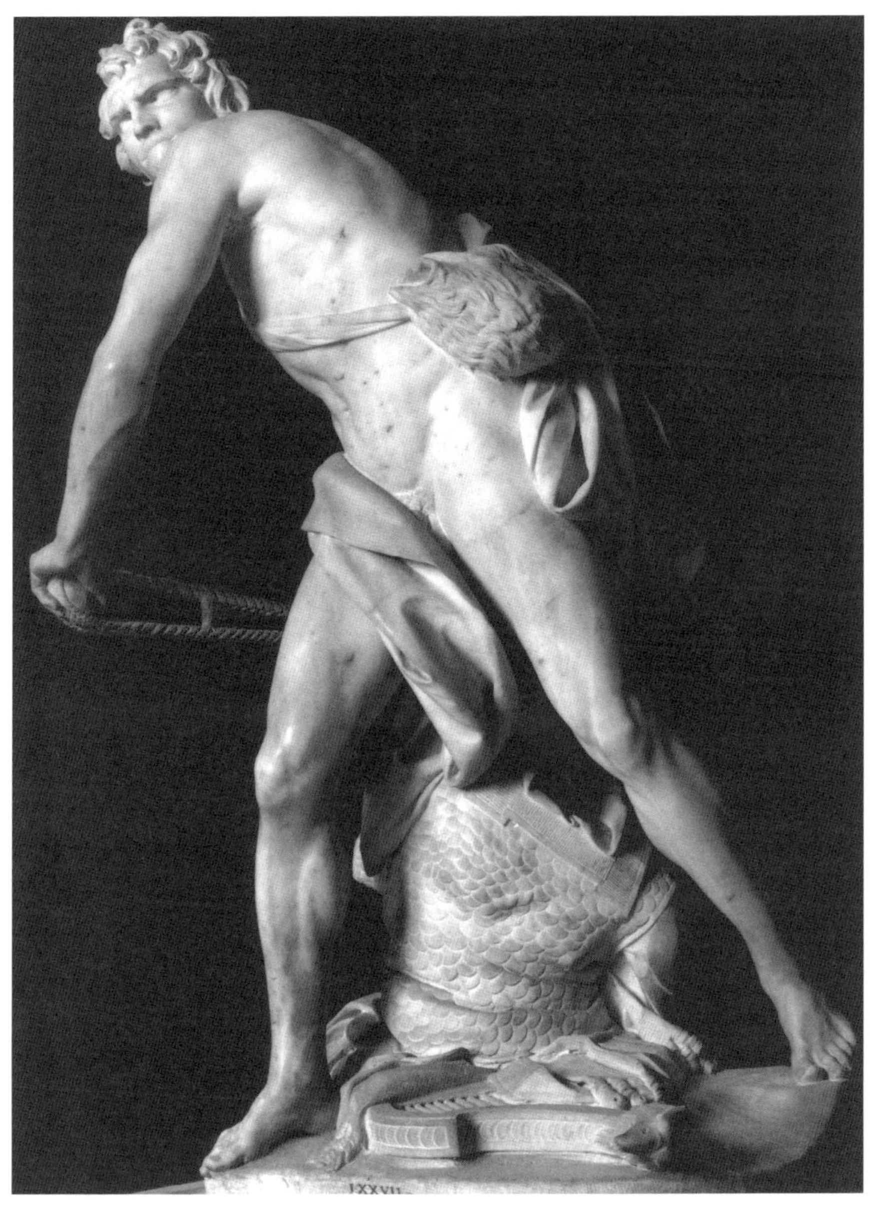

Abb. 7 David, Villa Borghese, Rom (1623/24)

in Szene setzen zu lassen.[35] Der Sieg des alttestamentarischen Helden über seinen vermeintlich übermächtigen Gegner drängte sich als thematische Vorgabe hierfür geradezu auf, und es ist bezeichnend, dass Bernini für diesen neuen Auftrag die Arbeit an einer anderen Skulpturengruppe unverzüglich unterbrach. Der Bezug auf Sci-

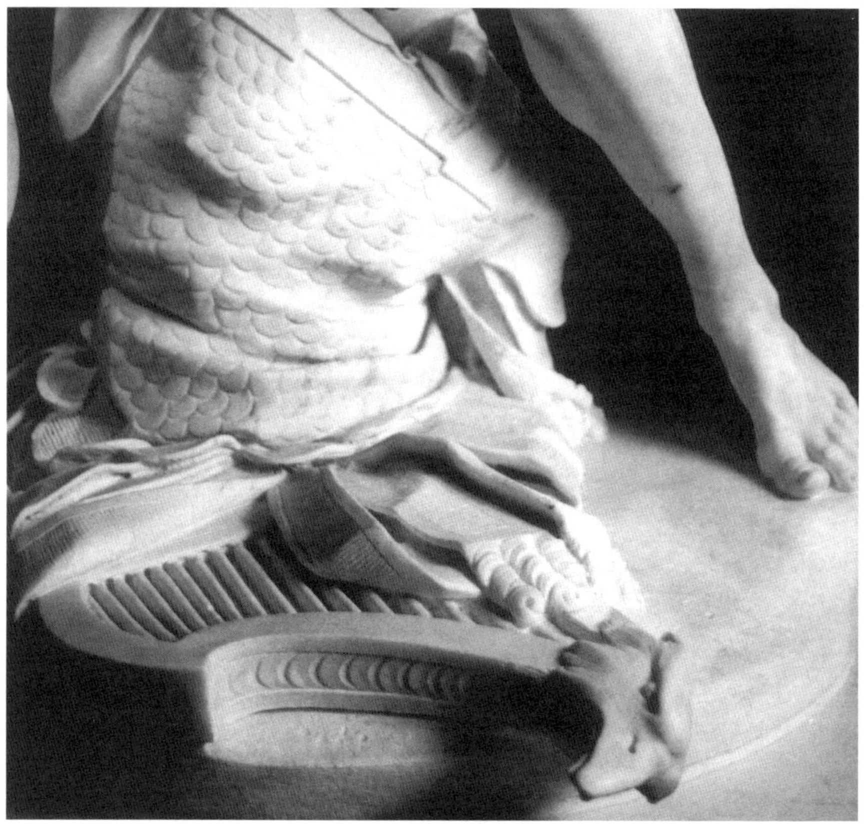

Abb. 8 David, Detail: Harfe (1623/24)

pione Borgheses späten Triumph wird an unaufdringlicher, doch unübersehbarer Stelle sichtbar: die Harfe, die zu Füßen Davids liegt, ist mit dem Adlerkopf als einem der beiden borgheseschen Wappentiere geschmückt (Abb. 8).

Einmal mehr lassen diese Zusammenhänge erkennen, welch eminent politische Bedeutung das Kunstwerk im 17. Jahrhundert haben konnte. Zugleich aber ist der «David» ein Zeugnis dafür, wie jenseits der vom Auftraggeber (oder seinen Beratern in Kunstfragen) vorgegebenen Thematik des Künstlers ureigenste Anliegen ihren Ausdruck finden. In den Zügen des David hat Bernini sich selbst porträtiert. Es ist ein «Bildnis des Künstlers als junger Held», das Gesicht im Augenblick höchster Anspannung zur Grimasse verzerrt vor Entschlossenheit und Konzentration. Man ist versucht, von Hybris zu sprechen, schon aufgrund der nicht eben von Bescheidenheit zeugenden Rollenwahl als biblischer Heros, und mehr noch durch die Ansprüche, die in dieser Mimik zum Ausdruck kommen. Aus einer derartigen bis zum Komischen gesteigerten Selbststilisierung spricht ein außerordentliches Sich-Wichtig-Nehmen. Doch wie wäre ohne diese Form der Egozentrik, verbunden mit den daraus resultierenden Ansprüchen an sich selbst, je die außerordentliche Leistung möglich? Wenn Berninis Auftraggeber es für möglich hielten, dass er zum «Michelangelo seines Jahrhunderts» werden könnte – er selbst hielt es nicht nur für möglich, sondern, der «David» lässt daran keinen Zweifel, war dazu *entschlossen*. Zu dem Zeitpunkt, da er daran gehen konnte, der Skulptur des David seine Züge zu verleihen, hatten sich die äußeren Umstände dieser Entschlossenheit gefügt, und das krisenhafte Zwischenspiel der Herrschaft Gregors XV. war für ihn kaum mehr als eine schemenhafte Erinnerung.

Zwischen den Zeiten: Das erhitzte Konklave des Jahres 1623

Unruhe und Gewalttätigkeiten waren die Begleiterscheinungen, die der Tod eines Pontifex in dieser Epoche fast unweigerlich mit sich brachte. Es fehlte die oberste staatliche Autorität, und in einer Epoche, in der Loyalitätsbeziehungen noch wesentlich stärker der Person als dem Amt galten, konnte dieser Umstand nicht ohne Folgen bleiben. Sie bestanden in einer sprunghaft ansteigenden Zahl von Gewalttätigkeiten aller Art. Niemand wusste, wer der nächste Papst sein würde, und in jedem Fall hätte er zu Beginn seiner Herrschaft genug damit zu tun, seine Verwandten und Vertrauten in die politischen Schlüsselpositionen zu bringen. Deswegen würde er kaum Energien darauf verwenden, Verbrechen zu verfolgen, die vor seinem Regierungsantritt begangen worden waren – so ungefähr könnten die Gedankengänge ausgesehen haben, die zur unruhigen Atmosphäre während eines Konklaves im Rom des 17. Jahrhunderts führten. Wie bei jeder Sedisvakanz erließen der *governatore di Roma* und jene Kardinäle, die mit der Führung der dringendsten Geschäfte betraut waren, Erlasse mit rigorosen Strafandrohungen.[36] Doch gerade die drakonischen Strafen lassen erkennen, wie ohnmächtig die staatlichen Instanzen letztlich der allgemeinen Unruhe gegenüberstanden. Auch 1623 erreichten die unschönen Begleiterscheinungen der Papstwahl ein besorgniserregendes Ausmaß. Der zeitgenössische Chronist Giacinto Gigli berichtet darüber in seinem Tagebuch:

> «Unter anderem war diese Sedisvakanz sehr bemerkenswert wegen der großen Unordnung, die es gab, besonders in Rom. An vergleichbare Zustände konnte sich keiner, der damals lebte, erinnern. Es verging kein Tag ohne zahlreiche Streitereien, Morde, Betrügereien, und man fand viele Männer und Frauen umgebracht an verschiedenen Stellen der Stadt, und viele fand man ohne Kopf: und ähnlich fand man andere ohne Kopf, die in den Tiber geworfen worden waren, viele Häuser wurden in der Nacht überfallen und schlimm ausgeplündert: Türen wurden aufgebrochen, Frauen vergewaltigt, andere umgebracht, andere ausgeraubt (…). Von den *sbirri* [Polizisten], die den einen oder anderen Verbrecher festnehmen und ins Gefängnis schaffen wollten, wurden einige getötet, einige übel verprügelt und verletzt. Der Quartierhauptmann von Trastevere wurde zusammengeschlagen, als er des Nachts sein Stadtviertel kontrollierte, und auch andere Autoritätspersonen schwebten wiederholt in Lebensgefahr. Aber viele von den Gewaltakten und Straftaten wurden von den Soldaten begangen, die als *guardia* verschiedener Herren und Fürsten in Rom waren; besonders von den Söldnern, die der Kardinal [Maurizio]

von Savoyen zu seinem Schutz angeworben hatte, wurden viele *sbirri* getötet, weil sie einen dieser Soldaten gefangen genommen hatten.»[37]

Wir haben bisher nur den schönen Schein der Bilder und die freilich schon viel prosaischere Wirklichkeit, die sie verbergen sollten, gesehen: das Leben der römischen Führungsschicht, der hohen Geistlichkeit an der Kurie. In Giglis Bericht scheint nun die dunkle, gewalttätige Seite des 17. Jahrhunderts auf. Eine Gesellschaft wird erkennbar, in der die Affekte noch verhältnismäßig wenig von den Menschen selbst kontrolliert werden und deshalb der Kontrolle von außen bedürfen. Fehlt diese, etwa im Moment, da nach dem Tod eines Papstes bis zur Wahl seines Nachfolgers die staatliche Autorität ihrer höchsten Instanz entbehrt, so wird die stets vorhandene Bereitschaft zur Anwendung physischer Gewalt in solchem Ausmaß virulent, dass die erst in Entwicklung begriffenen staatlichen Institutionen kaum die Ordnung aufrechterhalten können. Anarchie droht oder scheint im Empfinden der Zeitgenossen in solchen Momenten schon zu herrschen. Im Jahre 1590 sollen allein in den ersten 14 Tagen nach dem Tod Papst Sixtus' V. Peretti in Rom mehr als 150 Menschen Opfer von Gewalttaten geworden sein.[38] Aus solchen Zahlen geht deutlich hervor, dass wesentliche Probleme des frühneuzeitlichen Staates die Disziplinierung der Bevölkerung und die Durchsetzung des staatlichen Gewaltmonopols bildeten.

Es mag zunächst paradox klingen, aber Giglis Bericht lässt auch deutlich werden, dass das Papsttum auf diesem Wege schon recht weit fortgeschritten war. Denn er beschreibt ja nicht nur die Gewaltorgien, sondern auch, von wem sie hauptsächlich verübt wurden: «(…) viele dieser Gewalttaten wurden von den Soldaten begangen, die als *guardia* verschiedener Herren und Fürsten in Rom waren.» Diese Söldner konnten im Zweifelsfall auf Rückendeckung durch ihren Herren hoffen, wenn ihre Untaten nach dem Ende des Konklaves vom neuen Papst zur Sprache gebracht werden sollten. Jeder neue Pontifex musste nach der Wahl zunächst versuchen, seine politische Position zu befestigen, und würde es sich kaum mit einem so mächtigen Herren wie etwa dem Kardinal Maurizio von Savoyen –

der zudem als Vertreter eines souveränen Staates, eben Savoyens, gelten konnte – verderben, um ein paar Schlägereien seiner Soldateska zu bestrafen, mochten sie auch im einen oder anderen Fall tödlichen Ausgang gehabt haben.

Politik ist zu allen Zeiten die Kunst des Möglichen gewesen, und auch der Handlungsspielraum frühneuzeitlicher Fürsten war begrenzt, weshalb sie ihn übrigens in der zeittypischen Bildpropaganda gerade als unbegrenzt, als absolut inszenieren ließen. Die Autorität des Staates musste erst mühsam und gegen zahllose Widerstände durchgesetzt werden. Zumal große Herren vom Schlage Kardinal Maurizio von Savoyens waren es durchaus nicht gewohnt, sich ihr Handeln vorschreiben zu lassen, und fanden sich nur höchst widerwillig dazu bereit. Diese zähen, wenngleich letztlich erfolglosen Rückzugsgefechte der alten feudalen Eliten gegen die Etablierung eines für alle Untertanen verbindlichen Gewaltmonopols des Staates werden noch öfter zu beobachten sein. Im Hinblick auf das Konklave von 1623 liegt die Vermutung nahe, dass der Kardinal di Savoia und einige seiner Standesgenossen die Exzesse ihrer Privattruppen nicht nur hingenommen und gedeckt, sondern in dem einen oder anderen Fall sogar ermutigt haben, boten sie doch eine hervorragende Gelegenheit, die päpstlichen Ordnungskräfte einzuschüchtern. Mochten sich die *sbirri* auch nach dem Konklave an diese Lektion erinnern, wenn es zwischen dem päpstlichen Staatsoberhaupt und einem oder mehreren der stolzen Feudalherren zu Streitigkeiten käme!

Doch erst einmal ging es im Juli 1623 weiterhin um die Frage, wer der nächste Nachfolger Petri werden würde. Die tödlich verfeindeten Kardinäle Borghese und Ludovisi blockierten sich gegenseitig. Nach seinen trüben Erfahrungen während des Ludovisi-Pontifikates war Scipione Borghese nämlich fest entschlossen, sich nicht noch einmal mit der Wahl eines Kandidaten von zweifelhafter Loyalität einverstanden zu erklären. Er wolle lieber sterben, als den Angehörigen einer anderen Partei zum Papsttum zuzulassen, so Borgheses kategorische Äußerung gegenüber den Kardinälen Pauls V., die er als ehemaliger Nepot führte.[39] Auf der anderen Seite war sich auch Ludovico Ludovisi vollkommen darüber im Klaren, was für ihn und seine Familie von der Wahl eines ihm einigermaßen wohlgesinnten

Nachfolgers abhing. Allzu sehr hatte er sich während des kurzen Pontifikats seines Onkels exponiert, als dass er angesichts der vielen Feinde, die er sich dadurch geschaffen hatte, nicht allen Grund zur Sorge gehabt hätte.

Unter diesen Umständen erscheint es nicht weiter verwunderlich, dass die Hauptkandidaten der beiden Parteien innerhalb relativ kurzer Zeit scheiterten. Nach einigen Tagen war es zu einem Patt gekommen, das den Kardinälen umso weniger Freude bereitete, als die klimatischen Bedingungen im sommerheißen Rom nicht nur drückend, sondern lebensgefährlich waren. Bis zum 3. August erkrankten nicht weniger als zehn Kardinäle an Malariafieber, unter ihnen Borghese, der daraufhin beschloss, nun doch lieber nicht zu sterben, sondern das Konklave zu verlassen.[40] Damit wären die Verhandlungen bis zu Borgheses Genesung endgültig lahmgelegt worden, da er seinen Parteigängern die Instruktion gegeben hatte, nichts ohne seine Autorisierung zu unternehmen – eine wenig erfreuliche Perspektive für die Kardinäle, von denen 22 schon über 60 Jahre alt waren.

In dieser verfahrenen Situation begann man mit buchstäblich fieberhafter Eile nach einem Kompromisskandidaten zu suchen, auf den sich Borghese und Ludovisi einigen könnten, noch bevor Ersterer das Konklave verließ. Nach dramatischen Verhandlungen fand man ihn in der Person des Kardinals Maffeo Barberini, und damit wurde am 6. August 1623 ein Mann gewählt, der Gianlorenzo Bernini Möglichkeiten eröffnen sollte, wie sie kaum ein Künstler in früherer oder späterer Zeit vorfand. Zunächst sah es jedoch so aus, als sollte der längste Pontifikat des 17. Jahrhunderts bereits nach einigen Tagen enden. Denn zu den vielen Kardinälen, die während des Konklaves erkrankt waren, gehörte auch der neu gewählte Papst, der den Namen Urban VIII. angenommen hatte.

Hunderte von Menschen schwebten in den Hochsommertagen des Jahres 1623 zwischen Bangen und Hoffen. Unter ihnen befand sich auch Gianlorenzo Bernini. Es hing für ihn so viel, es hing alles davon ab, ob der neue Papst die schwere Krankheit überlebte oder nicht! Kein anderes Mitglied des Kardinalskollegiums hatte sich Bernini gegenüber wohlwollender gezeigt, von keinem stand eine vergleichbar großzügige Unterstützung bei der Ausführung seiner hochfliegenden künstlerischen Pläne zu erwarten. Selbst in den kritischen Momenten des vergangenen Pontifikats hatte Kardinal Barberini ihm seine Unterstützung nicht entzogen, er war es, der ihm sogar die Verleihung des «Cavaliere di Christo»-Ordens erwirkt hatte. Jetzt, da dieser Mann erfreulicherweise zum Papst gewählt worden war, sollte alles vorbei sein, ehe es begonnen hatte? Berninis Besorgnis war angesichts der immer trüberen Nachrichten aus dem Vatikan verständlich. Schon kam das Gerücht auf, der Papst sei tot. Kein Drehbuchautor könnte eine dramatischere Handlung erfinden: auf seine Verwandten gestützt, schleppte sich der völlig entkräftete Papst an das Fenster seines Zimmers im Vatikan, um sich der Volksmenge zu zeigen und sie zu beruhigen. Doch die ist von seinem Tod so fest überzeugt, dass sich die Nachricht verbreitet, dies sei nicht der Papst, sondern lediglich sein Körper, von einer ingeniösen Maschine Berninis bewegt – man hatte den Künstler kurz zuvor im selben Zimmer gesehen. Nur langsam verstummten die Zweifler. Urban VIII. überlebte die schwere Erkrankung, die er selbst für einen Giftanschlag hielt.[41] Der Vorhang öffnete sich für den künstlerisch glanzvollsten Pontifikat des 17. Jahrhunderts.

Im Glanz des Barberini-Hofes. Bernini und Urban VIII. (1623–1644)

Auf dem Weg nach oben

Geistreich, gebildet, diplomatisch versiert, so tritt uns das Bild Urbans VIII. Barberini aus den Quellen entgegen; machtbewusst zudem, ein strahlender Souverän, geradezu ein Sonnenkönig *avant la lettre* sei er gewesen. Tatsächlich hatte Maffeo Barberini schon als Kardinal das Sonnensymbol als persönliche Imprese verwendet. In den nun beginnenden zwei Jahrzehnten seiner Herrschaft sollten ganze Heerscharen von Künstlern und Kunsthandwerkern dafür sorgen, dass die päpstliche Gnadensonne den Römern zumindest als Bild allerorten vor Augen geführt würde. Denn die Eitelkeit Urbans erwies sich seiner Bildung als mindestens ebenbürtig. So verwundert es nicht, dass er sich andererseits in seiner Funktion als geistliches Oberhaupt der katholischen Christenheit recht unwohl fühlte: «Dieser Papst will eher Herrscher sein als Papst, eher Souverän als Bischof»,[1] so ein zeitgenössisches Urteil, das einmal mehr die eigentümliche Doppelrolle des Papsttums in dieser Epoche zu Tage treten lässt und auch die daraus folgenden Konsequenzen: eine wachsende Bedeutung der fürstlich-souveränen Funktion, unter der die geistliche Komponente des Amtes zunehmend litt. Kaum ein anderer Pontifikat bietet für diesen Sachverhalt so viele anschauliche Beispiele wie der nun beginnende.[2] Eines schien aber sofort nach der Wahl klar zu sein: in künstlerisch-kultureller Hinsicht würde Rom herrlichen Zeiten entgegen gehen.

Denn Urban VIII. (Abb. 9) war nicht nur eine tief in der humanistischen Bildungstradition verwurzelte Persönlichkeit und zudem ein engagierter Kunstmäzen, wie man es von einem führenden Angehörigen der Kurie in dieser Zeit erwartete. Er erkannte vor allem frühzeitig, dass ihm für die Ausführung seiner hochfliegenden Pläne zur Umgestaltung Roms mit Gianlorenzo Bernini ein sowohl künstlerisches wie organisatorisches Genie zur Verfügung stand. Bereits am Tag nach seiner Wahl hatte er den Künstler zu sich rufen lassen und angeblich mit den Worten begrüßt:

> «Es ist ein großes Glück für Euch, Cavaliere Bernini, Maffeo Barberini als Papst zu sehen. Aber noch größer ist unser Glück, dass während unseres Pontifikats der Cavaliere Bernini lebt.»[3]

Programmatische Worte, die der Papst wählte, weil er nicht weniger als der Künstler selbst in Bernini den «Michelangelo seines Jahrhunderts» sah. Zeit seines Lebens sollte sich Bernini an dem großen, bewunderten Vorbild messen. Da ihm bewusst war, als Maler Michelangelo nicht gewachsen zu sein, begann er in den ersten Jahren des Barberini-Pontifikates mit intensiven Studien auf diesem Gebiet, nicht zuletzt auf Drängen des Papstes, der ihm dafür eine so wichtige Aufgabe wie die Ausmalung der Benediktionsloggia von Sankt Peter versprach.[4] Die Stilisierung Berninis zum «Michelangelo del suo secolo» gestattete es aber auch Urban VIII., sich selbst als neuen Julius II. della Rovere (1503–1513) zu verstehen, Michelangelos erster päpstlicher Auftraggeber und zugleich eine der mächtigsten Persönlichkeiten, die je den Stuhl Petri innehatten. Für Papst und Künstler bot sich damit die Möglichkeit der Verankerung ihrer individuellen Existenz in historischen Traditionen. Es ist dasselbe Denkmuster, das wir bei der Beschäftigung mit der «Aeneas»-Gruppe beobachten konnten, die Suche nach dem mythologischen oder historischen Ahnen, welcher der eigenen Existenz Sicherheit und Gewicht verleiht, die Berufung auf den vorbildlichen Vorläufer, dem man in wahlverwandtschaftlicher Verbundenheit nachzueifern sucht, um trotz der vielfältigen Bedrohungen, denen das Leben ausgesetzt war, das Vertrauen in die Zukunft zu wahren und Maßstäbe für das eigene Handeln zu gewinnen. In diesem Punkt unterscheidet sich das Denken der Menschen jener Epoche grundsätzlich von unserer heutigen Geschichtswahrnehmung. Es war zyklisch-mythologisch und nicht linear-rationalistisch, wie man die Geschichte seit dem Zeitalter der Aufklärung mehr und mehr zu sehen begann.

Als Bildhauer hatte sich Bernini bereits einen Namen gemacht, nun sollte er auch als Architekt und Maler dem Vorbild Michelangelos nacheifern und begab sich mit schier unerschöpflicher Energie an die Ausführung der Aufträge, die ihm der Papst und seine Angehörigen in den folgenden Jahren erteilten; nicht nur in den klassischen bildenden Künsten, sondern ebenso als Festdekorateur und Bühnenbildner wurde er tätig, der eigene Theaterstücke schrieb und auf der von ihm selbst entworfenen Bühne als Schauspieler auftrat – zum Entzücken der römischen «guten Gesellschaft». Eindrucksvoll liest sich der Bericht des modenesischen Gesandten Fulvio Testi, selbst Schriftsteller und damit ein Kritiker von Autorität, über eine solche Theateraufführung:

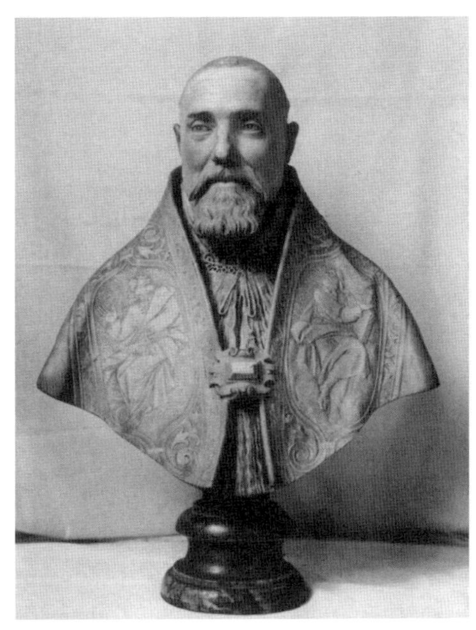

Abb. 9 Porträtbüste Urbans VIII., San Lorenzo in Fonte, Rom (1623)

«Am Montag hat der Cavaliere Bernini eine von ihm selbst geschriebene Komödie aufgeführt, in der es Stellen gibt, die jeden, der den päpstlichen Hof kennt, sich totlachen lassen, denn alle, ob klein, ob groß, ob Prälaten oder Adlige und ganz besonders die Römer bekommen ihr Fett weg.»[5]

Die Familie Barberini und ihre Gefolgschaft

Die «gute Gesellschaft» – es stellt sich die Frage, wer dazu zählte, in den langen zwei Jahrzehnten der Herrschaft Urbans VIII. Zunächst, wie sich versteht, die Familie Barberini, jener Clan von Angehörigen der gehobenen Florentiner Mittelschicht, der sich im Sommer 1623 unversehens in den Rang eines europäischen Herrscherhauses katapultiert sah. Mit einem derartigen gesellschaftlichen Quantensprung will richtig umgegangen sein. Von einem Tag auf den anderen sahen sich die Angehörigen des neuen Papstes mit Möglichkeiten konfrontiert, von denen sie bisher nicht einmal zu träumen gewagt hätten – und ebenso mit Aufgaben und Verpflichtungen, für die sie aufgrund ihres bisherigen Lebensweges alles andere als gut vorbereitet waren. Der plötzliche Rollenwechsel stellte für die Nepoten eine erhebliche Herausforderung dar: mit einem Male sahen sie sich gehalten, in einem sozialen Umfeld zu agieren, das ihnen bisher fremd, wenn nicht unbekannt gewesen war, hatten sie es im diplomatischen und gesellschaftlichen Alltag mit Angehörigen der ältesten und adelsstolzesten europäischen Dynastien zu tun, denen sie mit heiter-gelassener Selbstverständlichkeit begegnen sollten. Was mochte in den Nepoten vorgehen, wenn sie das erste Mal mit einem venezianischen Botschafter verhandelten, der einer Familie entstammte, die über jahrhundertelange Erfahrung in der Gesandtentätigkeit verfügte? Wie mögen sie sich bei den Gesprächen mit den Bürokraten an der Kurie gefühlt haben, im Dienst ergrauten Spezialisten für die Abfassung päpstlicher Bullen und Breven, und so stolz auf ihre dabei entwickelte stilistische Eleganz, dass sie sich diese noch auf ihren Grabsteinen nachrühmen ließen?[6] Wenn wir diese Fragen stellen, dann geht es nicht darum, es «menscheln» zu lassen, im Sinne der sympathischen Einfühlung mit den Mächtigen, die es halt auch nicht immer leicht hatten. Vielmehr ist es ratsam, sich Gedanken über die psychosozialen Handlungsrahmen der römischen Nepoten zu machen, wenn man ihre Aktivitäten verstehen will, zumal im Bereich der Kunstpatronage. Das Agieren in einem Umfeld, an das wir nicht gewöhnt sind, das uns fremd erscheint, führt unvermeidlich zu Verunsicherung. Äußerer Glanz und formale Prachtentfaltung helfen, sie zu verdecken – wenn unser Gegenüber geblendet ist, fallen ihm unsere Unzulänglichkeiten nicht ins Auge. Zumindest nicht sofort. Das überhitzte römische Kulturklima im 17. Jahrhundert erscheint aus dieser Perspektive nicht zuletzt dem Bedürfnis nach Beruhigungsmitteln für die angegriffenen Nervenkostüme der Nepoten geschuldet.

Doch als Behördenchefs an der Kurie oblag ihnen nun einmal zumindest nominell Verantwortung für die Politik des Papsttums, und in einer Epoche, in der die bürokratischen Strukturen des modernen Staates erst in Entwicklung begriffen waren, bestand ein erheblicher Gestaltungsspielraum, mithin die Versuchung, die offizielle Rolle in der kurialen Hierarchie im Sinne einer wirklichen Machtposition zu gestalten. Waren die Papstverwandten den damit verbundenen charakterlichen und intellektuellen Anforderungen gewachsen? Bei einem kurzen Blick zurück in jene Zeiten, die 1623 «jüngste Vergangenheit» waren, finden wir einen Nepoten, bei dem die Antwort eindeutig «Nein» lautet: den dicken und jovialen, dabei trägen und unsicheren Scipione Borghese, der sich sehr bald damit zufrieden gab, die Tage an der Seite seines päpstlichen Onkels dazu zu nutzen, soviel Gut und Geld zusammenzuraffen, wie er irgend bekommen konnte.[7] Als fast schon klischeehaftes Gegenbild lässt sich der umtriebige Vollblutpolitiker Ludovico Ludovisi anführen, so energisch wie elegant, vermutlich der brillanteste Diplomat, den je ein Papst in der Frühen Neuzeit in Gestalt eines Verwandten an seiner Seite hatte.

Nun also die Barberini. Am einfachsten hatte es oder machte es sich der eine der beiden Papstbrüder, Antonio der Ältere, der zwar die Ernennung zum Kardinal akzeptierte, ansonsten jedoch so gut es eben ging weiterhin das Leben eines einfachen Kapuzinermönchs führte, bescheiden, wohltätig, integer. Mitunter wurde er von seinem päpstlichen Bruder mit Missionen betraut, die ihn in den Grenzbereich der Politik führten;[8] er scheint sie eher widerwillig übernommen zu haben. Genannt wurde er nach seiner Titelkirche allgemein «der Kardinal von Sant'Onofrio». Die Inschrift seines Grabsteins, nach den ausdrücklichen Wünschen des Kardinals gestaltet, sagt viel über sein Selbstverständnis und das Verhältnis zu der glanzvollen Welt, in die er durch seine verwandtschaftlichen Beziehungen ohne eigenes Zutun geraten war: «Hier liegt Erde, Staub und Nichts.»

Der andere der beiden Papstbrüder, Carlo Barberini, sah sich mit der Position des weltlichen Chefs des Hauses konfrontiert. Das war nicht unbedingt eine Traumrolle: denn die einflussreichen Ämter lagen im Kirchenstaat in den Händen von Geistlichen. Es blieb die Bekleidung allerlei wohlklingender und inhaltsleerer Posten mit wenig realer Bedeutung und vielen realen Einnahmen. Carlo Barberini scheint sich mit seiner Rolle eines Repräsentanten ohne wirkliche politische Macht allerdings nicht abgefunden zu haben und nutzte das enge Verhältnis zu seinem päpstlichen Bruder. Sein informeller Einfluss war groß. Sein Tod im Zuge der großen Pestepidemie 1630 in Norditalien wurde betrauert, wie es sich bei einem Papstbruder gehörte: In der Metropolitankirche Bolognas, San Petronio, wurde ein riesiger Katafalk errichtet, zu dessen Beleuchtung 1000 große Kerzen dienten, und nicht weniger als vier Kardinäle lasen die Totenmesse.[9] Die politischen Folgen dieses Todes kommentierte der venezianische Botschafter in Rom wundervoll lakonisch: «Der Papst verliert einen geliebten und geachteten Bruder, der starken Einfluss auf seine Entscheidungen hatte; das Allgemeinwohl verliert vielleicht nichts, denn Don Carlo hatte nichts anderes im Sinn, als seine persönlichen Interessen.»[10]

Carlos Kinder, seine drei Söhne, waren aus ähnlichem Holz geschnitzt und besaßen zudem auch noch den Ehrgeiz der Jugend. Für Francesco, den Ältesten, trifft das in besonderem Maße zu. Geboren im Herbst 1597 und mithin bei Pontifikatsbeginn seines Onkels gerade einmal 25 Jahre, war ihm die Rolle des Kardinalnepoten zugedacht, und zwar in einer betont formellen Weise. Urban VIII. besaß nicht die geringste Neigung, Entscheidungskompetenzen zu delegieren, schon gar nicht an den unerfahrenen Jüngling, als der Francesco an der Kurie zunächst erscheinen musste. Der jedoch entwickelte mit der Zeit politische Ambitionen, die sich in Verbindung mit den eher mäßigen intellektuellen Fähigkeiten, über die er verfügte, unheilvoll auswirken sollten. Seine Entwicklung zu einem durchtriebenen Intriganten werden wir noch des Öfteren in den Blick nehmen müssen, denn unter den Methoden, mit denen Francesco Barberini seine gesellschaftliche Position ausbaute, kam einer intensiven Kultur- und Kunstpatronage besondere Bedeutung zu.[11] Gelehrte aus ganz Europa verkehrten in seinen Vorzimmern, und Künstler nicht weniger – Gianlorenzo Bernini gehörte zwar nicht zu seinen persönlichen Favoriten, stand aber mit dem Nepoten aufgrund seiner Verbundenheit mit dem Papst dennoch auf vertrautem Fuß.

Die beiden anderen Söhne Carlo Barberinis, Taddeo und Antonio der Jüngere mit Namen, waren zu Pontifikatsbeginn noch zu jung, um eine tragende Rolle zu spielen: wir werden ihnen später noch oft genug begegnen. Wer hingegen in den ersten Jahren der Herrschaft Urbans VIII. großen Einfluss besaß, war sein Schwager, Lorenzo Magalotti, der schon in der zweiten Kardinalskreation des Papstes am 7. Oktober 1623 den roten Hut und mit der Leitung des Staatssekretariats eine Schlüsselstellung innerhalb der kurialen Herrschaftsorganisation erhielt. Magalotti war ein interessanter Charakter, seit vielen Jahren im Dienste Maffeo Barberinis bewährt, fleißig, integer und skrupulös.[12] Die Leitung der päpstlichen Außenpolitik übernahm er mit Pflichtbewusstsein und ohne Begeisterung und widmete sich seiner Aufgabe in der Folgezeit mit penibler Sorgfalt. Dem Ehrgeiz seines Schwagers Carlo und seines Neffen Francesco Barberini stand er dadurch im Weg und fühlte sich von den Intrigen am Papsthof zunehmend angewidert. Immer öfter klagte er über die Last der Geschäfte und die daraus resultierenden gesundheitlichen Beeinträchtigungen, unter denen er litt, um schließlich, zum Bischof von Ferrara ernannt, 1628 seinen Dienstsitz in der Stadt am Po zu nehmen – für Magalotti eine Mischung aus Exil und Befreiung. Bis zu seinem Tod ein knappes Jahrzehnt später sollte er nie mehr nach Rom zurückkehren.

Soweit ein kurzer Blick auf einige der familiären Protagonisten während des langen Barberini-Pontifikates. Sie standen im Mittelpunkt der Aufmerksamkeit, bildeten den Kern der «guten Gesellschaft» in den Jahren zwischen 1623 und 1644 und verfügten über Anhänger und Favoriten, Freunde und Kollegen, die in diesen zwei Jahrzehnten reichen Lohn erhalten sollten. Einen Mann wie Antonio Santacroce etwa, aus altem, doch nicht herausragendem römischen Adelsgeschlecht stammend, zeichneten keineswegs besondere Geistesgaben aus. Auch sein familiärer Hintergrund prädestinierte ihn nicht unbedingt für eine glänzende Karriere, gehörten die Santacroce doch lediglich zum stadtrömischen Adel, im Hinblick auf Renommee und wirtschaftliche Ressourcen gewissermaßen zur «zweiten Garnitur» der Aristokratie am Tiber. Doch war Antonio Santacroce einst zu Schulzeiten ein Klassenkamerad Francesco Barberinis gewesen, und aus dieser persönlichen Bekanntschaft resultierten nun die Berufung zum päpstlichen Nuntius in Polen, die Verleihung des Kardinalats und die Übertragung der wichtigen Legation in Bologna.[13] Dort übernahm er die mitunter heikle Verwaltungstätigkeit im Dienste des päpstlichen Landesherren als Nachfolger des Kardinals Bernardino Spada, ebenfalls eine Kreatur der Barberini, im Gegensatz zu Santacroce aber ein heller Kopf und politisches Schwergewicht – aufgrund seines diplomatischen Geschicks galt er als einer der wichtigsten Gefolgsleute der Papstfamilie.

Gleiches gilt für den mit Spada eng befreundeten Kardinal Giulio Sacchetti, dessen Familie, ursprünglich aus Florenz stammend, seit längerem an der Kurie tätig war, und zwar als Bankiers. Die bei dieser Tätigkeit angesichts der notorisch in Geldnöten steckenden Pontifices reichlich fließenden Einnahmen wurden in die kuriale Karriere der jüngeren Kinder investiert. Ein geradezu klassisches Karrieremodell, das sich sowohl im Falle Giulio Sacchettis wie auch Bernardino Spadas glänzend bewähren sollte.[14] Nicht zuletzt in künstlerischer Hinsicht, denn die erfolgreichen Klienten der Papstfamilie taten, was man von Leuten mit Geschmack und Ambitionen erwartete: sie förderten Künstler und Gelehrte. Bernardino Spada und Giulio Sacchetti taten sich auf diesem Gebiet gleichermaßen hervor. Bis heute gehört die Galleria Spada zu den touristischen Sehenswürdigkeiten der Ewigen Stadt, und Sacchetti war es zu verdanken, dass ein junger Maler aus der toskanischen Provinz den Weg an den Papsthof fand, der dort für Furore sorgen sollte. Pietro Berretini, nach seinem Geburtsort gemeinhin da Cortona genannt, schuf seine ersten Werke in Rom im Auftrag von Kardinal Giulio und dessen Bruder, dem Marchese Marcello Sacchetti. Durch ihre Vermittlung wurde die Papstfamilie auf den begabten Maler aufmerksam, der sich dann im Dienste der Barberini zum Chefdekorateur römischer Palast- und Kirchendecken entwickelte – woraus, wie kaum mehr überraschen wird, ein zeitlebens gespanntes Verhältnis zu Gianlorenzo Bernini resultierte. Ihre künstlerische Konkurrenz mochte im Übrigen durchaus im Sinne der Auftraggeber sein, insofern sie zu Höchstleistungen beflügelte, wie sie die Barberini und ihre Gefolgschaft verlangten. Geld spielte für sie alle keine Rolle, solange Urban VIII. regierte – es galt, werbewirksam zu investieren. Auf diese Weise war es nicht die Papstfamilie allein, die für das Goldene Zeitalter der Kunst verantwortlich war, das Rom in diesen Jahren erlebte, sondern ebenso ihre Entourage.

Zu der im Übrigen nicht der ehemalige Kardinalnepot Scipione Borghese gehörte. Der hatte sich von der Wahl Maffeo Barberinis, immerhin seinerzeit von Scipiones Onkel Paul V. zum Kardinal ernannt, ein glanzvolles Comeback auf der römisch-kurialen Bühne erhofft und war enttäuscht worden. Gewiss, die grauenvollen Tage des Ludovisi-Pontifikats lagen nun glücklich hinter ihm, seine Behandlung durch den neuen Papst und dessen Angehörige war höflich und korrekt, aber auch nicht mehr. Von einer Wiedergewinnung seiner gesellschaftlichen oder gar politischen Stellung konnte keine Rede sein. Immerhin, Bernini wurde noch einmal für ihn tätig, obwohl die Papstfamilie die schier unerschöpfliche Produktivität des Künstlers sehr bald für sich zu monopolisieren begann. Das Werk, das im Sommer des Jahres 1625 den Weg in die Villa Borghese fand, dürfte den Auftraggeber zufrieden gestellt haben.

Apoll und Daphne

Denn die vierte und letzte der monumentalen Marmorskulpturen, die Gianlorenzo Bernini für seinen ersten Förderer schuf, stellt nicht nur einen Höhepunkt in seinem bildhauerischen Werk dar, sondern eine der vollkommensten Figurengruppen, die je geschaffen wurden. Erneut kommt in der Apoll-und-Daphne-Gruppe ein klassisches Thema aus Ovids Metamorphosen zur Darstellung, erneut liefert die Skulptur die Gelegenheit zur selbstvergewissernd-legitimierenden Rezeption eines hochberühmten antiken Vorbilds, diesmal des Apollon von Belvedere, und erneut, zum letzten Mal, tritt uns am Sockel der Skulptur ein Produkt von Urbans VIII. Barberini dichterischer Produktion aus den Zeiten, da er noch Kardinal gewesen war, entgegen, das auf diese Weise, gewissermaßen im Windschatten von Berninis Bildwerk, zur Unsterblichkeit gelangt ist:

> *«Quisquis amans sequitur fugitivae gaudia formae*
> *fronde manus implet baccas seu carpit amaras.»*
> «Wer als Liebender den Freuden flüchtiger Form nachjagt,
> der füllt seine Hand mit Laub und erntet bittere Beeren.»

Der Skulptur wurde mit dieser Inschrift eine moralische Bedeutung gegeben, die in auffälligem, hochironischem Kontrast zu ihrer materiellen Substanz steht. Die Vergänglichkeit sinnlicher Schönheit und die Eitelkeit des Strebens nach ihr führen zwei Figuren vor Augen, deren Körper von erlesener Vollkommenheit sind. Freilich ist die liebliche Gestalt der Daphne auf der Ebene der dargestellten Handlung in Verwandlung begriffen, doch erfährt diese Metamorphose paradoxerweise ihre Inszenierung in marmorn-unvergänglicher Form.

Erneut stellt die Wahl des Themas dadurch außerordentliche Anforderungen an das Talent des Bildhauers. Denn die von Ovid in aller Ausführlichkeit geschilderte Geschichte vom Erwachen der Liebe des Gottes Apoll zur schönen Nymphe, die sich ihm in stolzer Keuschheit entzieht, von Flucht und Verfolgung, von Klage und Gebet der Daphne um Errettung vor dem zudringlichen Gott – und schließlich von Apoll, der im Moment, da er sich am Ziele wähnt, nicht den Körper des geliebten Mädchens, sondern nur Rinde und Zweige des Lorbeers umschlingt, mit dem er sich daraufhin trauernd bekränzt, diese Erzählhandlung ist notwendig und ihrem Wesen nach sukzessiv. Und damit ist sie ein klassischer Gegenstand der Poesie, die eine Geschichte in der Reihenfolge ihres Geschehens erzählen kann, nicht jedoch, ja: *gerade* nicht der Bildhauerei, deren Medium der dauernde, unveränderliche Stein ist.[15] In der Kunsttheorie des 17. Jahrhunderts kam diesem Kontrast zwischen dem *mezzo di imita-*

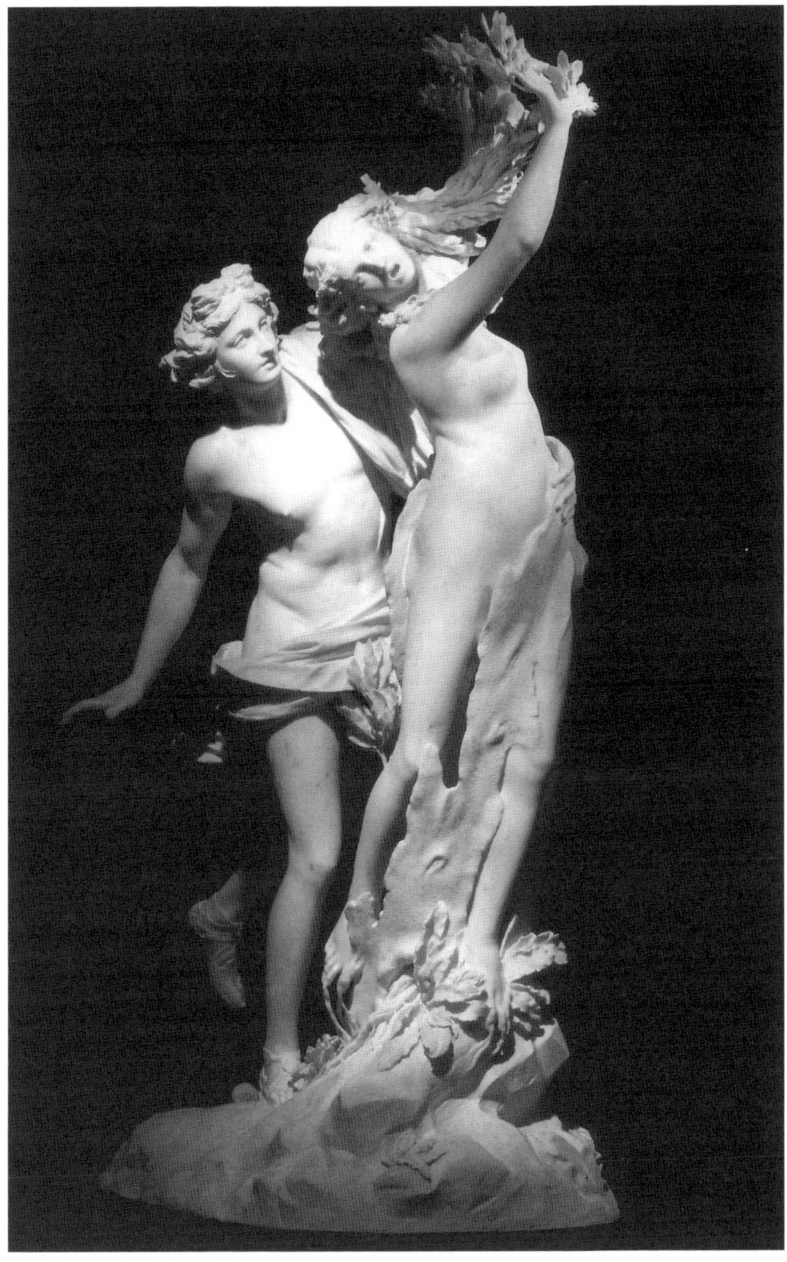

Abb. 10 Apoll und Daphne, Villa Borghese, Rom (1622–1625)

zione und der *cosa da imitarsi*, der Erstaunen und Verwunderung beim Betrachter auslöse, eine besondere Bedeutung zu, seit Galileo Galilei 1612 die Theorie formuliert hatte, eine Kunstleistung sei umso bewundernswerter, je mehr die Mittel, mit denen man imitiert, von den Dingen, die imitiert werden, verschieden sind. Erstaunen und Verwunderung aber sind der Beginn der Erkenntnis – wie uns der mit offenem Mund staunende und im wörtlichen Sinn schlagartig erkennende Gott Apoll in der Villa Borghese so überzeugend zeigt.

Die Apoll-und-Daphne-Skulptur führt nun einen gleich dreifachen Triumph des Bildhauers über die von ihm bearbeitete Materie vor Augen (Abb. 10). Im Medium des Marmors als des statischen Materials *per se* werden drei Metamorphosen dargestellt, nämlich zunächst des Affektes: auf dem Höhepunkt der Handlung verwandelt sich das begierige Streben Apolls in Erstaunen, die fliehende Abneigung der Daphne in Entsetzen; sodann der Bewegung, die ebenfalls im Moment äußerster Steigerung und Anspannung mit einem Schlag erstarrt; schließlich der Form selbst, jener liebreizenden Mädchengestalt Daphnes, die unversehens sich zum Baume wandelt, ihres Haares, das zu Blattwerk, ihrer Füße, die zu Wurzeln, ihrer Beine, die zu Rinde werden. Ließe sich der Sieg des menschlichen Geistes über die Materie eindrucksvoller gestalten, als in Gestalt jenes schwindelerregenden Bewegungswirbels, den die Statue erweckt, wenn man sie von der rechten Seite betrachtet? Die Figur der Daphne erscheint zum Zerreißen gespannt, gleichzeitig in bogenförmiger Durchstreckung und schraubenartiger Verwindung, noch zusätzlich akzentuiert durch den kleinen Hügel des Sockels, den sie hinaufgelaufen ist und dessen höchste Stelle, hart am Abgrund, sie eben erreicht; die Spannung wird unerträglich, man hat den Eindruck, die geringste Berührung müsste den Körper der Nymphe zum Zerspringen bringen – und in genau diesem Moment erfolgt die Berührung, ihrerseits voller Dynamik. Die vertikale, zweifach gespannte Bewegung der Daphne wird erreicht von der horizontalen Bewegung des Gottes, dessen Umhang, in konzentrischen Kreisen den Körper umwirbelnd, die Nymphe im selben Augenblick trifft wie der Arm des Apoll (Abb. 11). Die Metamorphose vollzieht sich mit Naturnotwendigkeit; Affekte, Bewegung, die Formen selbst haben ein *non plus ultra* erreicht, eine weitere Spannung wäre tatsächlich nicht mehr möglich, und in ihrer Unvermeidlichkeit hat die Katastrophe fast etwas Erlösendes, Befreiendes. Nie zuvor und niemals wieder ist dem spröden Marmor etwas Bewegt-Bewegenderes abgewonnen worden.

Nicht zuletzt, sondern vor allem andern aber findet in der Apoll-

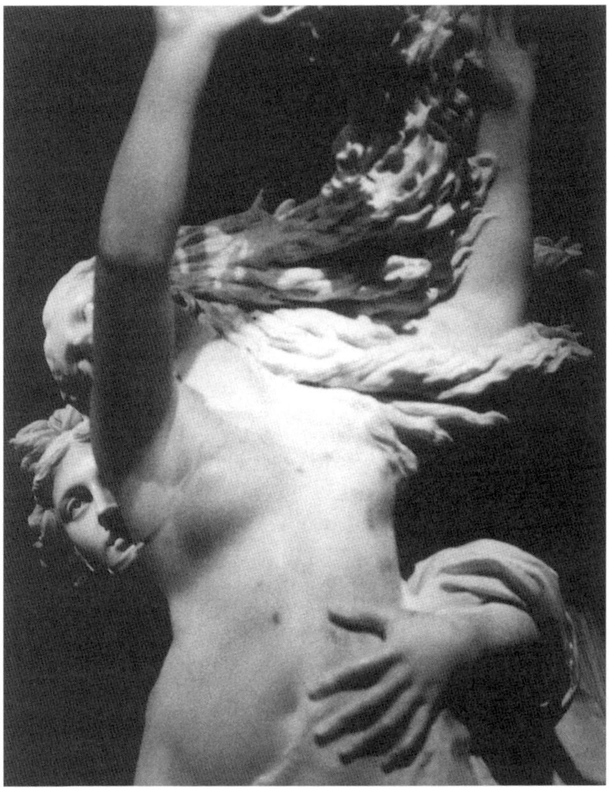

Abb. 11 Apoll und Daphne, Blick von rechts (1622–1625)

und-Daphne-Skulptur eine menschliche Urerfahrung ihren vollkommenen Ausdruck, den Ausdruck jenes sprachlosen Erstaunens auf dem Gesicht Apolls, da sich ein lang Ersehntes und mit äußerster Anstrengung Erreichtes im Moment, da wir es erlangen, unversehens in etwas ganz anderes verwandelt, als wir verfolgt hatten; mehr noch, sich tragischerweise gerade durch das Erreicht-Werden substanziell verwandeln muss. Vielleicht hat Berninis Kunst diesen Aspekt der *conditio humana* kaum jemals so sinnfällig vor Augen geführt. Indem er die tote, widerstrebende Materie zur menschlichen Form von unvergleichlichem Liebreiz befreite, lässt er zugleich in ironischer Distanziertheit das Streben nach dieser Form zweifelhaft werden. Füllt am Ende nicht nur derjenige seine Hände mit Laub und erntet bittere Beeren, der nach den flüchtigen Freuden vollkommener Form strebt, sondern überhaupt nach Form? Und, einen Schritt weiter, überhaupt *strebt*? Diese Skepsis gegenüber menschlichem Tun, zusätzlich unterstrichen durch die bittere Warnung der Sockelinschrift, in einen Triumph des menschlichen Geistes über die Materie zu kleiden, hebt die Apoll-und-Daphne-Gruppe über alle zeitgebundenen Bedeutungen hinweg zu einem zeitlosen Kunstwerk.

Waren es solch melancholische Gedanken über die Vergeblichkeit und Vergänglichkeit allen menschlichen Handelns, die dem Auftraggeber Scipione Borghese durch den Kopf gingen, wenn er die Statue in seiner prächtigen Villa auf dem Pincio betrachtete? Wir halten es zwar nicht für ausgeschlossen, aber auch keineswegs für besonders wahrscheinlich. Der Kardinal war kein Intellektueller, sondern weit eher mit Ellenbogen als mit Geist ausgestattet. Auf der anderen Seite ruft ein bewegtes Lebensschicksal bei Menschen, die nicht von gänzlich unverwüstlicher Vitalität oder vollständiger Stumpfheit sind, eine Neigung zur Reflexion hervor. Und Borgheses Lebensweg war nun wirklich bewegt. Nach den vergleichsweise bescheidenen Anfängen als Spross der alten, inzwischen aber kaum mehr zweitklassigen römischen Adelsfamilie Caffarelli erfolgte 1605 der große Karrieresprung, als sein Onkel Camillo Borghese zum Papst gewählt wurde. Von da an stand er als Kardinalnepot 16 lange Jahre im Mittelpunkt der römischen Gesellschaft, sorgte für eine solide wirtschaftliche Basis des Familienvermögens und ließ sich als staats- und papsttragender «Aeneas» feiern.

Dann, 1621, die Katastrophe, die schwarze Stunde. Wie siegessicher war er nach dem Tode Pauls V. ins Konklave gegangen, im Bewusstsein, eine Faktion von 42 Kardinälen zu führen! Die Wahl seines Wunschkandidaten, des ihm eng verbundenen Kardinals Pietro Campori, schien Borghese eine pure Formalität. So glaubte er, es sich leisten zu können, auf die zögernden und unentschlossenen Mitglieder des Kardinalskollegiums keine Rücksicht zu nehmen. Und ehe er sich versah, hatten seine Gegner den alten Alessandro Ludovisi lanciert, zu dessen Wahl Borghese, bevor er noch recht verstanden hatte, was geschah, sogar seine Zustimmung gab.[16] Die folgenden zweieinhalb Jahre waren ein einziger Albtraum gewesen. Der neue Kardinalnepot Ludovico Ludovisi hatte keine Gelegenheit ausgelassen, ihn einzuschüchtern und zu demütigen, und was das Schlimmste war: Ludovisi besaß Geist und Energie genug, diese Gelegenheiten nicht nur zu nutzen, sondern sie auch am laufenden Band zu schaffen. Verlassen von all den «Freunden», die zu Zeiten des Glanzes in seine Nähe gedrängt waren, einsam und verbittert hatte der eben noch fast allmächtige Scipione Borghese in dieser Zeit erfahren, was Angst ist – Angst vor Prozessen wegen seiner Amtsführung als Kardinalnepot, Angst vor dem völligen Zusammenbruch seiner gesellschaftlichen Stellung, am Ende sogar Angst um sein Leben. Erst im Juli 1623 endete der Albtraum, mit dem Tod Gregors XV. und der Wahl seines alten Bekannten Maffeo Barberini schien sich das Blatt abermals zu wenden, ein goldener Spätsommer hereinzubrechen. Die Hoffnung trog jedoch, von einer Wiederkehr der großen Tage konnte keine Rede sein. Ein alter Mann, nicht an Jahren, aber körperlich – maßlose Lebensgewohnheiten hatte seine Gesundheit vorzeitig ruiniert –, musste Borghese mit ansehen, wie die römische gute Gesellschaft kaum mehr in seine Villa zurückkehrte, sondern dem Glanz der neuen Papstfamilie folgte, die ihn mit höflich-kalter Korrektheit behandelte. Es mag schon sein, dass er unter diesen Umständen beim Anblick der Apoll-und-Daphne-Gruppe, die Bernini 1625 vollendet hatte, ins Grübeln kam.

Der Baldachin von St. Peter

Doch stellte die Apoll-und-Daphne-Gruppe ein Unikat nicht nur im Hinblick auf ihre exzeptionelle Qualität dar – sie war zugleich auch insofern etwas Besonderes, als sie nicht im Auftrag der Barberini angefertigt wurde und deren Verherrlichung diente. Bei den allermeisten Werken Berninis nach 1623 verhält sich das anders. Es entstehen in diesen Jahren zahllose Arbeiten, die den Ruhm der Papstfamilie verkünden, darunter einige jener Kunstwerke, die bis heute das Gesicht der Ewigen Stadt prägen. Der Baldachin von St. Peter ist das vielleicht bedeutendste darunter, jedenfalls aber das spektakulärste (Abb. 12).[17] Erst wenige Jahre zuvor waren unter Paul V. das Langhaus und die Fassade der Kirche fertig gestellt worden. Nun galt es, die gewaltigen Innenräume zu gestalten, und Urban VIII. war entschlossen, dem Zentrum der Peterskirche, der Vierung unter Michelangelos mächtiger Kuppel, seinen Stempel aufzudrücken. Die Lösung, die ihm der «Michelangelo seines Jahrhunderts» vorschlug, begeisterte den Papst sofort: ein Bronzebaldachin von über 28 Metern Höhe, der die Aufmerksamkeit eines jeden Besuchers unvermittelt auf sich ziehen musste – auf sich, und mittelbar damit auf den Auftraggeber und seine Familie, deren Ruhm im Zusammenhang mit dem religiösen Zeremonialwerk auf immer und ewig garantiert sein würde. Berninis Entwurf befriedigte zugleich den kultivierten Schönheits- wie den natürlichen Familiensinn des Papstes, und so wurden die Arbeiten mit Hochdruck vorangetrieben. Um rasch an die erheblichen Mengen an Bronze, die für den Baldachin benötigt wurden, zu kommen, schreckte man nicht davor zurück, das antike Bronzegebälk des ehrwürdigen Pantheons abzunehmen und einzuschmelzen. Das trug den Barberini zwar den Spott der Römer ein, die sachlich zutreffend höhnten: *«Quod non fecerunt Barbari, fecerunt Barberini»*, «was selbst die Barbaren nicht gemacht haben, das vollbrachten die Barberini», aber dergleichen ohnmächtige Wortspiele konnte die Papstfamilie verschmerzen, wenn zugleich ein Bild ihres Ruhmes von so gewaltiger Überzeugungskraft entstand.

Versuchen wir, uns die Situation des noch nicht dreißigjährigen

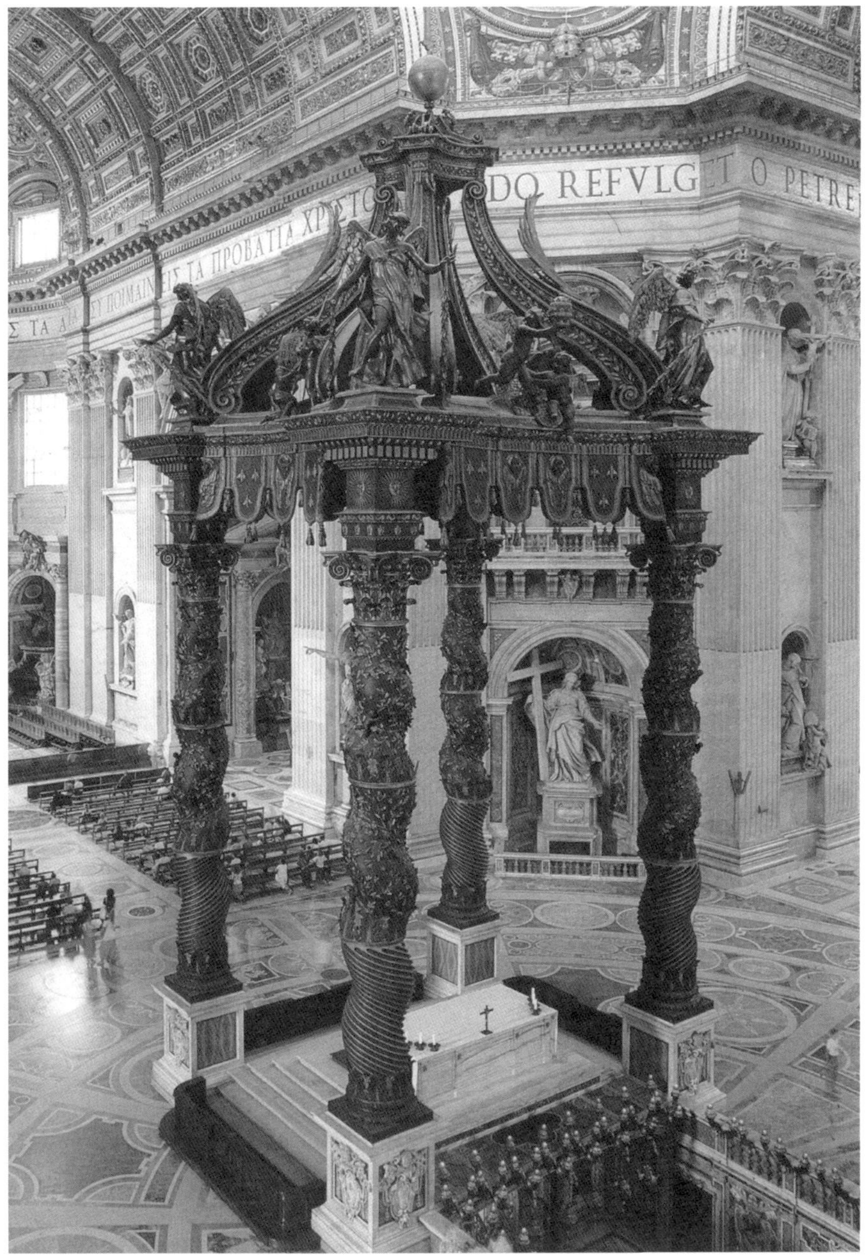

Abb. 12 Baldachin, St. Peter, Rom (1624–1633)

Künstlers vorzustellen, in jenen Jahren, da er binnen kurzem zum tonangebenden Mann unter den römischen Künstlern aufstieg. Bisher war er lediglich als Bildhauer hervorgetreten, spektakulär genug, gewiss, doch nun sah er sich Aufgaben von ganz neuen Dimensionen gegenüber. Das unbedingte Vertrauen des Papstes im Rücken, scheint er sich ihnen ohne Zögern gestellt zu haben, freilich nicht ohne Sorgen. Denn angesichts der für ihn neuen statischen und auch gießtechnischen Probleme bei der Herstellung eines so gewaltigen Baldachins stellte sich sein Rüstzeug als keineswegs vollkommen dar. Nur gut, dass er an der Bauhütte von St. Peter einen Mann fand, auf dessen solide handwerkliche Ausbildung als Architekt er sich verlassen konnte. Das Schicksal dieses Mannes und sein Verhältnis zu Bernini sind bis heute Gegenstand des Interesses geblieben und dienten kürzlich erst als Sujet eines Bestsellers.[18] Es handelte sich um Francesco Borromini, aus dem heutigen Schweizer Kanton Tessin stammend, fast gleichen Alters wie Bernini, überaus begabt auch er. Sein Charakter jedoch, eigensinnig und grüblerisch, hätte im Vergleich zum selbstbewusst-brillanten Bernini nicht unterschiedlicher sein können. Verstand sich Berninis rasche Auffassungsgabe, seine gesellschaftlich geschliffene Liebenswürdigkeit glänzend auf den Umgang mit den Auftraggebern, so ging Borromini dieses Talent vollkommen ab. Brüsk und eigenbrötlerisch hing er seinen extravaganten künstlerischen Phantasien nach und war nicht zu Zugeständnissen an seine adligen *padroni* geneigt, denen er sich als Fachmann haushoch überlegen fühlte. In einer Epoche, in der soziale Unterschiede von grundlegender Bedeutung waren, mussten ihm aus diesem Verhalten Probleme erwachsen; und so kam es auch.

Das Verhältnis der beiden Künstler stellte sich von Anfang an als widersprüchlich dar: nach außen hin konnte an der weit überlegenen Stellung Berninis nicht der geringste Zweifel bestehen. Alle Welt sah in ihm den «kommenden Mann», dessen Kompetenzen bei jeder sich bietenden Gelegenheit erweitert wurden und der dereinst, nach dem Tod des alternden Leiters der Bauhütte von St. Peter, Carlo Maderno, dessen Posten übernehmen würde. Über ihm strahlte die päpstliche Gnadensonne, er war der Liebling der römischen «guten Gesellschaft», in deren Kreisen er sich mit ungezwungener Virtuosität zu bewegen verstand. Wer war demgegenüber schon der einzelgängerische Steinmetz, der zwar profunde Kenntnisse der Statik besaß, aber bisher weder ein eigenständiges Werk geschaffen hatte noch über auch nur rudimentäre gesellschaftliche Umgangsformen verfügte? So mochte fragen, wer die Dinge von außen betrachtete. Hinter den Kulissen jedoch, im Bereich der praktischen Arbeit, stellte sich der Sachverhalt ganz anders dar. Hier war es der technisch versierte Borromini, der mehr als einmal die sich als unhaltbar erweisenden Phantasien seines Kollegen korrigierte und der auch im Hinblick auf ästhetische Fragen in wachsendem Maße Einfluss gewann. Ein aufmerksamer und mit ungewöhnlichem psychologischen Scharfblick ausgestatteter Zeitgenosse, auf dessen Zeugnis später noch genauer einzugehen sein wird, schrieb viele Jahre später, dass in dieser frühen Zeit das Verhältnis zwischen Borromini und Bernini ausgezeichnet gewesen sei und sich erst später die «Liebe in größten Hass» gewandelt habe.[19] In der Tat: alles spricht dafür, dass die Zusammenarbeit bei den Planungen für den gewaltigen Bronzebaldachin, Berninis erste große Aufgabe in St. Peter, harmonisch und zum beiderseitigen Nutzen, vor allem aber im Dienste des Projektes verlaufen ist. Mochte Bernini im Monat 250 scudi beziehen, sein zunehmend unverzichtbarer Mitarbeiter hingegen gerade einmal 25 (was immer noch keine kleine Summe war), bis zum Ende der zwanziger Jahre erwuchs daraus kein Neid, ergänzten sich die beiden, ohne dass es zu grundsätzlichen Spannungen gekommen zu sein scheint. Und das eindrucksvollste Resultat dieser Zusammenarbeit ist der Baldachin.

Dessen Kosten sich im Übrigen als astronomisch erwiesen: 200 000 scudi waren im Laufe von bald zehn Jahren ausgegeben worden, das entsprach rund 10 Prozent der jährlichen Einnahmen des Papsttums in dieser Epoche. Man stelle sich, nur als Gedankenspiel, ein Kunstwerk vor, das ein Zehntel des deutschen Bundesetats verschlingen soll. Doch als der Baldachin am 29. Juni 1633, dem Tag des Heiligen Petrus, feierlich enthüllt wurde, erwies er sich als spektakulärer Erfolg. St. Peter hatte seinen Mittelpunkt erhalten, und dieser Mittelpunkt gab bereitwillig Auskunft über die Frage, wem er seine Existenz zu verdanken hatte. Überall erkennt der Betrachter noch heute das Wappentier der Barberini, jene Bienen, die den Römern zwischen 1623 und 1644 in unübersehbaren Schwärmen als Ruhmesboten ihrer Auftraggeber begegneten. Der Zeremonienmeister dieser strahlenden Inszenierung des Familienruhmes konnte sich des Dankes seiner *padroni* gewiss sein: Bereits 1629 hatte ihn Urban VIII. zum Architekten von St. Peter ernannt und ihm damit den prestigeträchtigsten Posten übertragen, den der Pontifex an einen Künstler zu vergeben hatte; für die Errichtung des Baldachins erhielt er nunmehr eine Gratifikation in Höhe von 10 000 scudi – neben seinem regulären Gehalt, versteht sich.[20] Und auch Berninis Brüder Luigi, Domenico und Vincenzo wurden vom Papst für ihre Mitarbeit an diesem grandiosen Werk reich bedacht.

Feindschaften

Kein Wunder, dass angesichts solcher Anerkennung, solcher Einnahmen nicht nur die Zahl der Bewunderer, sondern auch diejenige der Neider beständig wuchs. Bernini selbst war daran freilich alles andere als unschuldig. Die unerschöpfliche Produktivität, der er in den Jahren des Barberini-Pontifikates seine herausragende Stellung unter den römischen Künstlern verdankte, resultierte nicht zuletzt aus einer effizienten Arbeitsorganisation.[21] Eine wesentliche Rolle spielte dabei seine Werkstatt, in der einige herausragende Mitarbeiter und viele Handlanger dafür sorgten, dass die oft nur rasch aufs Papier geworfenen Ideenskizzen des Meisters dank geduldiger Arbeit in ausführbare Entwürfe umgesetzt wurden. Schon sehr früh verstand es Gianlorenzo Bernini ausgezeichnet, für ihn nützliche Begabungen unterschiedlichster Art an den Menschen seiner Umgebung wahrzunehmen, sie an sich zu binden und auszubeuten. Eine vermutlich klassische Qualität des «großen Mannes», zweifellos keine sympathische, aber eben die unverzichtbare Voraussetzung seiner Wirksamkeit. Hier ist ein Unterschied zum «Genie» zu konstatieren – das freilich in seinem Verhalten für die Umgebung in der Regel auch allerlei Irritierendes bereithält. Doch fehlt ihm oft die Fähigkeit zur Instrumentalisierung seiner Mitmenschen, die im

Übrigen den «großen Mann» zum Widerpart des Pädagogen macht, über den Nietzsche bemerkt hat, ein echter Lehrer nehme alle Dinge nur im Hinblick auf seine Schüler ernst, sogar sich selber. Für Bernini jedenfalls gilt das genaue Gegenteil: Er nimmt alle Dinge, auch alle Menschen nur im Hinblick auf sich und die Möglichkeiten seiner Wirksamkeit wahr.

So überrascht es wenig, dass gerade die begabteren unter seinen Mitarbeitern und Schülern sich mit der Zeit von ihm abwendeten. Giuliano Finelli etwa, ein sehr talentierter Bildhauer, der von sich behauptete, den Löwenanteil an den brillanten Skulpturengruppen, vor allem am virtuosen Meisterstück der Apoll-und-Daphne-Gruppe, für Kardinal Borghese geschaffen zu haben, beendete die Zusammenarbeit mit Bernini im Jahre 1628 und ging nach Neapel.[22] Vorausgegangen war eine Zeit der schleichenden Entfremdung, in der Finelli mit zunehmender Enttäuschung feststellen musste, dass ihm der Zugang zu einflussreichen Persönlichkeiten, vor allem die seit langem ersehnte Papstaudienz, immer wieder unter fadenscheinigen Vorwänden vorenthalten wurde.

Folgenreicher noch erwies sich das Zerwürfnis mit Francesco Borromini, der sich in den späten zwanziger Jahren als schier unentbehrlicher Assistent in Architekturfragen erwiesen hatte, nicht nur aufgrund seiner künstlerischen Begabung, sondern ebenso wegen seiner praktisch-technischen Kenntnisse, die denjenigen des Architekturdilettanten Bernini nach wie vor weit überlegen waren.[23] Im Januar des Jahres 1629 war nach langer Krankheit Carlo Maderno, Borrominis Förderer und Mentor gestorben, und auf seine Stelle als Architekt der Peterskirche wurde, wie allgemein erwartet, sogleich Gianlorenzo Bernini berufen. Der befand sich in diesem Moment in einer prekären Situation: Auf der einen Seite schmeichelte ihm natürlich der prestigeträchtigste Posten, den ein Architekt in dieser Epoche erlangen konnte, auf der anderen Seite sah er sich mit technischen Problemen von ganz neuer Qualität konfrontiert. Und Fehler durfte er sich nicht erlauben: Unausdenkbar die Konsequenzen, wenn am Petersdom Schäden aufgrund unsachgemäßer Arbeiten aufträten! In seiner Not wandte er sich an Borromini mit der Bitte, «ihn doch in diesem Augenblick nicht im Stich zu lassen» – er werde die vielfältigen Mühen, die mit der Arbeit an der Bauhütte verbunden seien, schon zu honorieren wissen! «Und so ließ sich Borromini von den Bitten überreden und versprach, die Bauarbeiten weiterzuführen (…), und während sich Bernini ganz seinen Skulpturen widmete, überließ er im Bereich der Architektur alle Last dem Borromini und mimte dennoch den Architekten von St. Peter und war tatsächlich in dieser Profession vollkommen ahnungslos.»[24] So der Bericht, den viele Jahre später Borrominis Neffe Bernardo Castelli-Borromini über die damaligen Ereignisse niedergeschrieben hat. Tendenziös, gewiss: Dass Bernini im Jahre 1629 immer noch keine Ahnung von architektonischen Fragen hatte, ist zweifellos übertrieben angesichts der Staunen erregenden Geschwindigkeit, mit der er sich Kenntnisse anzueignen verstand, wenn es ihm darauf ankam. Andererseits waren aber selbst seiner Lernbegierde Grenzen gesetzt, schon durch die vielfältigen anderweitigen Verpflichtungen, die ihm oblagen, und so wird er nur allzu froh gewesen sein, dass er den Großteil der immensen Verantwortung für den Petersdom auf die zuverlässigen Schultern Borrominis abladen konnte.[25]

Der jedoch musste im Laufe der Zeit mit wachsender Verbitterung konstatieren, dass Bernini sehr wohl die Lasten, nicht jedoch die Anerkennung und den Lohn zu verteilen verstand. Wie im Falle Finellis stellt sich uns die Entfremdung zwischen den beiden als schleichender Prozess dar, es gibt keine Hinweise auf einen eklatanten Bruch. Nach und nach schied Borromini aus den diversen Bauprojekten, bei denen er Bernini assistiert, oder richtiger: bei denen er ihn angeleitet hatte, aus, zunehmend verärgert und doch unfähig, die Situation zu ändern. Seine bitteren Klagen verhallten ungehört, denn das Ohr der mächtigen Angehörigen Urbans VIII. wie auch das Ohr des Papstes selbst hatte Bernini, dank seines gesellschaftlichen Geschicks. Der eigenbrötlerisch-unzugängliche Konkurrent hingegen verstand sich nach wie vor nicht im Geringsten darauf, im Umgang mit den Auftraggebern den rechten Ton zu treffen. Und beklagte sich noch viele Jahre später: «Es stört mich nicht, dass er das Geld bekommen hat, aber umso mehr, dass ihm der Ruhm zuteil wurde für meine Mühen.»[26] Das Ausscheiden Borrominis bedeutete einen schmerzlichen Verlust für den exzentrischen *architetto di San*

Pietro, der in der Folgezeit seine einflussreiche Stellung dazu nutzte, den ehemaligen Mitarbeiter von allen interessanten Aufgaben fernzuhalten.

Der schleichende Entfremdungsprozess zwischen Borromini und seinem ebenso rücksichtslosen wie brillanten Chef findet seinen Niederschlag nicht zuletzt in einer Empfehlung, die Bernini im Herbst 1632 schrieb. Darin schlug er Borromini als Architekten der römischen Universität vor. Und zwar mit dem ausdrücklichen Hinweis, er wünsche nicht, dass diese Baustelle eine *piazza morta* werde, eine Bauruine, auf der nichts geschieht. Diese Empfehlung ist wiederholt diskutiert worden. Man hat in ihr eine großzügige Geste gesehen, mit der Bernini den unverzichtbaren Assistenten erneut an sich habe binden wollen.[27] Doch das Gegenteil dürfte der Fall sein. Mit der Übertragung eines ganz und gar bedeutungslosen Postens wird Bernini bezweckt haben, sich des zunehmend unangenehm auf Anerkennung seiner Mühen drängenden Kollegen in eleganter, weil formal korrekter Weise zu entledigen. Gerade der scheinbar so honorige Wunsch, man möge Borromini nicht auf eine *piazza morta* schicken, ist bei genauerem Hinsehen verräterisch: der in diesen Jahren geradezu allmächtige Großmeister unter den römischen Künstlern hätte eine anspruchsvolle Aufgabe für Borromini durch einen Nebensatz besorgen können, im richtigen Moment einem Angehörigen der bauwütigen Familie Barberini gegenüber geäußert. Stattdessen die schriftliche Notiz, als solle im Notfall ein Beweis schwarz auf weiß zur Verfügung stehen: «Seht her, hier habe ich's doch ausdrücklich gesagt!»

Nein, schriftliche Bitten an die ohnehin nahezu bedeutungslosen römischen Konservatoren stellten in dieser Zeit ganz gewiss nicht das rechte Mittel dar, einen Kollegen, an dessen Erfolg einem gelegen war, zu unterstützen. Der weitere Verlauf der Ereignisse spricht im Übrigen für sich. Im Rom der 1630er Jahre, das einen geradezu delirierenden Bauboom erlebte, gab es kaum eine leblosere Bauruine als die Universität. Und auch sonst verstand es Bernini ausgezeichnet, seinen ehemaligen Mitarbeiter von einträglichen Aufgaben fernzuhalten. Einige Jahre später sollte ihn das teuer zu stehen kommen.

Die Borgia-Krise

Begeben wir uns zurück auf die Bühne der großen Politik, auf der sich zu Beginn der dreißiger Jahre in Rom Ereignisse abspielten, denen gegenüber die Zerwürfnisse zwischen zwei, wenn auch genialen, Künstlern in den Augen der Zeitgenossen als vernachlässigenswerte Nebensächlichkeiten erschienen sein müssen. Es ist die Zeit, da der Dreißigjährige Krieg im Reich seine ganze Zerstörungskraft entwickelt hatte und mit dem Eingreifen des schwedischen Königs Gustav II. Adolf eine neue Phase des Konfliktes bevorstand. Denn die Auswirkungen der «unglaublichen furia», mit welcher der «Löwe aus Mitternacht» seinen Siegeszug im Herbst des Jahres 1630 im Nordosten des Reiches begann, bestanden nicht zuletzt in einem politischen Erdbeben an der Kurie.

Schon in der zweiten Hälfte der zwanziger Jahre hatte sich die Position des Papsttums im Konzert der europäischen Mächte als zunehmend prekär erwiesen.[28] Um im musikalischen Bild zu bleiben, könnte man sagen, Urban VIII. habe versucht, verschiedene Stimmen gleichzeitig zu rezitieren, und das erwies sich natürlich als unmöglich. Tatsächlich befanden sich der Papst und seine Familie in einer äußerst unangenehmen Zwickmühle, die sich aus den strukturellen Eigentümlichkeiten des Papsttums als kirchlicher Wahlmonarchie ergab. Angesichts der gesamteuropäischen politischen Konstellationen musste Urban VIII. in der Außenpolitik gleich drei verschiedene, genauer gesagt: diametral entgegengesetzte Strategien verfolgen. Als Papst und Oberhaupt der katholischen Christenheit war er gehalten, vor allem die Protestanten in Nord- und Mitteleuropa zu bekämpfen, und das hieß in diesen Jahren, Haus Habsburg zu unterstützen, dessen österreichischer und spanischer Zweig gemeinsam die Hauptlast des Dreißigjährigen Krieges trugen.

Als Fürst des Kirchenstaates lag ihm dagegen daran, die spanische und französische Präsenz in Italien ungefähr im Gleichgewicht zu halten. Nur so konnte er hoffen, als Zünglein an der Waage zwischen den rivalisierenden Großmächten den politischen Handlungsspielraum des verhältnismäßig kleinen Kirchenstaates zu bewahren. Da Spanien durch seine Besitzungen in Unteritalien und das Herzogtum Mailand schon jetzt den Kirchenstaat in bedrohlicher Weise umklammerte, war eine weitere Stärkung seiner Position in Italien unbedingt zu vermeiden.[29]

Unter diesen Umständen betrieb der Papst also in seiner Eigenschaft als Souverän des Kirchenstaates eine profranzösische Politik. Freilich, allein ist die Sorge vor einer übermächtigen Position Spaniens auf der Apenninenhalbinsel als Erklärung für die außenpolitische Ausrichtung des Barberinipontifikates nicht hinreichend. Schließlich hatte Urbans Vorgänger Gregor XV. Ludovisi eine grundsätzlich nicht verschiedene Ausgangsposition sehr wohl mit einer spanienfreundlichen Politik zu verbinden gewusst.[30] Entscheidend war, über die außenpolitischen Konstellationen hinaus, die Tatsache, dass die gesamte Karriere des Papstes seit seiner Zeit als Nuntius am französischen Königshof in den Jahren von 1604 bis 1607 im Windschatten französischer Protektion gestanden hatte. Nicht nur er selbst, auch seine Familie baute auf die Unterstützung aus Paris, und gerade die Familie hatte allen Grund, hier Anlehnung zu suchen. Denn nach dem Tod des Papstes und der unvermeidlich darauf folgenden postpontifikalen Krise, die kaum einer Papstfamilie erspart blieb, konnte die Rückendeckung durch eine der Großmächte überlebenswichtig werden.

Die latent spanienfeindliche Politik, die Urban VIII. seit Beginn seines Pontifikates verfolgt hatte, war in Madrid mit wachsender Verbitterung zur Kenntnis genommen worden.[31] Solange die katholischen Truppen im Reich unter der Führung Wallensteins siegreich waren, verhielten sich die spanischen Vertreter an der Kurie jedoch einigermaßen ruhig. Die Situation änderte sich grundlegend nach der Entlassung Wallensteins während des Regensburger Reichstages im August 1630, auf die, Ironie des Schicksals, nicht zuletzt der päpstliche Nuntius Ciriaco Rocci hingearbeitet hatte. Der darauf folgende Siegeszug Gustav Adolfs von Schweden, der mit französischer Unterstützung den völligen Zusammenbruch der militärischen Stellung der Habsburger und ihrer Verbündeten herbeiführte, ließ die Frage immer drängender werden, wie der Papst eigentlich seine profranzösische Politik, die indirekt den Protestanten half, rechtfertigen könne.

Angesichts dieser Umstände wuchs der Druck der spanischen Vertreter mit jedem neuen Erfolg des schwedischen Königs und der deutschen Protestanten. Unter Federführung Kardinal Gaspare Borgias wurde über Gegenmaßnahmen beraten. Borgia war es auch, der im Konsistorium vom 8. März 1632 zum Generalangriff blies und den offenen Eklat provozierte, indem er gegen alle Gepflogenheiten ungefragt das Wort ergriff und eine Schrift verlas, die den Papst unmittelbar für den schwedischen Siegeszug verantwortlich machte. Die darauf folgenden tumultartigen Auseinandersetzungen zwischen den Kardinälen machten das Eingreifen der Schweizer Garde erforderlich. Kurze Zeit darauf zog sich der Papst nach Castel Gandolfo zurück.

Die Krise war für Urban VIII. umso bedrohlicher, als der spanische Vorstoß von Borgia sorgfältig vorbereitet worden war. Ihn unterstützte die Opposition um die traditionell hispanophile Ludovisi-Aldobrandini-Faktion. Kardinal Ludovico Ludovisi, einmal mehr darum bemüht, sich im Hinblick auf seine Entschlossenheit von niemandem übertreffen zu lassen, schreckte nicht davor zurück, äußerste Konsequenzen zu fordern: Die erwiesene Unterstützung des Papstes für die Protestanten erfordere seine Absetzung und die Wahl des Nachfolgers durch ein allgemeines Konzil.[32] Weitere prominente Vertreter der Anklage waren die Kardinäle Ippolito Aldobrandini und Roberto Ubaldini, beide eng mit dem ehemaligen Kardinalnepoten Ludovisi verbunden. In heutigen politischen Begriffen ausgedrückt handelte es sich um nicht weniger als einen Misstrauensantrag der Opposition gegen die Regierungspartei, und die Gefahr für die Barberini war umso größer, als ihre eigene Faktion alles andere als geschlossen war. In der Krise des Frühjahrs 1632 rächte es sich, dass sie es versäumt hatten, die Gruppe der Borghese-Kardinäle unter Führung des ehemaligen Kardinalnepoten Scipione Borghese an sich zu binden. Borghese selbst war mit seiner Position unter den Barberini, von deren Herrschaft er sich nach den für ihn so bedrohlichen Tagen unter Gregor XV. ein politisches und gesellschaftliches Comeback versprochen haben mochte, alles andere als zufrieden. Er liebäugelte mit dem Wechsel der Fronten.[33] Da die Gruppe der Borghese-Kardinäle 1632 noch aus 16 Kreaturen Pauls V. bestand, hätte die Unterstützung durch Scipione Borghese ein entscheidendes Gewicht auf der Waagschale zugunsten der spanischen Partei bedeuten können.

Die Situation für Urban VIII. und die Barberini war also ernst, zumal der Papst kränkelte und es zu erbitterten Auseinandersetzungen unter den geistlichen Nepoten um den maßgeblichen Einfluss auf die Politik kam.[34] Deswegen musste der Papstfamilie alles daran gelegen sein, dort zur Gegenoffensive überzugehen, wo Aussicht auf Erfolg bestand. Denn die erste politisch-diplomatische Reaktion des Pontifex, bestehend in der Ernennung von drei außerordentlichen Nuntien, die an den Höfen zu Wien, Paris und Madrid an der Bildung einer katholischen Liga gegen Schweden arbeiten sollten, war allzu offensichtlich nichts weiter als ein Ablenkungsmanöver. Auch wenn Urban VIII. im Konsistorium vom 3. April 1632 den Kardinälen gegenüber behauptete, er hoffe, die Nuntien würden mit göttlicher Hilfe ein allgemeines Bündnis der katholischen Mächte zustande bringen, musste doch angesichts der politischen Konstellationen in Europa nur zu klar erscheinen, dass für die Verwirklichung eines solchen Projektes auch die göttliche Hilfe nie und nimmer ausreichen würde.

Umso dringender galt es in Rom, die Borghese-Partei enger an sich zu binden. Und zu keinem anderen als gerade diesem Zweck beauftragte der Papst im Sommer 1632 Gianlorenzo Bernini mit einer Porträtbüste von und für Kardinal Scipione Borghese – eine eindeutige politische Geste, wenn man bedenkt, mit welcher Aufmerksamkeit die Familie Barberini seit Jahren darauf achtete, die Arbeit des inzwischen weit über die Grenzen des Kirchenstaats hinaus bekannten Künstlers für sich zu monopolisieren. Es ist eine der wenigen Büsten eines Kardinals, der nicht der Familie Barberini angehörte, die Bernini während der einundzwanzigjährigen Herrschaft Urbans VIII. schuf, und zwar auf ausdrückliche Anweisung des Papstes. Mit Fug und Recht kann also in der Borghese-Büste ein politisches Werbegeschenk gesehen werden, mit dem das einflussreiche Oberhaupt der Klientelfaktion Pauls V. für die Unterstützung der bedrängten Papstfamilie gewonnen werden sollte.[35] Der Künstler arbeitete mit Hochdruck an diesem Meisterwerk der Porträtkunst: die aufgeschwemmten Züge, der über den Betrachter hinwegschweifende Blick sowie der verächtlich halb geöffnete Mund lassen die joviale Arroganz des Kardinals spüren (Abb. 13). Möglich, dass Scipione Borghese das aus guten Gründen devote Werben der Barberini um seine Unterstützung als eine tiefe innere Genugtuung empfand. In den letzten Jahren war ihm die gesellschaftliche Stellung, die er sich von der Wahl Urbans VIII. erhofft hatte, vorenthalten worden – seine prächtige Büste von der Hand Berninis mochte ihm als Faustpfand für eine grundsätzliche Änderung der Verhältnisse erscheinen.

Der Tod Scipione Borgheses nach langem Siechtum am 2. Oktober 1633 ersparte ihm womöglich eine weitere schwere Enttäuschung. Es waren andere Persönlichkeiten, die weiterhin den Ton angaben, und Gianlorenzo Bernini tat das seine, sich in den Auseinandersetzungen der großen Politik bei seinen *padroni* beliebt zu machen. Besondere Skrupel, dabei übertrieben dick aufzutragen, scheint er nicht gekannt zu haben. So heißt es über eine seiner Komödien, im Februar 1634 aufgeführt: «Der [Kardinal] Borgia ist außer sich vor Zorn, weil der Cavaliere Bernini in einer Komödie einen Stier hat auftreten lassen, der zur allgemeinen Erheiterung eine Tracht Prügel bekommt, denn Borgia weiß genau, auf wen damit angespielt wird, führt er doch den Stier im Wappen und wird vom Papst mit diesem Namen gerufen. (…) Weshalb Borgia die Hintergründe genau durchschaut und seinen König, ja die ganz spanische Nation durch den Papst beleidigt sieht (….). Möge Gott verhüten, dass es Bernini nicht eines Tages bitter reut, denn Borgia hat schon des Öfteren bewiesen, dass er erlittene Demütigungen so schnell nicht vergisst.»[36] Bei dem Autor dieser Zeilen handelt es sich um den schon öfter zitierten Fulvio Testi, dem an dieser Stelle nun endlich die gebührende Aufmerksamkeit zuteil werden soll.

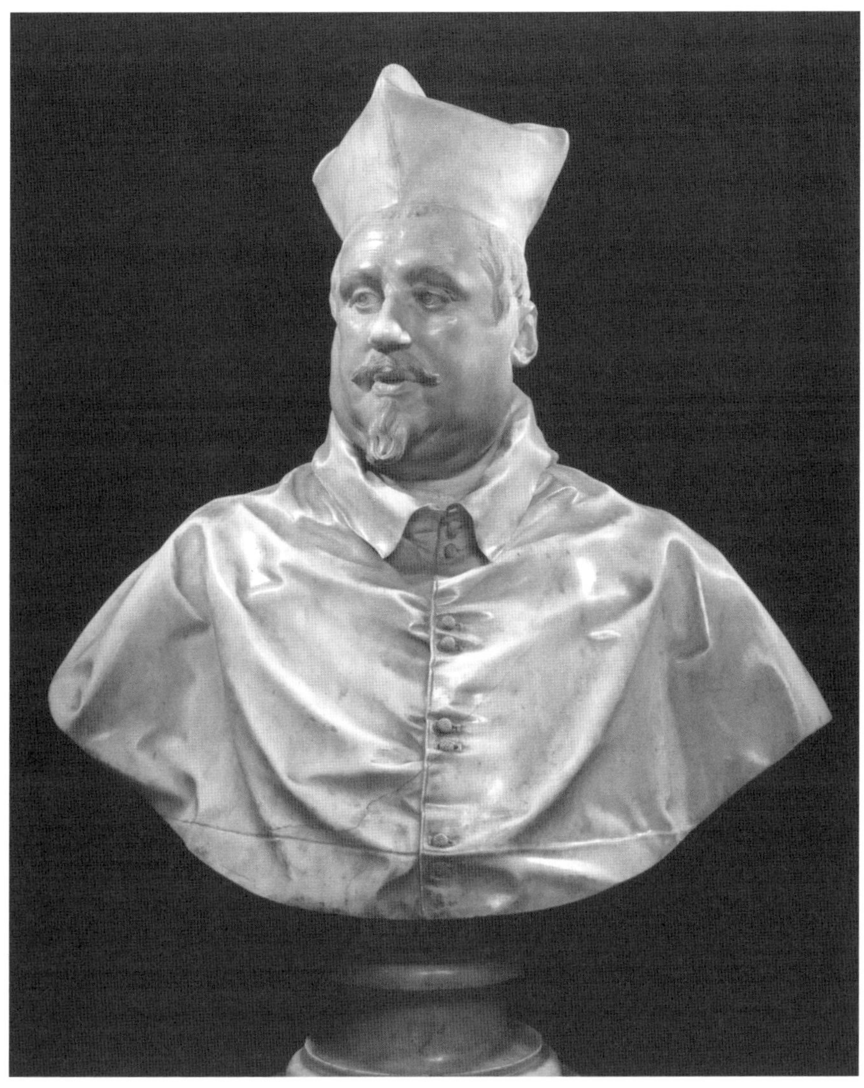

Abb. 13 Büste des Kardinals Scipione Borghese, Galleria Borghese, Rom (1632)

Glanzvolle Feste

Denn Fulvio Testi war nicht nur einer der bedeutendsten italienischen Schriftsteller seiner Zeit, sondern übte auch die Tätigkeit eines Gesandten für seinen Herrn und Brotgeber, den Herzog Francesco I. von Modena, aus. Diese für unsere Ohren zunächst recht seltsam klingende Berufskombination war im 17. Jahrhundert so ungewöhnlich nicht. Es gab damals noch keinen Buchmarkt mit geschützten Autorenrechten, von dessen Einkünften ein Gelehrter oder Literat hätte leben können, und so ging man seiner Tätigkeit in aller Regel im Dienste eines mehr oder weniger bedeutenden *padrone* nach. Das hatte häufig ein enges Vertrauensverhältnis zwischen dem Herrn und seinem angesehenen Diener zur Folge, und da Wissenschaftler und Schriftsteller mitunter über ungewöhnliche Geistesgaben verfügen, lag es nahe, sie gelegentlich direkt der Politik nutzbar zu machen. Testi jedenfalls war als Diplomat für den Herzog von Modena in halb Europa unterwegs. Unter anderem hielt er sich wiederholt für längere Zeit in Rom auf, und seine Briefe von dort gehören zu den interessantesten – und zugleich unterhaltsamsten – Dokumenten, die wir aus dieser Epoche besitzen.[37]

In ihnen ist des Öfteren auch von Gianlorenzo Bernini die Rede, mit dem sich der geistreiche Poet binnen kurzem anfreundete. Das in diesen Briefen skizzierte Bild des Künstlers ist von besonderem Wert, denn hier geht es einem Autor einmal nicht um die sorgsame Stilisierung Berninis für die Nachwelt, sondern um Augenblicksinformationen – auch wenn der von Eitelkeiten nicht freie Testi natürlich gegenüber seinen Briefpartnern in einem angemessenen, das heißt möglichst glänzenden Licht zu stehen wünschte. So schrieb er etwa im Januar 1633 aus Rom voller Begeisterung an den Grafen Francesco Fontana in Modena: »Mein Karneval wird eine überaus angenehme, unterhaltsame und kunstvolle Konversation mit vier oder fünf gebildeten *gentilhuomini* erster Güte werden, Männern von Welt und voller Esprit. Die kommen nun Tag für Tag bei mir vorbei, so dass ich gewissermaßen dauernd eine halbe Akademie bei mir zu Gast habe, in die einzutreten sich der Cavaliere Bernini die Ehre gegeben hat, jener berühmte Bildhauer, der die Büste des Papstes und die «Daphne» in der Villa Borghese geschaffen hat, der der Michelangelo unseres Jahrhunderts ist, sowohl in der Malerei wie in der Bildhauerei, und niemandem unter den Alten nachsteht im Hinblick auf seine Kunstfertigkeit. Er hat geradezu einen Narren an mir gefressen und ich nicht weniger an ihm, denn er ist wahrhaftig ein Mann, der die Leute verrückt machen kann, versteht er sich doch auch bestens auf die schöne Literatur und verfügt über geistreiche Wendungen, die einfach begeistern.»[38]

Mit einem Mal können wir einen kurzen Blick auf den täglichen Umgang des Künstlers werfen, wenn er nicht im Atelier an neuen Büsten arbeitet, in unermüdlicher Tätigkeit von Baustelle zu Baustelle eilt, ununterbrochen Entwürfe auf Papier kritzelt oder, in seinem eigenen Haus, zur Not auch mal mit einem angekohlten Stock an die Wand, immer mit der Ausführung seiner Arbeiten zum Verzweifeln hinter seiner rastlos planenden Phantasie herhinkend, immer in Bewegung.[39] Auch im Kreise der Freunde, der gebildeten Literaten und geistreichen Gelehrten, kurz: Angehörigen der kleinen gehobenen, bürgerlichen Mittelschicht, ändert sich nichts an dieser von ihm selbst kaum kontrollierbaren Aktivität. In dieser Umgebung freundlicher Anerkennung kann er freilich die Maske des Höflings ablegen, der, die sozialen Rangunterschiede achtend, seinen adligen und geistlichen Gesprächspartnern an der Kurie und in den großen *palazzi* mit höflichem Respekt auch dort begegnet, wo er von ihrer Arroganz, ihrer Ignoranz, ihrer Dummheit im tiefsten Innern angewidert ist. Zusammen mit Fulvio Testi, der in seinen Briefen selbst keine Neigung an den Tag legt, bei seiner Kritik Zurückhaltung zu üben, mag er Tränen gelacht haben über so manchen bornierten Würdenträger. Nicht zuletzt deshalb, weil er sich eine scharfe Waffe zur Selbstverteidigung gegenüber hochrangigen Persönlichkeiten geschaffen hatte: die Karikatur, als deren eigentlicher «Erfinder» Bernini gelten kann. Nie zuvor war die verfremdende Überbetonung bestimmter äußerer Merkmale, mit der die dargestellte Person der Lächerlichkeit preisgegeben wird, in solcher Schärfe verwendet worden, wie Bernini sie zu handhaben verstand. Noch einigermaßen wohlwollend etwa bei einer Karikatur seines ersten Förderers Scipione Borghese (Abb. 5), mit unverhohlenem Spott im Falle eines

Hauptmanns der päpstlichen Garde (Abb. 14) bis hin zu dem heuschreckenhaft verzerrten Konterfei Papst Innozenz' XI. Odescalchi (Abb. 15), viele Jahre später entstanden, aus dem nurmehr abgründiger Hass spricht – die Karikatur hat hier ihre heitere, humorvoll-gutmütige Komponente endgültig verloren.

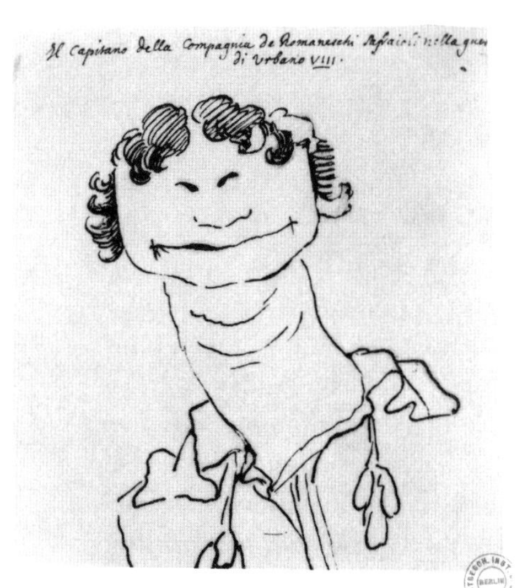

Abb. 14 Karikatur eines Hauptmanns der päpstlichen Garde, Biblioteca Corsini, Rom

Wie gesagt, Bernini verfügte über ein fein entwickeltes Gespür dafür, was er sich in welcher Situation wem gegenüber erlauben konnte. Im Kreise gleich gesinnter Freunde war das eine ganze Menge. Auch gegenüber den politischen Gegnern seiner *padroni* aus dem Hause Barberini war sein boshafter Spott geradezu willkommen, die Satire auf den spanischen Kardinal Gaspare Borgia lieferte ein eindrucksvolles Beispiel. Am Papst und dessen Angehörigen äußerte er dagegen Kritik allenfalls hinter vorgehaltener Hand; aus der Zeit, da Urban VIII. regierte, ist uns jedenfalls nichts überliefert, was freilich wenig sagen will. Fulvio Testi etwa, mit Bernini so gut befreundet, dass der Künstler ihn porträtierte, übergoss in seinen Briefen nach Modena den Papst und vor allem den ehrgeizigen Kardinalnepoten Francesco Barberini mit Kübeln voller Hohn;[40] es ist nicht unwahrscheinlich, dass Bernini es ihm im Gespräch gleich tat. Besser war das Verhältnis der beiden Künstler zum zweiten Neffen Urbans VIII., dem mittlerweile der rote Hut zuteil geworden war. Im Frühjahr 1628 hatte der Papst gegen den erbitterten Widerstand Francesco Barberinis dessen Bruder Antonio zum Kardinal ernannt. Der Ehrgeiz des zum Zeitpunkt seiner Kreation nicht einmal dreißigjährigen Antonio war zwar weit geringer als sein

Vergnügungsbedürfnis, aber da er nun einmal in die inneren Zirkel der Macht vorgedrungen war, suchte er seinerseits Einfluss auf die Dinge zu nehmen – und kam dabei seinem Bruder ins Gehege. Einmal mehr war es Fulvio Testi, der mit unübertrefflicher, lakonischer Kürze im April 1634 die Situation an der Kurie beschrieb: «Der Papst

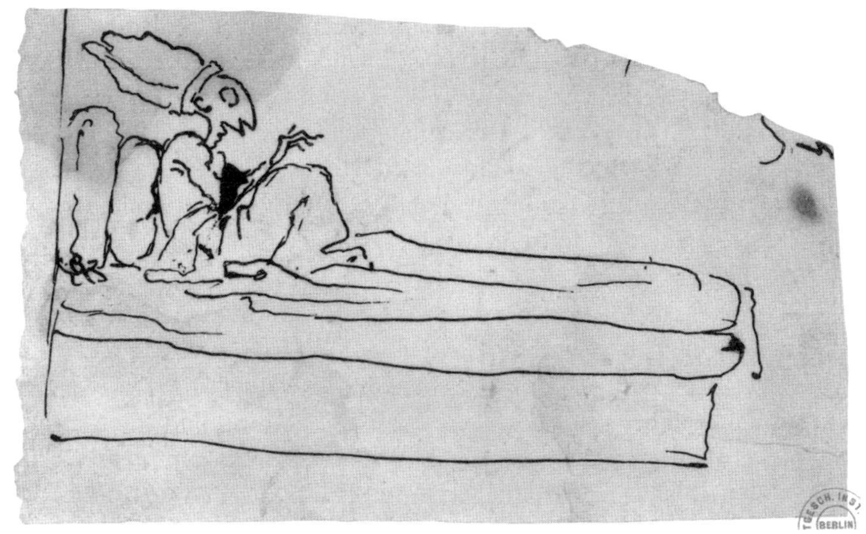

Abb. 15 Karikatur Innozenz XI., Leipzig, Museum der bildenden Künste, Graphische Sammlung (um 1678)

denkt an nichts anderes als seine Familie und die Ausstattung seiner Neffen, er hat ansonsten für niemanden besondere Sympathien. [Francesco] Barberini ist mit der großen Politik schlichtweg überfordert, er vertraut niemandem, will alles selber machen, und indem er den Überblick über die nicht recht verstandenen Dinge verliert, bringt er alle Angelegenheiten durcheinander und verwirrt die Diplomaten. Antonio [d.J. Barberini] verfügt über mehr Geist, benutzt ihn aber nicht, weil er sich nur für sein Vergnügen wirklich interessiert. Der Papst liebt ihn, aber [Antonio] versteht es nicht, daraus Nutzen zu ziehen, weil er vor dem Bruder zittert, der ihn mit allen Mitteln klein hält. In wenigen Zeilen haben Euer Hoheit die Substanz dieses Hofes.»[41]

Und wir ebenfalls. Bleibt nur hinzuzufügen, dass sich Kardinal Antonio auf Dauer die Zurücksetzung nicht gefallen ließ. Der daraus erwachsende Bruderzwist im Hause Barberini spielte sich nicht zuletzt im Bereich der Kunst- und Kulturförderung ab,[42] was in der zweiten Hälfte der dreißiger Jahren zu einer nochmaligen Steigerung der ohnehin schon überhitzten Kunstproduktion führte. Einer der wichtigsten Orte gesellschaftlich-mondänen Lebens im Rom dieser Jahre ist bedauerlicherweise nicht erhalten geblieben: das *teatro barberini*, direkt an den Familienpalazzo auf dem Quirinal angeschlossen, das Anfang der dreißiger Jahre nach Plänen Berninis (bei denen ihm noch Borromini assistiert hatte) fertig gestellt worden war. An die 3000 Gäste fanden in diesem Theater Platz, und die hier dargebotenen Aufführungen müssen die Zeitgenossen in atemloses Erstaunen versetzt haben, zumal jene Dramen, die Gianlorenzo Bernini in diesen Jahren schrieb und über deren Aufführung der vielseitig gebildete englische Gentleman John Evelyn Anfang der vierziger Jahre mit britischer Gelassenheit berichtete: «Kurz vor meiner Ankunft in der Stadt führte der Cavaliere Bernini, Bildhauer, Architekt, Maler und Dichter (…) eine öffentliche Oper auf, für die er die Bühnenbilder gemalt, die Statuen gestaltet, die Bühnentechnik erfunden, die Musik komponiert, das Libretto geschrieben und das Theater selbst gebaut hatte.»[43] Es waren Opernabende wie dieser, deren spektakuläre Bühnenbilder und musikalisch ebenso innovative wie aufwendige Inszenierungen das *teatro barberino* in ganz Europa berühmt machten.[44] Und, nebenbei bemerkt, im Hinblick auf die Kosten die Förderung der bildenden Künste durch die Papstfamilie um ein Vielfaches übertrafen.

Die Vierung von St. Peter und Francesco Mochi

Die Kunstförderung blieb freilich aufsehenerregend genug, auch und gerade in der zweiten Hälfte der dreißiger Jahre des 17. Jahrhunderts. Mit Hochdruck wurde auf den zahllosen Baustellen der Ewigen Stadt gearbeitet, nicht zuletzt in St. Peter, wo nunmehr die Vierung, der architektonische Rahmen für den sich der Vollendung nähernden Baldachin, ausgeführt werden sollte. Vier monumentale Heiligenskulpturen mit den Hauptreliquien der Peterskirche waren geplant, und damit sich die Arbeiten nicht endlos in die Länge zögen, wurden vier Bildhauer mit ihrer Ausführung beauftragt. Natürlich war Gianlorenzo Bernini darunter, der die Figur des Heiligen Longinus schaffen sollte; sein von ihm völlig abhängiger, eher mittelmäßiger Schüler Andrea Bolgi wurde mit der Figur der Heiligen Helena, Mutter des Kaisers Konstantin, beauftragt, die einst das Kreuz Christi in Jerusalem gefunden hatte. Die beiden anderen Skulpturen jedoch wurden Bildhauern anvertraut, die nicht zum Umfeld Berninis gehörten und ihren eigenen, begabten Kopf hatten: Der gebürtige Flame François Duquesnoy erhielt den Auftrag für die Figur des Heiligen Andreas, Francesco Mochi für die Heilige Veronika. Die Koordinierung der Arbeiten allerdings oblag Bernini als *architetto di San Pietro*. Und daraus sollten Probleme erwachsen.

Denn schon sehr bald war Francesco Mochi über die Arroganz des Egozentrikers empört, aber auch Duquesnoys Verhältnis zu Bernini verschlechterte sich rasch. Es kam zu Auseinandersetzungen über stilistische Fragen, und Bernini ließ sich keine Gelegenheit entgehen, den Kollegen Knüppel zwischen die Beine zu werfen, gerade weil er ihre künstlerischen Qualitäten deutlich genug erkannte. In seinen Augen stellten Mochi und Duquesnoy eine Bedrohung seiner unangefochtenen Stellung unter den römischen Künstlern dar, und er war entschlossen, dieser Gefahr mit allen Mitteln zu begegnen. Als ein Gipsmodell der Andreas-Skulptur in Originalgröße aus der für sie vorgesehenen Nische in St. Peter geschafft wurde, um für die weiteren Arbeiten in die Werkstatt Duquesnoys transportiert zu werden, kam es zu einem Unfall, bei dem das von dem als langsamen und sorgfältigen Arbeiter bekannten Künstler geschaffene Werk zerbrach. Jedenfalls lautete die offizielle Erklärung, es habe sich um einen bedauerlichen Zwischenfall gehandelt, doch die Gerüchte wollten nicht verstummen, in Wahrheit hätten die Transportarbeiter den «Unfall» im Auftrag Berninis arrangiert.[45]

Gerüchte gab es bald schon weitere. Die Arbeiten zogen sich in die Länge, weil sich die Marmorlieferungen für die Statuen verzögerten. Verantwortlich für die Bereitstellung des Marmors war Bernini, der behauptete, daran keine Schuld zu haben – aber seltsam war es schließlich doch, dass Francesco Mochi das Material erst erhielt, als sich die anderen Bildhauer bereits seit acht Monaten an der Arbeit befanden.[46] So dauerte es bis zum Beginn der vierziger Jahre, bis alle Statuen fertig waren.

Kurz zuvor hatte eine Baukommission Risse in der Peterskuppel entdeckt, Risse, die ein neues Gerücht zur Folge hatten: Dass nämlich Bernini, der die Nischen in den tragenden Vierungspfeilern hatte vergrößern lassen, um Raum für die Skulpturen zu schaffen, nicht genügend Rücksicht auf die Statik des Baus genommen und damit die Kuppel an den Rand des Einsturzes gebracht habe. Bernini war empört, wahrscheinlich nicht zuletzt deshalb, weil er ja nun einmal kein ausgebildeter Architekt, sondern Bildhauer war und sich durch diese Vorwürfe tödlich getroffen fühlte. Die Situation war nicht unbedrohlich für ihn, und so machte er sich unverzüglich daran, den Kritikern entgegenzutreten. Ein *avviso* vom 24. Januar 1637 wusste zu berichten: «Der Cavaliere Bernini, der eigentlich hatte aufhören wollen, Komödien zu schreiben, schreibt nun doch eine höchst unterhaltsame, deren Thema der Riss in der Kuppel von St. Peter sein wird und die Gerüchte, die ihm die Schuld dafür geben. Man glaubt allerdings, dass der genannte Bernini alles vorbereitet hat, um nach Neapel zu flüchten und seine Person in Sicherheit zu bringen für den Fall, dass es mit der Kuppel ein größeres Unglück geben sollte.»[47] Die Angelegenheit war also eine Zeit lang Stadtgespräch, und der Künstler, seinerseits stets zu bissigem Spott geneigt, legte wenig Sinn für Humor an den Tag, als er nun selbst unversehens zur Zielscheibe einer Satire zu werden drohte. Die Schüler des Collegio Capranica, an der gleichnamigen Piazza im Herzen Roms

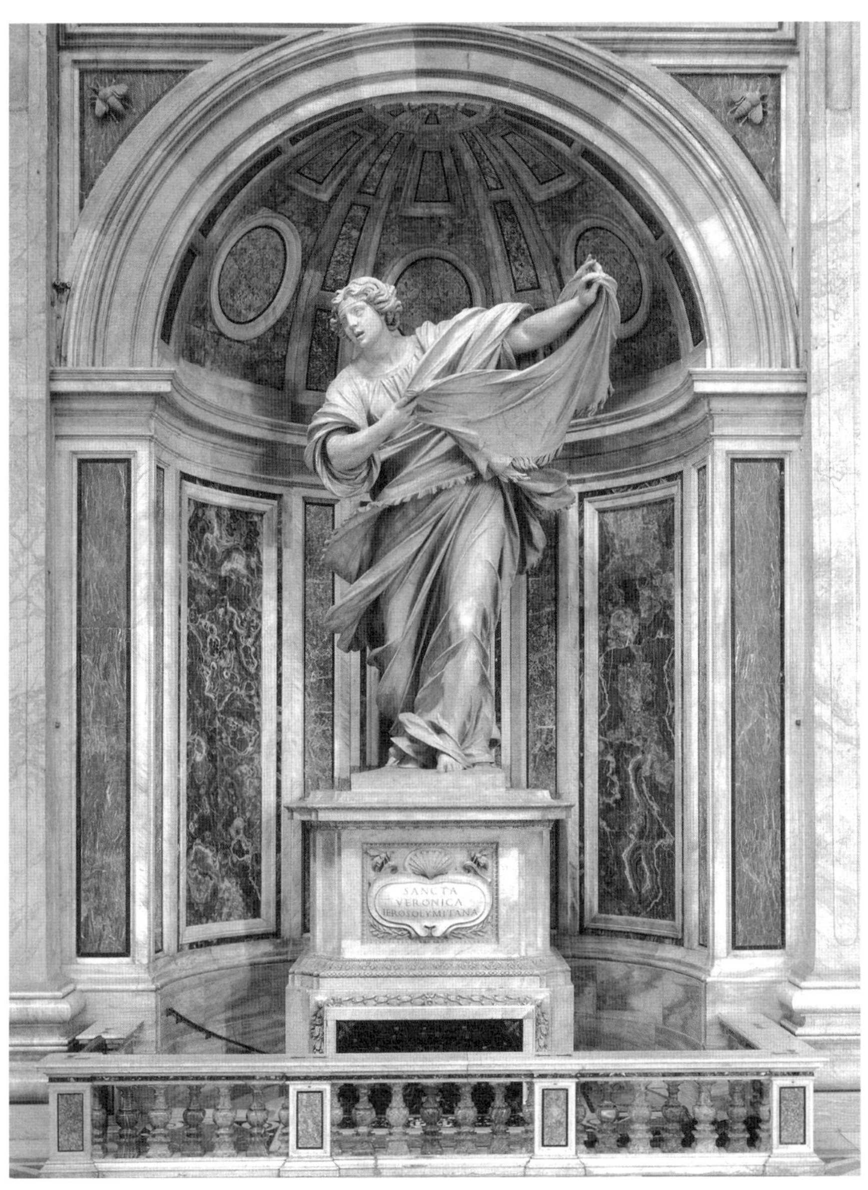

Abb. 16 Francesco Mochi, Hl. Veronika, St. Peter, Rom (1629–1640)

gelegen, versuchten sich an einer Komödie, in der sie einige charakterliche Eigenheiten des Künstlers nebst den Rissen in der Kuppel aufs Korn nehmen wollten. Dies aber wurde ihnen von höchster Stelle untersagt – kein Geringerer als der Kardinalnepot Francesco Barberini verbot die Aufführung, bei Androhung schwerer Strafen; der Wunsch des Künstlers war ihm Befehl.[48] Auch als sich in der Folgezeit langsam die Wogen glätteten, werden die Risse in der Peterskuppel kaum zu Berninis bevorzugten Konversationsthemen gehört haben.

Zu Beginn des Novembers 1640 hatte nun Francesco Mochi trotz aller Widrigkeiten und Behinderungen, trotz der Intrigen, die der Großkünstler gegen ihn und Duquesnoy spann, seine Skulptur der Heiligen Veronika vollendet (Abb. 16). Eine gewaltige Menschenmenge versammelte sich in St. Peter an dem Tag, da sie enthüllt werden sollte, darunter auch Bernini mit seinem Gefolge aus Mitarbeitern und Handlangern. Mit leicht abschätziger Kennermiene betrachtete er das Werk des Konkurrenten, um sich schließlich in demonstrativer Höflichkeit an Mochi zu wenden: «Ein sehr schönes Werk, Meister Mochi, wirklich, sehr ansprechend. Aber sagen Sie mir doch bitte eines: Wo kommt eigentlich der Wind her, der das Kleid der Heiligen in so unerklärlicher Weise nach hinten weht?» Mochi musste sich zusammennehmen, um bei seiner Erwiderung einigermaßen ruhig zu bleiben, so erregt war er, zugleich vor Wut und aus dem Bewusstsein heraus, sie würde tödlich treffen: «Nun, Cavaliere, es wundert mich denn doch, dass ich das gerade *Euch* erklären muss: aus den Rissen natürlich, die in der Kuppel aufgetreten sind!»[49]

Es ist in den Quellen nicht überliefert, wie Bernini darauf reagierte, aber angesichts seiner in diesen Jahren zur Genüge unter Beweis gestellten Neigung zum Jähzorn braucht es nicht viel Phantasie, um sich vorzustellen, dass seine Assistenten in diesem Moment alle Mühe gehabt haben müssen, ihn davon abzuhalten, auf Mochi loszugehen. Am Ende mag es bei hasserfüllten Blicken geblieben sein.

Für den Augenblick zumindest. Denn kurze Zeit nach diesem erregten Wortwechsel brodelte die Gerüchteküche am Tiber erneut. Diesmal ging es um die Vergütung der Künstler. Die gewaltigen

Skulpturen für die Vierung von Sankt Peter waren weitgehend fertig gestellt und zu Recht forderten die Bildhauer ihre Bezahlung. Die erfolgte in Raten und bald hieß es, dass diese Raten höchst unterschiedlich ausgefallen seien: Während Bernini für seinen «Heiligen Longinus» astronomische Summen einstrich, erhielten Mochi und Duquesnoy für ihre Arbeiten, die doch genauso groß und ebenso aufwendig waren, viel weniger Lohn – man munkelte von der Hälfte.

Wieder einmal war nichts zu beweisen. Die Zahlungen wurden nach Berninis Abrechnungen von der zuständigen Kardinalskongregation bewilligt, und die war nicht gewillt, ihre Rechnungen offen zu legen. Auch hier war Berninis Position praktisch unangreifbar. Den Vorsitz unter den Kardinälen führte nämlich niemand anderer als sein mächtiger Förderer Francesco Barberini, Neffe Papst Urbans VIII., und der war nicht im mindesten daran interessiert, den Lieblingskünstler seines päpstlichen Onkels, der so viel für die publikumswirksame Selbstdarstellung des Hauses Barberini geleistet hatte, zu kompromittieren. Heute wissen wir, dass die Gerüchte zumindest in diesem Falle auf einem wahren Sachverhalt beruhten. Während Bernini für den «Longinus» (Abb. 17) die gewaltige Summe von etwa 5000 scudi erhielt, wurden Duquesnoy kaum mehr als 3000 scudi für seine Skulptur des Heiligen Andreas gezahlt.[50]

Überflüssig, darauf hinzuweisen, dass Francesco Mochi nach dem Abschluss der Arbeiten in der Vierung von St. Peter in Rom keine Perspektiven mehr sah. Lohnende Aufträge blieben aus, und zumindest solange die Herrschaft Urbans VIII. dauerte, würde sich daran auch nichts ändern. Auch Duquesnoy hatte Bernini weggebissen, der Flame, ohnehin kein Ausbund an Produktivität, trat kaum mehr hervor. 1643 starb er in Livorno auf der Reise nach Paris, wo er einen Posten als Direktor der Bildhauerakademie in Aussicht hatte. Umso bemerkenswerter erscheint das Ergebnis der unfreiwilligen Zusammenarbeit der drei Künstler: Bei allen stilistischen Unterschieden sind ihre Skulpturen von einem expressiven Bewegungspathos geprägt, dessen Wirksamkeit vor dem Hintergrund der sie umfassenden monumentalen Vierungspfeiler besonders wirkungsvoll zur Geltung kommt. Der Gegensatz zwischen statischer Materie und dynamischer Lebendigkeit skulpturaler Gestaltung findet auf diese

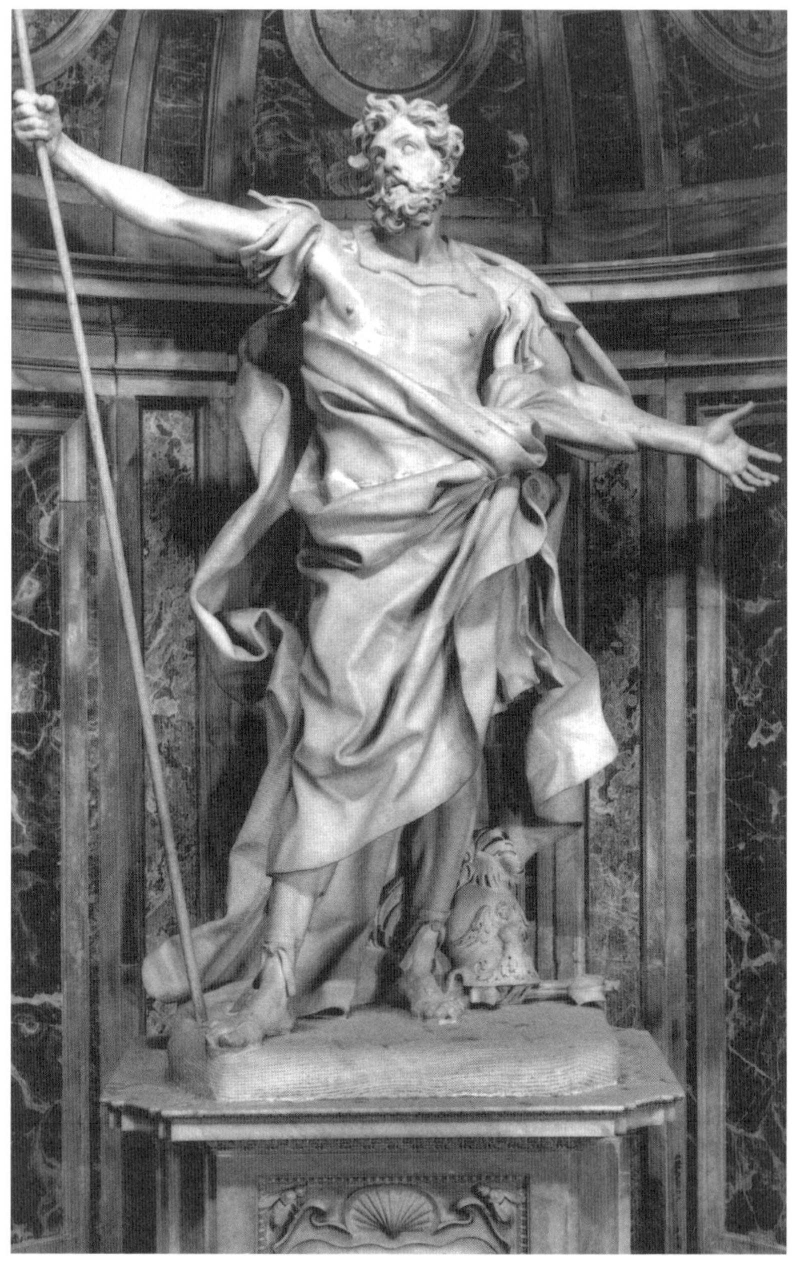

Abb. 17 Hl. Longinus, St. Peter, Rom (1629–1632)

Weise in der Peterskirche an prominenter Stelle eine Inszenierung, die den gewaltigen Baldachin in kongenialer Weise fasst.

Der «Herr der Welt»

Man sieht: inzwischen hatte Bernini eine unangefochtene Stellung als zentrale Figur des römischen Kunstbetriebs erlangt. Nichts ging ohne oder gar gegen ihn, und wir können ein leises Erstaunen nicht unterdrücken, wenn wir hören, dass er, der in diesen Jahren unermüdlich die Neugestaltung Roms plante, organisierte und überwachte, der rastlos tätige «Workaholic», dessen vielköpfiger Mitarbeiterstab kaum genügte, um die unerschöpflich sprudelnden Ideen des Meisters zu realisieren oder auch nur sorgfältig auszuarbeiten, noch Zeit und Energie fand für allerlei amouröse Abenteuer. Eines davon hat eine gewisse Berühmtheit erlangt, nicht zuletzt durch Bernini selbst. Denn die Marmorbüste, die er Mitte der dreißiger Jahre von seiner Geliebten Costanza Bonarelli (Abb. 18) schuf, gehört zu seinen besten Porträtarbeiten. Die Faszination, die Costanza auf den Künstler ausgeübt haben muss, wird in diesem Marmorporträt noch heute spürbar, das in seiner lebensvollen Unmittelbarkeit den Betrachter fast herausfordernd anzublicken scheint. Der leicht geöffnete Mund, die fleischige Nase, die großen, wachen Augen, das Haar, das nicht zu einer kunstvollen Frisur geordnet ist, sondern locker in die Schläfen fällt, verleihen ihm eine Suggestivkraft, der man sich nur schwer entziehen kann. Ein Gesicht, das nicht dem klassischen Schönheitsideal entspricht und das dennoch, oder vielleicht gerade deswegen, eine außerordentliche sinnliche Ausstrahlung besitzt. Doch ganz unabhängig von seiner Gestalt ist bereits die bloße Existenz des Porträts bemerkenswert.

Denn es handelt sich um eine der wenigen aufwendigen Marmorbüsten, die Bernini in seinem langen Leben ausschließlich für sich alleine, ohne Auftrag schuf. Seiner späteren Frau Caterina Tezio wurde die Ehre, durch eine Büste von der Hand ihres berühmten Mannes verewigt zu werden, nicht zuteil. Mehr noch: Auch ein Gemälde schuf Gianlorenzo Bernini von sich und Costanza Bonarelli,

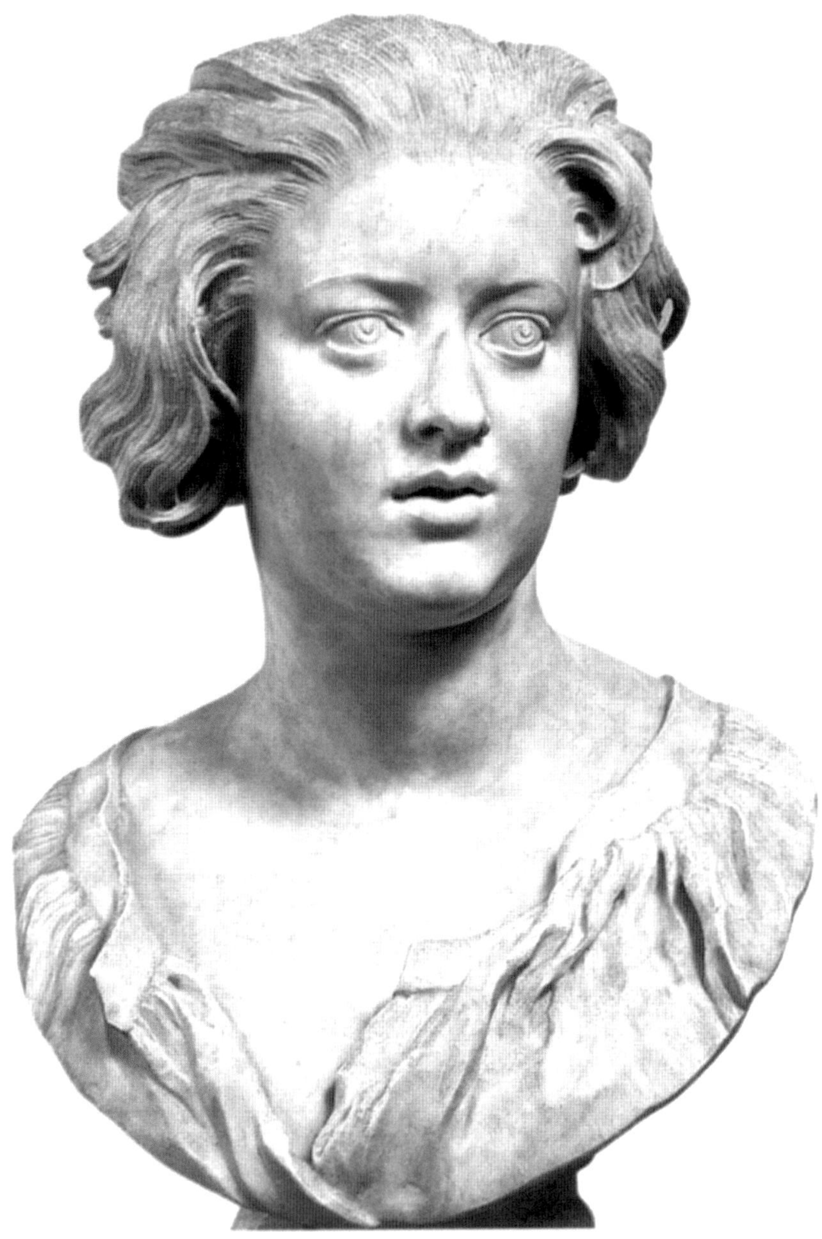

Abb. 18 Porträtbüste der Costanza Bonarelli-Piccolomini , Bargello, Florenz (1638)

das er später, rasend vor Wut, zerschneiden, noch später aber, zur Besinnung gekommen, wieder sorgfältig zusammenkleben sollte, und das Zeit seines Lebens in seiner und seiner Familie Wohnung hing. Kein Zweifel, er muss Costanza Bonarelli geliebt haben, mit einer maßlosen, leidenschaftlichen Liebe, die Costanza freilich am Ende zum Verhängnis werden sollte.

Sie war bereits verheiratet, als Bernini sie kennenlernte, oder besser: als sein stets aufmerksames Auge auf sie fiel, denn zwischen ihrer gesellschaftlichen Sphäre und derjenigen des bewunderten Künstlerstars, mit dem sich gelegentlich sogar der Papst huldvoll unterhielt, lagen Welten. Ihr Ehemann, ein gewisser Matteo Bonarelli, war Bildhauer und als Handwerker an einer der zahllosen Baustellen beschäftigt, auf denen mit rastloser Eile an der Realisierung von Gianlorenzo Berninis Architekturphantasien gearbeitet wurde. Hier mochte Costanza Bonarelli dem Künstler zum ersten Mal aufgefallen sein; kurze Zeit später war die Affäre zwischen den beiden Stadtgespräch im stets klatschsüchtigen Rom.

Costanza muss es verstanden haben, den Künstler an sich zu fesseln, denn ihr Verhältnis war weit mehr als eine kurzzeitige Affäre; die Zeit, die es brauchte, eine Marmorbüste zu schaffen, lässt daran keinen Zweifel. Warum die junge Römerin sich unter diesen Umständen auch für Berninis Bruder und untergeordneten Mitarbeiter Luigi zu interessieren begann, wird immer ein Geheimnis bleiben, über das wir nicht einmal spekulieren mögen, etwa dahingehend, ob sie Mitleid für den stets im übermächtigen Schatten seines Bruders stehenden Luigi Bernini empfand oder sich von seiner ungenialen, aber human temperierten Persönlichkeit angezogen fühlte. Jedenfalls fing sie auch eine Beziehung mit Luigi an, was schon bald zu einer Tragödie führen sollte.

Es dauerte nämlich nicht lange, und Gianlorenzo Bernini entwickelte den Verdacht, dass Costanza ihn betrüge. Um Klarheit zu gewinnen, beobachtete er eines Tages im Morgengrauen ihr in der Nähe des Quirinalspalastes gelegenes Haus, aus dem nach kurzer Zeit sein Bruder, von der nur spärlich bekleideten Geliebten zur Tür begleitet, auf die Straße trat. Rasend vor Wut stürmte er hinter dem Bruder her, griff dabei eine auf der Baustelle der Peterskirche herumliegende Eisenstange und brach Luigi, der kaum wusste, wie ihm geschah, zwei Rippen. Nur das Eingreifen einiger Passanten verhinderte Schlimmeres. Nach Hause zurückgekehrt, rief er sofort einen Diener, dem er zwei Flaschen Wein und ein Rasiermesser gab mit den Worten: «Geh' in meinem Namen zur Signora Costanza, gib ihr das, und wenn Du das Gesicht siehst, zerschneide es.»[51] Was der Diener aus Furcht vor seinem fast besinnungslosen Herrn auch tat.

Damit war der Skandal keineswegs beendet. Bernini machte sich auf die Suche nach seinem Bruder, erblickte ihn in der Nähe von Santa Maria Maggiore und verfolgte ihn, den blanken Degen in der Hand. Luigi Bernini flüchtete in die Kirche und glaubte sich in Sicherheit, doch schreckte Gianlorenzo nicht davor zurück, mit der Waffe in das Gotteshaus einzudringen und bei dieser Gelegenheit auch noch einige Priester, die sich ihm in den Weg zu stellen versuchten, niederzuschlagen. So schreibt die Mutter, Angelica Bernini, in einem bewegten Klagebrief an den Kardinalnepoten Francesco Barberini, Gianlorenzo glaube inzwischen offenbar, er sei «der Herr der Welt». Der Brief schließt mit den Worten: «Sie bittet Euch [Kardinal Francesco Barberini] deshalb erneut, dass Ihr Euch der Gewalt, die Euch von Gott verliehen worden ist, zu keinem andern Zweck bedienen möget, als dafür zu sorgen, dass allen Gerechtigkeit widerfahre, und sie wirft sich Euch tränenüberströmt zu Füßen, damit sie Euer Mitleid errege mit einer so verzweifelten Mutter, wie sie es ist, und Ihr gegen die Gewalttätigkeit ihres Sohnes einschreitet, der inzwischen glaubt, ihm sei alles erlaubt, als wenn es für ihn keine Herren und kein Gesetz gebe.»[52]

Ob der Kardinalnepot etwas unternahm, um den außer Rand und Band geratenen Künstler zur Räson zu bringen, ist nicht bekannt, aber höchst unwahrscheinlich, wie der weitere Verlauf der Ereignisse vermuten lässt. Denn obwohl Bernini sich für seine unerhörten Exzesse zur Zahlung einer Buße in der beachtlichen Höhe von 3000 scudi verurteilt sah, wurde ihm schon bald auf Veranlassung des Papstes eine feierliche Pergamenturkunde überbracht, in der ihm die Strafe erlassen wurde, und zwar mit der ausdrücklichen Begründung, er sei «ein seltener Mensch, von sublimer Begabung, durch göttliches Wirken geboren, um zum Ruhme Roms Licht in dieses Jahrhundert zu tragen». Der Diener hingegen, der doch nur den Befehl seines jähzornigen Herren ausgeführt hatte, wurde aus Rom verbannt, eine für Angehörige der Unterschichten, die außerhalb ihrer Heimatstadt über keine sozialen Verbindungen verfügten, sehr schwere Strafe. Luigi Bernini hielt es für geraten, nach Bologna zu flüchten, von wo er erst einige Jahre später nach Rom zurückkehrte – um sodann erneut als untergeordneter Mitarbeiter in der Werkstatt seines Bruders zu arbeiten.

Über das Leben der Costanza Bonarelli sind durch Archivfunde der amerikanischen Kunsthistorikerin Sarah McPhee vor einigen Jahren überraschende Hintergründe ans Tageslicht gelangt. Costanza, die lange Zeit als Angehörige der römischen Unterschicht galt, entstammte in Wahrheit der, freilich verarmten, Nebenlinie einer Sieneser Patrizierfamilie, aus der im 15. Jahrhundert die Päpste Pius II. (1458–1464) und Pius III. (1503) hervorgegangen waren. Als Tochter des Leonardo Piccolomini 1614 in Viterbo geboren, kam sie schon als junges Mädchen nach Rom, wo sie 1632 den Bildhauer Matteo Bonarelli heiratete. Ihre Mitgift stellten kirchliche Institutionen bereit, was kaum denkbar gewesen wäre, wenn ihre Eltern und sie selbst keinen guten Leumund gehabt hätten. Unter der ihr im Sommer 1638 im Auftrag Berninis beigebrachten Verletzung litt sie monatelang, führte aber danach in den Jahren bis zu ihrem Tod am 30. November 1662 ein geachtetes Leben und brachte es als Gattin ihres Mannes und, nach dessen Tod im Januar 1654, als selbständige Kunsthändlerin zu beachtlichem Wohlstand.

Eine erstaunliche Wendung nahm der Skandal des Jahres 1638 aber vor allem für Gianlorenzo Bernini, der aus der Affäre nicht nur ungestraft, sondern sogar mit einer päpstlichen Auszeichnungsurkunde in den Händen hervorging. Statt zu strafen, nutzte Urban VIII. die Gelegenheit, seinem Lieblingskünstler eine aufsehenerregende Auszeichnung zukommen zu lassen, und liefert damit ein eindrückliches Beispiel für die Funktionsweise staatlicher Autorität. Denn er unterstrich mit dieser Geste seine herrscherliche Gewalt, die sich gerade darin manifestierte, über dem Gesetz zu stehen.[53]

Zugleich lässt die Affäre erkennen, welche Stellung Bernini als «Michelangelo seines Jahrhunderts», als Schöpfer des barocken

Rom erlangt hatte. Verständlich wird seine nahezu unangreifbare Position nur dann, wenn man sich die politisch-gesellschaftliche Konstellation vergegenwärtigt, in der Bernini agierte. Das 17. Jahrhundert stellte nämlich für die Päpste eine Periode des kontinuierlichen Bedeutungsverlustes dar. Noch um 1600 war das Papsttum wenn keine Großmacht, so doch eine Macht von europäischem Einfluss gewesen. Hundert Jahre später war man demgegenüber auf den Rang einer allenfalls zweit-, eher noch drittklassigen italienischen Mittelmacht gesunken. Begleitet wurde dieser lange Weg in die politische Bedeutungslosigkeit von intensiver Kunstförderung, die eine fast permanente Krisensituation verdecken sollte. In immer prächtigeren, immer suggestiveren Bildern suchten die päpstlichen Wahlmonarchen und ihre Familien über den fortschreitenden Bedeutungsverlust hinwegzutäuschen, dem sie im Konzert der europäischen Mächte ausgesetzt waren. Unübersehbar erschien Urban VIII. der ebenso phantasiereiche wie produktive Hofkünstler inzwischen als schlechterdings unverzichtbar.

Späte Heirat

Kurz darauf, im Mai des Jahres 1639, heiratete Bernini, inzwischen vierzigjährig. Auffällig spät, zumal nach den Maßstäben der Epoche. Immer wieder hatte ihn sein päpstlicher Förderer Urban VIII. gedrängt, eine Ehe zu schließen, doch vergeblich. Die Antwort bestand stets aufs Neue in einem hochgemuten: «Die Werke allein sind meine Kinder», sie würden seinen Ruhm und Namen noch in Jahrhunderten künden.[54] Mit einem Mal änderte er nun seine Meinung, und der gewöhnlich gut unterrichtete Gesandte des Herzogs von Modena in Rom wusste auch den Grund zu berichten: «Der Cavaliere Bernini war so betroffen darüber, dass sein Bruder [Luigi] ein Verhältnis mit der Frau unterhielt, die er selber liebte, dass er keine Ruhe fand, bis es ihm gelang, das schönste Mädchen ganz Roms zu heiraten.»

Wahrhaftig ein eher ungewöhnliches Motiv für eine Ehe und aufschlussreich im Hinblick auf das trotz aller Erfolge labile Selbstbewusstsein Berninis. Man halte sich vor Augen: In der Zeit der Costanza-Bonarelli-Affäre stand er auf einem, wenn nicht *dem* Höhepunkt seiner Karriere, seine beherrschende Position in der römischen Kulturszene wies nachgerade diktatorische Züge auf, vom Papst und dessen Familie wurde er mit Gunstbeweisen geradezu überschüttet. Und dennoch traf ihn der Betrug der geliebten Costanza so tief, dass er sich nicht nur in einem brutalen Gewaltexzess Luft machte, sondern seine Zuflucht in einem fast schuljungenhaften Auftrumpfen suchte: «Seht her, wenn ich nur will, bekomme ich die schönste Frau Roms!» Die Konditionen, unter denen die Ehe geschlossen wurde, bestätigen, dass es Bernini bei seiner Heirat um eine demonstrative Geste ging. Caterina Tezio, so der Name der Braut, war die Tochter eines Juristen und Prokurators am päpstlichen Hof, Paolo Tezio – sie entstammte mithin einer achtbaren, aber keineswegs herausragenden Familie der bürgerlichen Mittelschicht. In seinem Bericht betont der modenesische Gesandte, es wäre Bernini ein Leichtes gewesen, eine Frau mit einer Mitgift von 15 000 scudi zu bekommen, allein, es sei ihm «wichtiger gewesen, den Augen eine Freude zu machen als der Geldbörse». Die Mitgift Caterinas betrug gerade einmal 2000 scudi, und nicht einmal die zahlte der beschämte Vater, sondern der Ehemann selbst. Bernini versprach im Ehevertrag zudem, seine zukünftige Frau stets in außergewöhnlich guter Weise zu behandeln, wenn sie denn «mit seinem Geist recht umzugehen weiß, der durchaus nicht einfach und durchschnittlich ist.»[55] Das wird man so sagen können. Caterina Tezio scheint es im Übrigen tatsächlich verstanden zu haben, ihren manisch-depressiven Ehemann richtig zu nehmen. Wir wissen fast nichts von ihr, außer einigen belanglos-topischen Worten, die ihr der Sohn Domenico in der Biographie des Vaters widmet. Und der Tatsache, dass sie Gianlorenzo in den Jahren zwischen 1640 und 1657 elf Kinder schenkte, fünf Söhne und sechs Töchter. Geboren im Jahre 1617, starb sie im Alter von 56 Jahren am 12. Juli 1673.

Es wirkt seltsam und fast ein wenig unheimlich, dass wir von der Familie des bedeutendsten Künstlers Italiens im 17. Jahrhundert keine bildlichen Zeugnisse besitzen. Bernini, der die Würdenträger seiner Zeit dutzendweise in sprechenden Marmorporträts verewigt

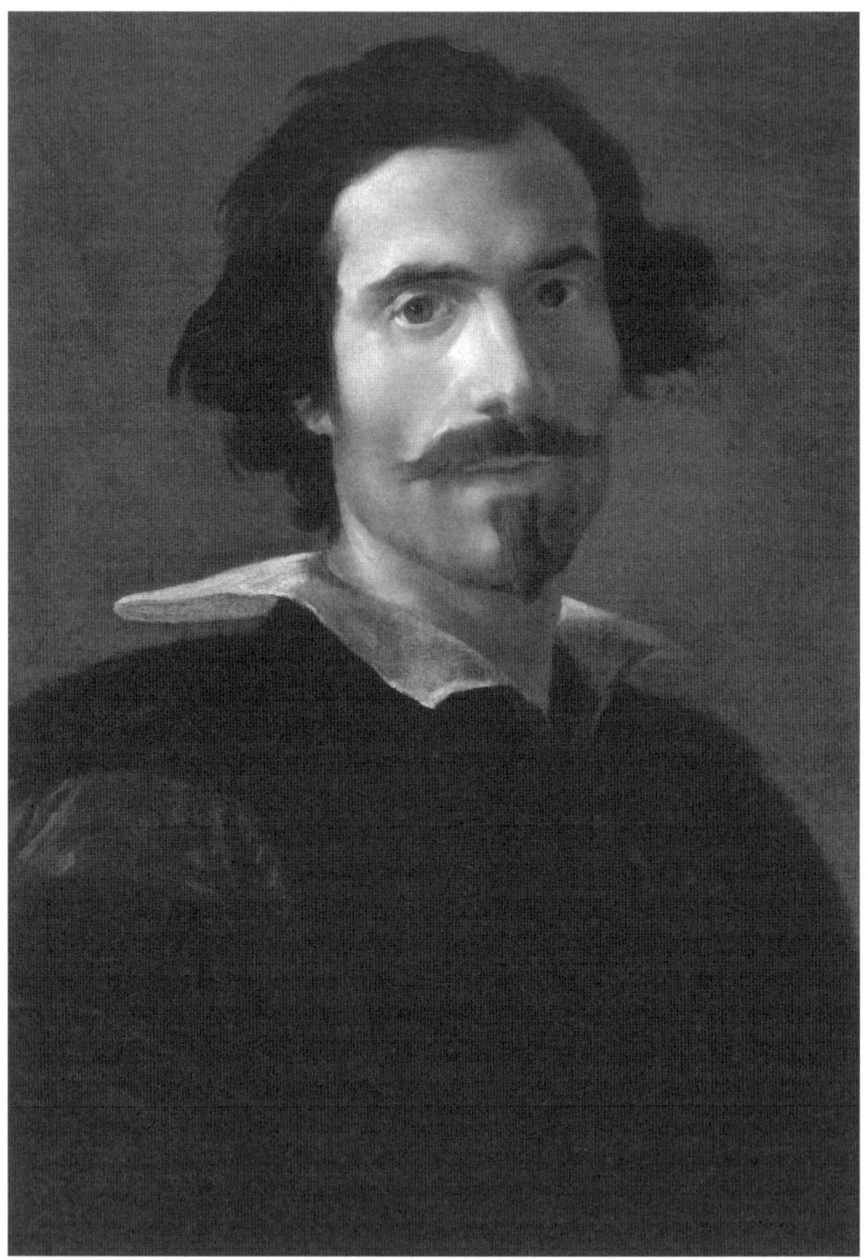

Abb. 19 Selbstporträt um 1640, Bargello, Florenz

hat, dem die Zeichnungen nicht nur «leicht von der Hand gingen», sondern aus dem die Zeichnungen förmlich hervorsprudelten, kaum, dass er seine physische Aktivität auf diesem Gebiet zu kontrollieren vermochte, scheint es nicht der Mühe wert befunden zu haben, seine künstlerische Aufmerksamkeit Frau und Kindern zuzuwenden, während wir Selbstporträts von ihm aus allen Lebensperioden besitzen. Eines von ihnen zeigt den Künstler ungefähr im Alter, da er heiratete (Abb. 19). Es vermittelt in den scharfen Konturen der Gesichtszüge und den großen, fast fiebrig den Betrachter anblickenden Augen eine Ahnung von der mitunter geradezu bedrohlich erscheinenden Intensität seiner Persönlichkeitswirkung. Kein einziges Bild jedoch existiert von seiner Familie. Oder haben sich die Porträts lediglich nicht erhalten? Von seinem Freund Fulvio Testi hat er ein Porträtbild gemalt, das wissen wir, Testi selbst schreibt davon voller Stolz in einem Brief. Es ist verloren gegangen. Verhält es sich ebenso mit Bildnissen seiner Familie? Die Überlieferungschancen für Gemälde von Bürgerlichen waren natürlich ungleich schlechter im Vergleich zu Bildern, die in den Galerien der großen Adelshäuser hingen. Dennoch ist das vollständige Fehlen von Bildern der Angehörigen dieses so überaus produktiven Künstlers auffällig.[56]

Denn auf der anderen Seite scheint Bernini seine Frau durchaus geliebt und jedenfalls geachtet zu haben. Als er während seines Aufenthaltes in Paris im Herbst 1665 erfuhr, dass sie lebensbedrohend erkrankt sei, war er nach Aussage seines Begleiters, des französischen Adligen Chantelou, der Verzweiflung nahe. Wiederholt brach er in bittere Tränen aus. Auf die kurze Zeit später eintreffende Nachricht ihrer Genesung reagierte er entsprechend mit überschwenglicher Freude und Dankbarkeit. Die Heirat mit Caterina Tezio bedeutete für ihn tatsächlich einen tiefen Einschnitt, es scheint, als sei er in der Folgezeit wenn nicht ruhiger – denn zur Ruhe war er nach eigenem Bekunden schlechterdings nicht fähig –, so doch maßvoller in seinem Verhalten geworden, beherrschter, in gewisser Weise rücksichtsvoller. Die Sorge für seine Familie nahm er ernst, wie er bisher nur die Kunst und seine Arbeit an ihr ernst genommen hatte. Keine zwei Jahre nach der Hochzeit erwarb er ein neues Haus in der Via delle Mercede, nicht weit entfernt vom Palazzo Barberini gelegen. Ein stattliches Anwesen, wie es seinem Vermögen, das zur Zeit der Eheschließung bereits auf stolze 100 000 scudi geschätzt wurde, entsprach; freilich in erbärmlichen Zustand. Die Renovierungsarbeiten kamen fast einem Neubau gleich und zogen sich bis in den Winter 1642 hin, ehe die neuen Eigentümer einziehen konnten. Von der kurzen Unterbrechung der Frankreichreise abgesehen sollte Gianlorenzo Bernini den Rest seines Lebens hier verbringen, inmitten einer wachsenden Kinderschar, im Atelier im Erdgeschoss unermüdlich damit beschäftigt, der Auftragsflut Herr zu werden.

Francesco Barberini

Wenden wir uns den politischen Verhältnissen in der späten Phase des Barberini-Pontifikates zu. Denn gegenüber der Situation zu Beginn der Herrschaft Urbans VIII., die nunmehr anderthalb Jahrzehnte zurückliegt, hatte sich Grundlegendes gewandelt. Zunächst und vor allem die Person des Papstes selbst, damals, nach der Überwindung seiner Malariaerkrankung, im August 1623, ein kerngesunder Mittfünfziger, energisch, eitel, machtbewusst. Keine Blume aus den Gärten des Vatikans hätten seinerzeit die päpstlichen Verwandten ohne seine ausdrückliche Genehmigung pflücken und verschenken dürfen, schrieb der zeitgenössische Pamphletist Gregorio Leti, und er traf damit ungefähr den Sachverhalt. Die Handlungsfreiheit der Neffen des Pontifex war sehr begrenzt, ungeachtet ihrer formal herausgehobenen Stellung am Papsthof.[57]

Nun, 15 Jahre später, war Urban VIII. ein alter, müder, immer öfter schwerkranker Mann, und zwar schon seit einiger Zeit. Bereits am Neujahrstage 1632 hatte Fulvio Testi davon berichtet, man rechne in der Ewigen Stadt mit einem baldigen Konklave,[58] doch kam der Papst über die damalige Erkrankung ebenso wie über einen leichten Schlaganfall 1635 relativ schnell hinweg. 1637 und 1638 jedoch hatte er nach schweren Schlaganfällen mit einem Bein im Grabe gestanden.[59] Angesichts des labilen Gesundheitszustands des Papstes bildete sich an der Kurie ein Machtvakuum, in das vor allem die Nepoten nachzustoßen suchten. Zumal der ehrgeizig-intrigante

Kardinal Francesco Barberini sah zu Beginn der vierziger Jahre seine Stunde gekommen. Seit langem schon hatte er an dem systematischen Ausbau seiner Stellung innerhalb des päpstlichen Herrschaftssystems gearbeitet und dabei bedeutende Erfolge erzielt. Es ging Barberini vor allem darum, das Staatssekretariat, die «Herzkammer» der päpstlichen Außenpolitik, zu kontrollieren. Hier wurden die Instruktionen für die Nuntien, also die päpstlichen Gesandten, verfasst, hier liefen die Berichte dieser Gesandten aus allen Teilen Europas ein, hier wurde tatsächlich die «große Politik» in ihren Grundzügen entwickelt. So lange der Papst die Zügel fest in der Hand hielt, geschah dies auf seine Anweisungen hin – doch wenn er krank, geschwächt, gar handlungsunfähig war?

Francesco Barberini war nach dem Ausscheiden seines Onkels Lorenzo Magalotti zum Leiter des Staatssekretariats berufen worden, doch das war damals, 1628, nichts anderes als eine Formalität gewesen. Die Situation änderte sich mit der ersten schweren Erkrankung Urbans, die der Neffe nutzte, politisch gestaltend aktiv zu werden. 1634 suchte der Papst dem Ehrgeiz Francescos, von dem der hellsichtige Fulvio Testi bemerkte, dass ihm die notwendige Intelligenz zur Beherrschung der päpstlichen Behörden fehle,[60] Grenzen zu setzen. Urban berief seinen langjährigen Privatsekretär und Vertrauten Francesco Adriano di Ceva zum Staatssekretär, wobei die formale Leitung des päpstlichen «Außenministeriums» weiterhin bei Kardinal Francesco blieb. Der Papstneffe versuchte nun in der Folgezeit durch das Vorenthalten von Informationen, durch gefälschte Depeschen und bewusste Fehlinformationen das Staatssekretariat respektive dessen Chef zu desavouieren, wo immer sich die Möglichkeit dazu ergab. Da der Nepot weiterhin die auslaufenden Depeschen der Kurie zu unterzeichnen hatte, stellte sich nicht selten die in mancherlei Hinsicht bedenkliche Situation ein, dass ein Nuntius zwei Schreiben erhielt, die beide im Namen des Kardinals Francesco Barberini angefertigt waren, beide seine Unterschrift trugen und dabei Anweisungen enthielten, die sich direkt widersprachen:[61] das eine, hochoffizielle, aus dem Staatssekretariat, das andere, weniger formale, aus dem Privatsekretariat, das sich der Nepot inzwischen eingerichtet hatte. Unschwer kann man sich ausmalen, wie verunsichert die päpstlichen Gesandten auf diese eigenartige Form der Diplomatie reagieren mussten. Vor allem stellte sich ihnen die Frage, wem sie folgen sollten, dem Staatssekretär als ordentlichem Behördenchef oder dem Kardinalpadrone, dem sie sich als Klienten des Hauses Barberini verpflichtet fühlten.

Ihre Antwortschreiben, soweit sie an Francesco Barberinis Privatsekretariat gingen, spielten dem Nepoten jedenfalls einen Trumpf in die Hand, insofern er wesentliche darin übermittelte Informationen Ceva kurzerhand vorzuenthalten, ihn auf diese Weise beim Papst als desinformiert zu diskreditieren und dadurch seine Ablösung zu erzwingen suchte. Ein Ziel, das Francesco Barberini erst im Jahre 1643 erreichte, als sich der Pontifikat Urbans VIII. unwiderruflich seinem Ende zuneigte. Bis dahin hatte Ceva sich gegen die Ansprüche Barberinis zäh zur Wehr gesetzt; der verbissene Machtkampf zwischen dem Nepoten und dem Staatssekretär galt in der zweiten Hälfte der dreißiger Jahre in Rom als offenes Geheimnis, der Schaden für die päpstliche Politik war beträchtlich.[62] Zumal der alternde Papst immer weniger eine wirksame Autorität über die sich an der Kurie befehdenden Parteien auszuüben in der Lage war.

Denn nicht nur zwischen Francesco Barberini und dem Staatssekretär Ceva gab es Spannungen, sondern auch die beiden anderen Neffen des Papstes, Fürst Taddeo und Kardinal Antonio d.J., versuchten in diesen Jahren immer nachdrücklicher, Einfluss auf die große Politik zu gewinnen. Hinzu kam, dass innerhalb der Anhängerschaft des Hauses Barberini die schwindende Autorität des phasenweise handlungsunfähigen Papstes zu wachsenden Ambitionen führte. Besonders Monsignore Giangiacomo Panziroli, ein mit allen Wassern gewaschener Karrierist aus kleinen Verhältnissen, verstand es, sich zunehmend unentbehrlich zu machen, was ihm 1643 den roten Hut eintragen sollte. Allgemein ist festzuhalten, dass sich in der Spätphase des Barberini-Pontifikates die politische Szene an der Kurie, ohnehin stets labil, dem Blick des Außenstehenden geradezu chaotisch darbot. Erst vor diesem Hintergrund werden die Ereignisse recht verständlich, von denen das Ende der Herrschaft Urbans VIII. überschattet wurde, der Krieg um das Herzogtum Castro und dessen Folgen, von denen auch Gianlorenzo Bernini betroffen sein sollte.

Castro und die Folgen

Betrachtet man das Werkverzeichnis Gianlorenzo Berninis, so fällt auf, dass in den letzten Jahren des Barberini-Pontifikates seine Produktivität abzunehmen scheint. Dieser Eindruck ist nur zum Teil richtig, insofern der Künstler in immer stärkerem Maße von den Forderungen des Tages in Anspruch genommen wurde, den administrativen und organisatorischen Aufgaben eines Chefimpresarios, den nicht enden wollenden Anfragen nach ephemeren Kunstwerken, nach jener «Gebrauchskunst», die sich in aller Regel nicht erhalten hat. Daneben aber ist tatsächlich ein objektiver Rückgang an Großaufträgen zu verzeichnen, und das hatte seine Gründe; wie so oft waren sie politischer Natur. Schon vor dem Ende der langen Herrschaft ihres Onkels sahen sich nämlich die drei Barberini-Nepoten Francesco, Antonio d.J. und Taddeo durch den Krieg um das Herzogtum Castro mit ernsten Schwierigkeiten konfrontiert.

Ein Zeitgenosse, der Oratorianer-Pater Virgilio Spada, Bruder des einflussreichen Kardinals Bernardino Spada, berichtet über diesen letzten Krieg, den das Papsttum aktiv führen sollte: «Die Stadt Rom befand sich seit dem Pontifikat Clemens' VII. [unter dem 1527 der berühmte «sacco di Roma», die Plünderung Roms durch deutsche Landsknechte, stattgefunden hatte] niemals in größerer Gefahr als während des Pontifikats Urbans VIII., und diese Gefahr war umso skandalöser, als sie von einem Fürsten ausging, der um so vieles der Größe [Kaiser] Karls V. nachstand, wie ein Vasall seinem höchsten Lehnsherren.»[63] Unüberhörbar klingt aus diesen Zeilen der Schrecken, der den Geistlichen noch Jahrzehnte nach dem Ereignis im Rückblick erfüllt. Der Castro-Krieg, der in den Jahren 1642 bis 1644 den Großteil der italienische Staatenwelt gegen den Papst einte, war, verglichen mit den großen europäischen Konflikten der Epoche, zeitlich und räumlich eng begrenzt. Dennoch wirkte er auf den Kirchenstaat als tiefe Erschütterung.

Die Vorgeschichte des Konfliktes ist schnell erzählt. Odoardo II. Farnese, Herzog von Parma und Piacenza (s. Italienkarte S. 251), war der Fürst eines jener Kleinstaaten Oberitaliens, die es im

17. Jahrhundert zunehmend schwerer hatten, ihre staatliche Unabhängigkeit zu bewahren. Ihre Schwäche war strukturell bedingt. Gegenüber den europäischen Großmächten, denen eine langsam an Effizienz gewinnende Bürokratie den Zugriff auf überlegene wirtschaftliche und finanzielle Ressourcen gestattete, gerieten die Herzöge von Parma, wie die Souveräne anderer norditalienischer Staaten, immer mehr ins Hintertreffen. Die Farnese steckten in Schwierigkeiten aller Art, zumal finanziellen, fanden aber andererseits in ihrem Familienoberhaupt Odoardo II. den ganzen Stolz und Hochmut eines regierenden Fürstenhauses verkörpert; eine explosive Mischung, wie sich am Verhältnis des Herzogs von Parma zum Kirchenstaat zeigen sollte.

Der am Ende militärisch ausgetragene Konflikt ging aus zwei Ursachen hervor: Einerseits zeigte Herzog Odoardo II. nicht die geringste Bereitschaft, Papst Urban VIII. und seiner Familie irgendwelche Zugeständnisse in Fragen des Zeremoniells und der Etikette zu machen, obwohl er formell seine Besitzungen als Lehnsmann des Heiligen Stuhls innehatte. Als er im November 1639 nach Rom kam, ließ er sowohl den einheimischen Baronaladel als auch die Barberini überdeutlich spüren, welch Unterschied seiner Ansicht nach zwischen ihnen und einem regierenden Fürsten bestand. Andererseits musste die Widerspenstigkeit des Herzogs an der Kurie umso unangenehmer auffallen, als er in Rom hoch verschuldet war.

Schon in den Jahren 1600 und 1605 war den Herzögen vom Papst die Einrichtung der *Monti Farnese*, so etwas wie frühneuzeitliche Vorläufer der modernen Staatsanleihen, gestattet worden, um den stets in Finanznöten schwebenden Fürsten den Zugang zum römischen Kreditmarkt zu ermöglichen. 1640 hatte nun der Herzog die Zinszahlungen eingestellt, die durch die Einkünfte Castros garantiert waren, eines kleinen Herzogtums, das zwischen dem Kirchenstaat und dem Großherzogtum Toskana lag und zu den Besitzungen Farneses gehörte. In Rom sorgte die Einstellung des Zinsdienstes verständlicherweise für einige Aufregung. Nach ergebnislosen Verhandlungen drohte daraufhin Urban VIII. mit der Besetzung Castros, um es sich als Pfand für die Schulden der Herzöge zu sichern. Es ist also zunächst einmal richtig, wenn Virgilio Spada in seinem

Bericht über den Krieg feststellte, die Besetzung Castros durch päpstliche Truppen am 13. Oktober 1641 sei «im Interesse der Gläubiger des Monte Farnese» erfolgt.

Der Papst hatte freilich seine Hintergedanken. Ohne jeden Zweifel nämlich war Odoardo II. nicht in der Lage, die notwendigen Summen aufzubringen, um Castro wieder auszulösen, wofür er, so die Forderung, nicht nur die Zinszahlungen wieder aufnehmen sollte, sondern auch die aufgelaufenen, gewaltigen Schulden binnen zwölf Jahren zu tilgen hatte. Für den voraussehbaren Fall, dass dies nicht geschehe, sollte das Territorium an den Kirchenstaat zurückfallen. Damit wäre nicht nur der päpstliche Herrschaftsbereich in Italien ein wenig ausgedehnt worden, es hätte sich vor allem die Möglichkeit zu einem beachtlichen Propagandaerfolg geboten, indem Urban VIII. einen der italienischen Kleinstaaten zur Räson gebracht und dadurch den Anspruch des Papsttums auf eine führende Rolle in der inneritalienischen Politik untermauert hätte. Daran aber konnte den übrigen italienischen Staaten, zumal jenen, die sich in ähnlich bedrängter Position wie die Farnese befanden, nicht im Geringsten gelegen sein. So bildete sich rasch eine Liga Parmas mit der Republik Venedig, dem Herzog von Modena und dem Großherzog der Toskana, um dem Papst Widerstand zu leisten, und Virgilio Spada hat erneut ganz recht, wenn er vermutet, «vielleicht aus allgemeiner Furcht vor einer allzu großen Ausdehnung der weltlichen Herrschaft der Kirche».[64]

Nun war Odoardo II. Farnese zwar einerseits bankrott, andererseits aber stolzer Erbe der militärischen Traditionen seiner Familie. Es stellte sich sehr schnell heraus, dass man in Rom die Entschlossenheit des Herzogs, seine Besitzungen zu verteidigen, gefährlich unterschätzt hatte. Nach Staunen erregenden Gewaltmärschen stand die Armee Odoardos zur allgemeinen Bestürzung schon bald im nördlichen Latium. Auf dem Weg angetroffene Truppen des Kirchenstaates leisteten keinerlei ernstzunehmenden Widerstand, und die päpstlichen Legaten in Bologna und Imola, die Kardinäle Stefano Durazzo und Marc Antonio Franciotti, überboten sich nachgerade in Höflichkeitsbekundungen Farnese gegenüber, statt ihre Städte zu verteidigen. In Rom steigerte sich die Nervosität zur Panik.[65] Der Papst zog sich vom Quirinal in den besser zu schützenden Vatikan zurück, in fieberhafter Eile wurden die Verteidigungsanlagen in Stand gesetzt.

Die Koordination und Überwachung der Arbeiten an den Wällen sollte niemand anderem als Gianlorenzo Bernini übertragen werden. Viele Jahre später berichtete der Künstler während seiner Frankreichreise dem Sieur de Chantelou in höchst aufschlussreicher Weise von dieser Episode: «Er sagte, als Urban VIII. mit dem Herzog von Parma Krieg führte und Rom befestigen ließ, habe er gewünscht, der Cavaliere möge die Leitung und Aufsicht der Befestigungsarbeiten übernehmen. Er habe darauf Seiner Heiligkeit geantwortet: ‹Zuerst müssen mir Seine Heiligkeit die Erlaubnis geben, für drei bis vier Jahre nach Flandern zu gehen, um Festungskunst zu studieren.› Der Cavaliere dachte weiter über das Thema nach und sagte, wenn ein Fürst mit einem Beamten zufrieden sei und Vertrauen zu ihm habe, überhäufe er ihn mit allen Geschäften zugleich und glaube, nur der mache es richtig und kein anderer. Das sei jedoch ein großer Irrtum. Denn wenn er seine Aufträge vom Talent und der Fachbildung der Betreffenden abhängig machte, würden die Aufträge besser ausgeführt und der Fürst besser bedient.»[66] Es ist das Urteil eines Fachmanns und Spezialisten, das aus seinen Worten spricht, der das Ideal moderner, arbeitsteiliger Effizienzmaximierung vertritt und sich gegen die ältere Organisationsform über persönliche Bindungen und ein individuelles Vertrauensverhältnis wendet. Berninis Weigerung, sich als Festungsbauingenieur zu versuchen, ist umso bemerkenswerter, als sich ihm hier die Gelegenheit geboten hätte, eine weitere Parallele zum Leben seines bewunderten Vorbildes Michelangelo zu entwickeln, der ebenfalls nicht nur Bildhauer, Maler und Architekt gewesen war, sondern zugleich einige Jahre Festungsbaumeister seiner Heimatstadt Florenz. Obwohl Bernini eifrig bestrebt war, sein Leben dem «mythischen» Vorläufer Michelangelo anzugleichen, schlug er den Auftrag Urbans VIII. aus.

Rom musste also auf von Bernini erdachte Befestigungen verzichten, doch ob die etwas genützt hätten, selbst wenn Bernini nicht drei, sondern dreißig Jahre in Flandern Festungsbaukunst studiert hätte, ist sehr zweifelhaft. Angesichts der bedrohlichen Situation sandte man den diplomatisch versierten Kardinal Bernardino Spada zu Verhandlungen mit den verbündeten Fürsten, doch als Spada mit vielem Geschick und nach ebenso vielen Mühen eine Kompromissformel zustande gebracht hatte, weigerte sich Rom, sie zu ratifizieren. Die Folge waren wirre kriegerische Auseinandersetzungen, die selten über unbedeutende Scharmützel und noch weniger heldenhafte Plünderungen hinausgingen und in denen die päpstlichen Truppen eine vielfach mit Erheiterung kommentierte Kampfmoral an den Tag legten. Zur miserablen Verfassung des Heeres trug zweifellos bei, dass ihm mit Fürst Taddeo Barberini ein Oberbefehlshaber von seltener Inkompetenz verordnet worden war. Im Gegensatz zu seiner Frau, der ebenso intelligenten wie energischen Anna Colonna, aus ältestem römischen Adel stammend, besaß der Papstneffe keinerlei Eignung für eine herausragende Rolle; schon gar nicht für eine militärische.

Sein Bruder, Kardinal Antonio d. J., sah das auch klar genug und bemühte sich, durch persönlichen Einsatz ein Gegengewicht zu schaffen. Nach dem Versagen der päpstlichen Legaten in den nördlichen Provinzen des Kirchenstaates wurden die Kardinäle Stefano Durazzo, Marc Antonio Franciotti und Marzio Ginetti abberufen und Antonio Barberini am 1. Dezember 1642 zu einer Art «Superlegat» für die drei Provinzen Bologna, Ferrara und Romagna ernannt.[67] In der Folgezeit gelang es Kardinal Antonio d. J., die Situation im Norden zu stabilisieren und einige militärische Erfolge zu erzielen, die zwar alles andere als spektakulär waren, aber immerhin gegenüber dem bisherigen Hagel an Katastrophenmeldungen eine erfreuliche Abwechslung darstellten. Zumal der Papst sah das so, was nun wiederum Kardinal Francesco Barberini gar nicht gefallen wollte, der sich mit dem tumben Taddeo einig wusste und dementsprechend in den Erfolgen seines Kardinal-Bruders eine ernsthafte Bedrohung seines Einflusses sah. Was folgte, war eine Komödie der Irrungen und Intrigen, freilich für die Betroffenen mit eher unerfreulichen Konsequenzen. Francesco Barberinis Schwanken zwischen Angst und Ehrgeiz war es zu danken, dass der noch vergleichsweise tüchtigste Truppenführer der päpstlichen Armee, der Genuese Federico Imperiali, frustriert den Dienst quittierte und in seine Heimatstadt zurückkehrte.[68] Der Machtkampf zwischen Kardinal Francesco und Taddeo einerseits, Kardinal Antonio Barberini andererseits schuf ideale Voraussetzungen für unkontrollierte Streitigkeiten um Prestige und Einfluss unter den Aristokraten der militärischen Führungsebene. Verschärft wurde die Situation noch durch ein strukturbedingtes Handicap der kirchlichen Wahlmonarchie: Aufgrund des immer näher rückenden Pontifikatsendes waren alle Loyalitätsbekundungen gegenüber den Barberini nur von sehr bedingter Zuverlässigkeit – wer über politische Ambitionen und auch nur rudimentär entwickeltes diplomatisches Talent verfügte, suchte sich für die Zeit unter dem kommenden Papst, wer immer das sein mochte, abzusichern. Und das bedeutete, sich nicht mit Haut und Haar in den Ränkespielen der regierenden Nepoten für den einen oder anderen von ihnen einzusetzen. Urban VIII. selbst sah mit hilfloser Verzweiflung das Chaos, das seine Neffen entfesselt hatten. Zahlreich sind die Stimmen, die von den unablässigen bitteren Klagen des Papstes über die Verwandten berichten. Er würde recht zufrieden und ruhig sterben, hätte er doch nur niemals den Kardinal Francesco Barberini kennen gelernt, soll der todmüde Pontifex wenige Wochen vor seinem Ende wiederholt geäußert haben.[69]

Schließlich sahen sich die Barberini-Brüder gehalten, angesichts des sich immer mehr verschlechternden Gesundheitszustands des Papstes und des absehbaren Endes des Pontifikates zu einem Frieden zu kommen, fast um jeden Preis. Der sollte sich denn auch als horrend erweisen: nach den gewaltigen Kriegskosten, welche die ohnehin schon seit langem bedenkliche finanzielle Lage der Camera Apostolica nochmals in unverantwortlicher Weise verschärft hatten, brachte der Friedensschluss die deprimierende Bestätigung des *status quo ante*: Castro blieb im Besitz der Herzöge von Parma und Piacenza. Viel Lärm um nichts, könnte man sagen, wenn nicht das wichtigste Ergebnis des Castro-Krieges in einem beträchtlichen Prestigeverlust des Kirchenstaates und der völligen Diskreditierung der Angehörigen des Papstes bestanden hätte. Die vielfältigen Steuererhöhungen, die zur Finanzierung des Krieges notwendig waren, steigerten deren Popularität ganz gewiss nicht. Die Folgen sollten auch die Klienten des Hauses Barberini zu spüren bekommen – nicht zuletzt die Künstler, die in ihrem Dienst gestanden hatten.

Schwierige Zeiten.
Die Herrschaft Innozenz' X. (1644–1655)

Unruhige Tage – Das Konklave des Jahres 1644

Als Urban VIII. am 29. Juli 1644 nach fast auf den Tag genau einundzwanzigjähriger Herrschaft gestorben war, kam es in Rom zu schweren Unruhen. Das war an sich nichts Ungewöhnliches. Nach dem Tod eines Papstes war die öffentliche Ordnung stets besonders gefährdet, bereits während des vorangegangenen Konklaves von 1623 gab es Gelegenheit, dieses Phänomen zu beobachten. Wie bei jeder Sedisvakanz erließen der *governatore di Roma* und jene Kardinäle, die mit der Führung der dringendsten Geschäfte betraut waren, auch im Sommer 1644 Erlasse mit rigorosen Strafandrohungen,[1] und gerade die drakonischen Strafen lassen erkennen, wie ohnmächtig die staatlichen Instanzen letztlich der allgemeinen Unruhe gegenüberstanden. Am 27. August wurde bekannt gegeben, alle nach dem Castrokrieg entlassenen Soldaten und übrigen Fremden ohne einen festen Wohnsitz hätten sich binnen eines Tages beim *governatore* zu melden und den Grund für ihre Anwesenheit in der Stadt anzuführen. Sofern sie dies nicht täten, hätten sie Rom innerhalb der nächsten drei Tage zu verlassen – «bei Strafe der Galeere, oder auch des Lebens».[2] Ein ebenso gut gemeinter wie aussichtsloser Versuch, der sich ausbreitenden Anarchie beizukommen, denn es fehlte schlicht und einfach an den Voraussetzungen, die strengen Befehle in der widerspenstigen Realität effizient durchzusetzen.

Im Jahre 1644 war die Stimmung jedoch noch ein wenig explosiver als gewöhnlich, denn der Tod Urbans VIII. setzte nicht nur allgemein die zügelungsunwilligen Triebe der Gesellschaft frei, sondern auch den Hass auf die Familie Barberini, der sich in den langen Jahren ihrer Herrschaft akkumuliert hatte und zum Schluss mit dem ruhmlosen und überaus teuren Castro-Krieg ins Grenzenlose gestiegen war. Sogleich nach Bekanntwerden der Todesnachricht spielten sich in Rom bürgerkriegsähnliche Szenen ab. Das aufgebrachte Volk stürmte zum Kapitol, um die dort aufgestellte Ehrenstatue Urbans VIII., in glücklicheren Tagen von Bernini geschaffen, zu zertrümmern und sich auf diese Weise wenigstens am Bild des Papstes zu rächen. Allein dem Eingreifen des Fürsten Marcantonio Colonna war es zu verdanken, dass die Skulptur nicht zerstört wurde. Als Bruder von Taddeo Barberinis Ehefrau Anna Colonna fühlte er sich verpflichtet, das Andenken des Papstes und somit das Ansehen seiner Verwandten zu schützen und ließ seine Miliztruppen auf dem Kapitol aufmarschieren. Damit nicht genug sorgte der Fürst auch für den Schutz der Barberini aus Fleisch und Blut, und den hatten sie bitter nötig. Zeitgenössische Beobachter behaupteten jedenfalls, dass ohne die Colonna-Söldner den Barberini ein unrühmliches Ende als Opfer der Volkswut beschieden gewesen wäre.[3]

Unruhige Zeiten also, und erfahrungsgemäß blieben die äußeren Umstände nicht ohne Einfluss auf die Papstwahl. Allgemein wurde vorausgesagt, sie werde lange dauern. Nach den Exequien für den verstorbenen Papst bezogen die in Rom anwesenden 56 Mitglieder des insgesamt 62 Köpfe zählenden Kardinalskollegiums am 9. August 1644 das Konklave. Drückende Sommerhitze lag über der Stadt, weshalb man auf ärztlichen Rat hin sogar in Erwägung gezogen hatte, die Wahlversammlung aus dem altehrwürdigen Vatikan in den höher und luftiger gelegenen Quirinalspalast zu verlegen.[4] Nach medizinischen Gesichtspunkten wäre das eine vernünftige Entscheidung gewesen. Die zumeist älteren Kardinäle hatten im Vatikan nur eine aus Holzbrettern improvisierte Kammer von kaum sechs Quadratmetern als Wohn- und Schlafzimmer zur Verfügung; die Räume waren gegenüber der Außenwelt abgeschlossen, kein Fenster durfte geöffnet werden, die sanitären Bedingungen waren höchst bescheiden. Hinzu kamen im am Fluss gelegenen Vatikan eine oft unerträglich feuchte Sommerhitze und die Schwärme der

Malariamücken. Kein Wunder, dass man nach einem geeigneteren Wahlort suchte. Schließlich siegte jedoch die Tradition, und für die Kardinäle stand damit eine beschwerliche Zeit bevor.

Angesichts der für sie bedrohlichen Situation stand zu erwarten, dass die Barberini-Kardinäle Francesco und Antonio alles daransetzen würden, einem ihnen genehmen Kandidaten zur Tiara zu verhelfen. Das war zwar in jedem Konklave das Ziel des oder der «verwaisten» Kardinalnepoten, doch musste es unter den gegebenen Umständen mit besonderem Nachdruck betrieben werden. Von außen betrachtet standen ihre Chancen nicht schlecht. Nicht weniger als 48 der im Konklave versammelten 56 Kardinäle hatten ihre Ernennung Urban VIII. zu verdanken und waren somit seinem Haus mehr oder weniger stark verpflichtet. Dieses «mehr oder weniger» gilt es zu beachten, denn tatsächlich konnten sich die Barberini auf kaum die Hälfte ihrer Kreaturen verlassen.[5] Ihr Favorit, Kardinal Giulio Sacchetti, stieß auf offene Ablehnung durch die Spanier, deren Faktionsführer Kardinal Albornoz gleich zu Beginn der Wahlversammlung die offene Exklusion Sacchettis durch die spanische Krone bekannt gab. Alle Bemühungen der Barberini um die Rücknahme der Exklusion blieben erfolglos, und so wurde es notwendig, sich auf einen Kompromisskandidaten zu einigen, welcher schließlich in der Person des Kardinals Giambattista Pamphili gefunden wurde, obwohl Kardinal Mazarin aus Paris schon im Februar 1644, Monate vor dem Tod Urbans VIII., den Gesandten Frankreichs ausdrücklich angewiesen hatte, sich mit aller Kraft im Geheimen und, wenn nötig, sogar öffentlich gegen die Wahl dieses Kardinals einzusetzen.

Pamphili war eine Kreatur Urbans VIII., das sprach aus Sicht der Barberini für ihn. Auf der anderen Seite handelte es sich bei ihm seit seiner Zeit als Nuntius in Madrid von 1626 bis 1630 um einen entschiedenen Parteigänger Spaniens. Aus dieser Bindung an den politischen Erzfeind musste den frankophilen Barberini früher oder später ein Problem erwachsen, und mittelbar auch für ihre Klientel. Gianlorenzo Bernini, als ihr exponiertester Klient unter den römischen Künstlern, wird den Verlauf des Konklaves, der trotz aller Abschirmungsmaßnahmen auf wundersame Weise doch immer nach außen drang, mit ähnlich fiebriger Spannung verfolgt haben wie die politischen Gefolgsleute des Hauses Barberini. Auch für ihn hing sehr viel davon ab, wer die Nachfolge Urbans antreten würde. Zweifellos hoffte er auf die Wahl Kardinal Giulio Sacchettis, denn Sacchetti, kultiviert, gebildet, umgänglich, aus einer Florentiner Familie stammend, hatte sich zeit seines Lebens als großzügiger und verständiger Mäzen profiliert, verfügte über beste Kontakte zum barberinischen Kunstestablishment und versprach eine Fortführung der grandiosen Kulturpolitik seines Vorgängers. Jedoch, er scheiterte.

Statt seiner wurde am 15. September 1644 Giambattista Pamphili gewählt, der den Namen Innozenz X. annahm. Bernini wird über die Entscheidung des Kardinalskollegiums gleich doppelt entsetzt gewesen sein. Erstens war der neue Papst, wie gesagt, ein Parteigänger Spaniens. Bernini dagegen pflegte, vermittelt durch seine *padroni*, beste Beziehungen zum französischen Königshof, war wiederholt nach Paris eingeladen worden und hatte soeben erst eine aufwendige Porträtbüste für Frankreichs ersten Minister, den Kardinal Richelieu, geschaffen. Hier lag Konfliktpotential. Schlimmer noch musste ihm erscheinen, dass es sich beim neuen Papst um einen gebürtigen Römer handelte (zu seinen Vorfahren zählte im Übrigen eine leibliche Tochter Papst Alexanders VI. Borgia),[6] und die galten seit jeher als Kulturbanausen. In der Tat war Giambattista Pamphili im Laufe seiner Karriere als scharfsinniger, aber knochentrockener Jurist hervorgetreten, die kulturellen Ambitionen seines Vorgängers gingen ihm vollständig ab. Freilich war er sich über die Wichtigkeit einer angemessenen Selbstdarstellung, auch ohne dass persönliche Neigung im Spiel gewesen wäre, vollkommen im Klaren. Mit anderen Worten: der Kuchen des Kunst- und Kulturetats würde kleiner werden, aber weiterhin vorhanden sein. Blieb die Frage, wer sich an ihm bedienen durfte.

Dies irae

Was in den auf die Wahlentscheidung des Herbstes 1644 folgenden zweieinhalb Jahren geschah, böte Stoff für einen dramatischen Krimi, der zwar am Ende ohne Leiche blieb, aber das war lange Zeit durchaus nicht abzusehen. Die Entmachtung, dann Diskriminierung, schließlich kaum mehr verhohlene Verfolgung des Hauses Barberini ist zugleich ein Lehrstück zum Thema «Elitenaustausch» oder, anders ausgedrückt, über die «Vergänglichkeit der Macht». Und nicht zuletzt auch zum Thema «Undankbarkeit». Bernini spielt in diesem Lehrstück eine Nebenrolle, freilich keine ganz unbedeutende, und auch keine ganz eindeutige; als «Held» werden wir ihn jedenfalls nicht erleben. Aber der Reihe nach.

Zunächst ließ sich alles recht gut an. Der neue Papst benötigte einige Zeit, um seine Herrschaft zu etablieren, das heißt, zuverlässige Gefolgsleute an die Schaltstellen der Macht zu setzen, und so begannen die Jahre des Pamphili-Pontifikates weniger bedrohlich für die Vorgängerfamilie als befürchtet. Die Barberini-Kardinäle Francesco und Antonio wurden gnädig zur Audienz empfangen, und noch im November unternahm der Papst einen Ausflug zur *vigna* der Pamphili auf dem Gianicolo in Begleitung Camillo Pamphilis, des neuen Kardinalnepoten, und Francesco Barberinis.[7] Doch wenig später begann sich der Wind zu drehen, glaubte Innozenz seine Position stark genug, um die Familie seines Vorgängers zur Rechenschaftslegung anhalten zu können. Der Eklat wurde dadurch unvermeidlich. Im Juni 1645 machte sich eine Untersuchungskommission daran, den Verbleib erheblicher, verschwundener Summen während der Herrschaft Urbans VIII. zu überprüfen. Das Ergebnis sah für dessen Angehörige niederschmetternd, die Rückforderungen der Camera Apostolica existenzbedrohend aus.[8] Unter diesen Umständen hielt es Kardinal Antonio d.J., besonders frankophil, besonders diskreditiert und nicht besonders heldenhaft, für angebracht, sich am 28. Oktober 1645 bei Nacht und Nebel aus dem reichlich aufgewirbelten Staub zu machen und nach Paris zu flüchten.

Seine Brüder, der Fürst Taddeo und Kardinal Francesco, hielten etwas länger aus. Sicherheitshalber ließen sie an ihren *palazzi* französische Wappen anbringen, um weithin sichtbar zu machen, unter wessen Schutz sie standen. Allein, ob der genügte, angesichts einer sich immer mehr zuspitzenden Situation? Am 10. Januar 1646 empfing der Papst Kardinal Francesco zur Audienz, über deren Verlauf wir durch einen zeitgenössischen Bericht bis in die Einzelheiten informiert sind.[9] Der vor anderthalb Jahren noch fast allmächtige Nepot Urbans VIII. muss sich an diesem Tag gefühlt haben wie ein Grundschüler vor dem Klassenlehrer, nur dass es nicht um «Dumme-Jungen-Streiche», sondern um Leben und Tod ging. Innozenz weigerte sich, sein Gegenüber auch nur eines Blickes zu würdigen, gab auf die drängenden Fragen Barberinis nicht eine einzige Antwort und reagierte auf die Gesten des Kardinals, der sich erst schuldbewusst vor die Brust schlug und dann, Gipfel der Selbsterniedrigung, flehend zu Füßen des Papstes auf die Knie sank, mit einem verächtlich-verwunderten Schulterzucken. Am Ende stand ein derartig wegwerfender Segensgruß des Pontifex, dass Barberini die Audienz «verwirrt und gedemütigt, leichenblass und wie von Sinnen» verließ.

Den Freunden und Klienten der Barberini erging es nicht besser. Kardinal Girolamo Grimaldi etwa, einer ihrer treuesten Gefolgsleute, ergriff drei Tage später im Konsistorium vom 13. Januar 1646 für seine *padroni* das Wort und wies darauf hin, dass man durch eine allzu strenge Bestrafung der ehemaligen Papstfamilie das Verhältnis zu Frankreich gefährlich belaste. Grimaldi war alles andere als leicht zu beeindrucken. Er entstammte einer der vornehmsten Familien Genuas und gehörte zu den profiliertesten Vertretern des Kardinalskollegiums, weltgewandt, politikerfahren und selbstbewusst. Zudem hatte er in der Sache keineswegs Unrecht. Doch die Reaktion des Papstes war furios. In einer wortmächtigen Stegreifrede bekundete er seinen festen Entschluss, sich in seinem Vorhaben, alle Vergehen der Barberini streng nach Recht und Gesetz zu verfolgen, von nichts und niemandem beirren zu lassen. Wenn es zum Krieg mit Frankreich käme, so vertraue er auf den Schutz Gottes sowie die Stärke der Verbündeten. Und Angst habe er ohnehin vor niemandem. Kardinal Grimaldi aber verließ das Konsistorium so schweißgebadet, als habe es im Hochsommer stattgefunden, nachdem er zuvor eine Entschuldigung gestammelt hatte.[10]

Die Anhängerschaft der Barberini war gewarnt und verhielt sich entsprechend. So mancher Treueschwur erwies sich in diesen Tagen der Bedrängnis als Makulatur. Kardinal Bernardino Spada etwa hätte allen Grund gehabt, sich mindestens so engagiert wie sein Kollege Grimaldi für die *padroni* in die Bresche zu werfen, wozu er jedoch offenbar nicht die geringste Neigung verspürte. Auch Kardinal Giulio Sacchetti scheint keine aufsehenerregenden Initiativen zugunsten seiner langjährigen Förderer entwickelt zu haben, und wenn selbst Hauptnutznießer der Herrschaft Urbans VIII. wie Spada und Sacchetti vorsichtig in Deckung gingen, was war dann vom Fußvolk der Klienten zu erwarten? Die Situation spitzte sich zu, bis in der sturmgepeitschten Nacht vom 16. auf den 17. Januar 1646 auch Francesco und Taddeo Barberini unter dramatischen Umständen ins französische Exil aufbrachen.[11]

Und Bernini? Wie so viele Gefolgsleute der Barberini wartete auch er zunächst ab, wie sich die Dinge entwickeln würden. Als jedoch abzusehen war, dass es für die Familie Urbans VIII. ernst, sehr ernst werden würde, verließ er das sinkende Schiff mit einer Geschwindigkeit, die schon wieder kontraproduktiv war. Denn den Zeitgenossen erschien sein Verhalten, verständlicherweise, als opportunistisch bis zum Widerwärtigen, und das will im Rom dieser Jahre mit seinen vielfältigen und daher eher lockeren Klientelstrukturen einiges heißen. So schreibt beispielsweise Francesco Mantovani, einer der Nachfolger Fulvio Testis als Gesandter des Herzogs von Modena in Rom, zu Beginn des Jahres 1646 einen Brief, in dem er über eine Komödie berichtet, die Bernini im Hause von Donna Olimpia Pamphili, der überaus ehrgeizigen und machtbewussten Schwägerin des Papstes, aufgeführt hatte. Dabei sollen die Barberini auf eine geradezu unverschämte Weise parodiert worden sein, allen voran Kardinal Francesco Barberini. Mantovani berichtet: «(…) ein besonderes Anliegen des Cavaliere [Bernini] schien zu sein, auf verschiedene Weise mit mannigfaltigen Formulierungen die Barberini anzugreifen. Dies hat er wohl auf zu unverschämte Weise getan. Derart, dass alle von ihm angeekelt (‹stomacati›) waren (…).»[12]

Die Angelegenheit wurde sogar dem Papst vorgetragen, der jedoch aus verständlichen Gründen in der Sache nichts unternahm und sich seinen Teil gedacht haben mag. Bernini war im Übrigen weiß Gott nicht der einzige Fahnenflüchtige in diesen Tagen, und es scheint, als habe man ihm sein spottlustiges Künstlernaturell zugute gehalten, mit dem er kurze Zeit später auch nicht davor zurückschreckte, sich über die Papstschwägerin Donna Olimpia und ihre stadtbekannte Habgier lustig zu machen, auch in diesem Falle mit einer solchen Direktheit, dass manche Theaterbesucher seine Verhaftung erwarteten.[13] In der Tat wagte er mit einer solchen Satire viel, denn Donna Olimpia stellte über lange Phasen des Pamphili-Pontifikates so etwas wie eine graue Eminenz am Papsthof dar. Innozenz war ihr zutiefst verpflichtet, hatte sie doch, Tochter eines wirtschaftlich erfolgreichen Getreidehändlers, seine Karriere zu guten Teilen finanzieren geholfen. Ob sie darüber hinaus, wie der römische Volksmund behauptete, über Jahre hinweg ein Verhältnis mit dem späteren Papst hatte, kann dahingestellt bleiben. Jedenfalls lässt die Satire auf die Papstschwägerin eine neue Facette in Berninis Charakterbild aufleuchten, die Grenzen seiner opportunistischen Anpassungsfähigkeit. Denn zweifellos muss ihm klar gewesen sein, dass eine solche Attacke kaum geeignet war, seine gefährdete Stellung zu stabilisieren, was ihn jedoch nicht daran hinderte, sie mit aller ihm zu Gebote stehenden Verve zu führen. Dennoch sollte er später für die Pamphili tätig werden, wie er für die Barberini weiterhin tätig blieb. Und zwar, gerade in diesen Jahren, an einer besonders wichtigen, besonders heiklen Aufgabe, dem Grabmal seines großen Förderers Urban VIII., auf das noch einzugehen sein wird.

Die Niederlage seines Lebens

Zuvor jedoch ist von der schwarzen Stunde in der glanzvollen Karriere des Gianlorenzo Bernini zu berichten, jener Demütigung, die seine Biographen als das Ergebnis übler Intrigen von Seiten perfider Widersacher deuteten. Doch nimmt sich die schwerste Niederlage im Leben des Gianlorenzo Bernini im Auge des unbefangenen Betrachters angesichts der Bindung des Künstlers an Urban VIII. und dessen Familie eher als systemtypisch aus. Für Bernini stellte das freilich einen eher geringen Trost dar. Den willkommenen Anlass zu einer Generalabrechnung bot die Diskussion um die Glockentürme für St. Peter, mit deren Errichtung Urban VIII. Bernini im Februar 1638 beauftragt hatte. Für das Erscheinungsbild der Fassade hätten sie eine wesentliche Rolle gespielt, denn im Verhältnis zu ihrer Breite ist die Fassade zu niedrig, sie wirkt «geduckt». Die Schuld dafür lag nicht bei Carlo Maderno, der sie zur Zeit Pauls V. Borghese entworfen hatte, sondern in einer radikalen Änderung des Bauplanes von St. Peter. Nachdem lange Zeit vorgesehen gewesen war, die Kirche auf dem Grundriss eines griechischen Kreuzes – das heißt mit vier gleich langen Armen – zu errichten, wurde 1606 beschlossen, das Hauptschiff beträchtlich nach Osten, in Richtung auf die Stadt zu verlängern. Ausschlaggebend waren Gründe der Liturgie, der Tradition, der Pietät; denn bei der ursprünglichen Lösung wäre ein erheblicher Teil des Grundes, auf dem Alt-Sankt Peter gestanden hatte, unbebaut geblieben, durch jahrhundertelange Tradition geheiligter Boden mithin profanisiert worden – eine unzumutbare Vorstellung für die konservativen Theologen an der Kurie, die nach langen und erbitterten Diskussionen in der Bauhüttenkongregation von St. Peter gegenüber den «Ästheten» den Sieg davontrugen.[14]

Die Folgen dieser Entscheidung auszubaden hatte der damalige Architekt von St. Peter, denn mit dem weit vorgeschobenen Langhaus entstand das Problem eines unausgewogenen Verhältnisses von Fassadenbreite zu Fassadenhöhe. Letztere ließ sich nämlich nicht ohne weiteres vergrößern, weil dadurch die berühmte Michelangelo-Kuppel verdeckt worden wäre. Ein Dilemma, das Maderno zu beheben suchte, indem er der Fassade durch gewaltige Monumentalsäulen einen starken vertikalen Akzent verlieh, der Höhe vortäuschen sollte, wo sie in Wirklichkeit nicht sein konnte. Dennoch blieb ein Missverhältnis zwischen Höhe und Breite bestehen. Die Lösung dieses Proportionsproblems sollten nun die Glockentürme liefern: Aufgrund der menschlichen Sehgewohnheiten würde der Betrachter nach ihrer Errichtung die beiden äußeren Joche der Fassade nicht mehr als zu dieser gehörig auffassen, sondern als Basis der Türme – mit dem Resultat, dass die Fassade im Verhältnis zu ihrer Höhe schmaler erscheinen musste, und damit eben «richtig» proportioniert.[15]

Bei den Arbeiten, von Bernini mit dem gewohnten Eifer vorangetrieben, stellte sich nur leider bald heraus, dass es Schwierigkeiten mit dem Baugrund gab. Die Fundamente erwiesen sich als zu schwach, und kaum war der südliche der beiden Glockentürme im Sommer 1641 fertiggestellt (Abb. 20), traten im Mittelschiff der Kirche bedrohliche Risse auf. Einstweilen wurde ein Baustopp verhängt, um die statischen Berechnungen zu überprüfen; darüber starb Urban VIII. Mit einem Mal äußerten sich Stimmen, die Berninis Arbeit grundsätzlich kritisierten. Unter dem neuen Papst wurde eine Expertenkommission einberufen, deren Mitglieder, höchst ungewöhnlich, ihr Urteil in schriftlicher Form ablegen sollten – damit sie unbeeindruckt von der etwaigen Reaktion Berninis ihre objektive Meinung äußern könnten.[16] Die Ansichten, ob der ausgeführte Turm zu retten sei, sein Pendant ohne Gefahr für den Gesamtbau zu errichten wäre, gingen auseinander.[17] Die Frage entwickelte sich zu einem Politikum; besonders Francesco Borromini engagierte sich mit dem unübersehbaren Ziel, dem verhassten, über Jahre hin unangreifbaren Widersacher endlich eine weithin sichtbare Niederlage beizubringen. Am Ende hatte er Erfolg: Innozenz X. beschloss, die Arbeiten einstellen und den bereits fertigen südlichen Campanile wieder abtragen zu lassen, obwohl Bernini noch im letzten Moment versuchte, das Blatt zu wenden, indem er Verwandte des Papstes mit erheblichen Summen bestach, damit sie sich für ihn respektive den Erhalt des Turmes einsetzten.[18] Wenig später hieß es sogar, er solle die Abrisskosten aus seinem Privatvermögen tragen, wozu es dann letztlich aber doch nicht kam.

Es war für Bernini tatsächlich die Niederlage seines Lebens. Nicht nur wurden seine technischen Fähigkeiten als Architekt gründlich desavouiert, er musste zudem miterleben, dass der «Rückbau» ausgerechnet an der prominentesten Baustelle Roms vor sich ging, dem Petersdom, bei dessen Ausstattung er zuvor seine größten Triumphe gefeiert hatte. Eine schwarze Stunde, keine Frage, und mehr als das: für die nähere Zukunft hatte er seine Rolle im Zentrum der römischen Kunstszene definitiv verspielt. An Aufträge von offizieller Seite war einstweilen nicht zu denken, und das hatte zur Folge, dass der eben noch allmächtige Liebling des päpstlichen Hofes die Zurückhaltung, Vorsicht, Kälte all jener «Freunde» zu spüren bekam, die noch vor kurzem um seine Gunst gebuhlt hatten, von der unverhohlenen Schadenfreude der kleinlichen Kritiker und mit-

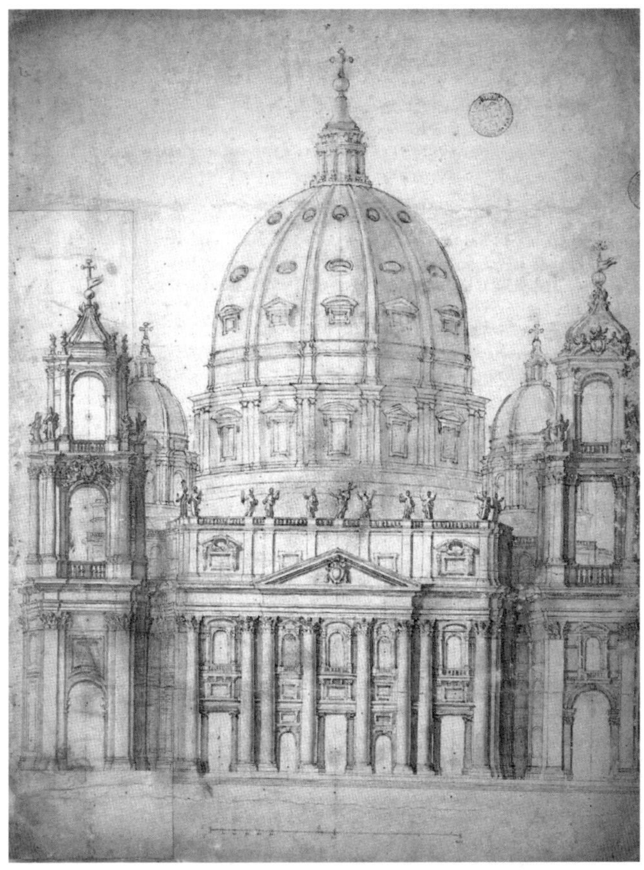

Abb. 20 Berninis Entwurf für die Gestaltung der Fassade von St. Peter (1645)

telmäßigen Konkurrenten ganz zu schweigen. Viele Jahre hatte er seine Position als «Herr der Welt», jedenfalls der römischen Kunstwelt, dazu genutzt, die Konkurrenz klein zu halten; jetzt schlug sie zurück, und Bernini blieb für den Augenblick nichts anderes übrig, als auf bessere Zeiten zu hoffen. Daran gewöhnt, sich vor Aufträgen kaum retten zu können, fand er im Jahre 1646 mit einem Mal Zeit, eine Skulptur für sich selbst, sozusagen zum Zeitvertreib zu schaffen. So entstand die «Wahrheit» (Abb. 21), ursprünglich gar geplant

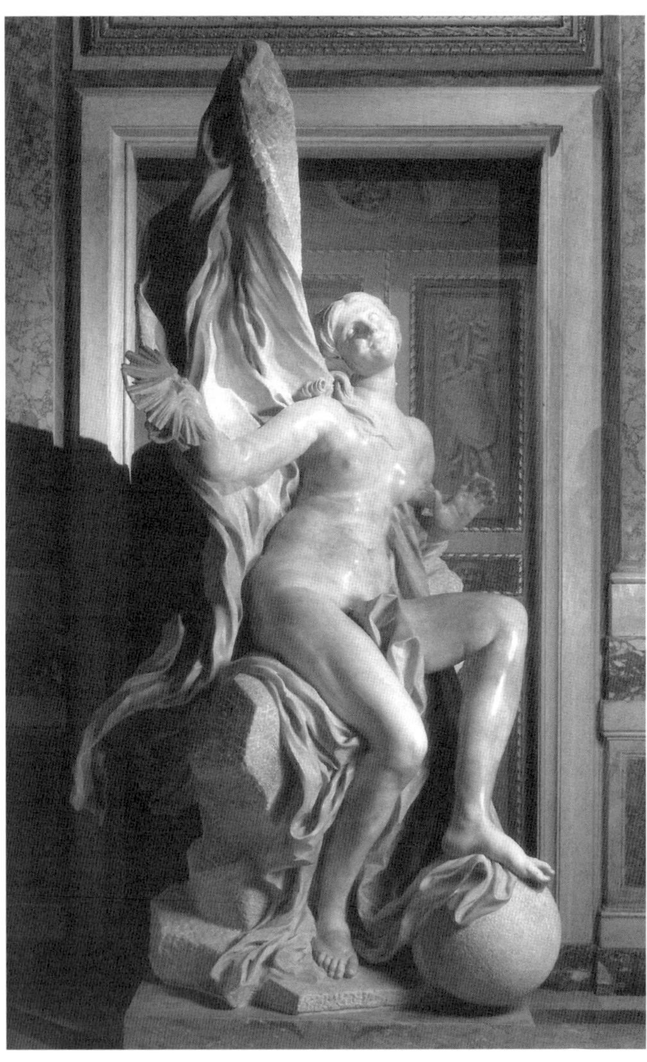

Abb. 21 Veritas, Galleria Borghese, Rom (1646–1652)

als Teil eines Figurenensembles «Die Zeit enthüllt die Wahrheit», mit der sich der in Ungnade gefallene Künstler selbst Mut zu machen suchte. Mit der Zeit werde die Verleumdungskampagne, der er zum Opfer gefallen sei, schon aufgedeckt werden, so der Gedanke. Freilich, allein auf die Zeit mochte sich Bernini nicht verlassen, passives Abwarten war seine Sache nicht. Zunächst konnte er jedoch nur ältere Aufträge zu Ende führen, für Auftraggeber, deren Lage noch viel weniger beneidenswert war als die seinige. Er setzte all sein Können daran.

Die Rückkehr des lebenden Toten

Februar 1647. Seit Monaten schon herrschte schlechtes Wetter in der Ewigen Stadt, aus einer dichten Wolkendecke regnete es fast ununterbrochen. Anlass zur Unruhe unter den in Rom verbliebenen Klienten der Barberini, denn das schlechte Wetter trübte ihre Stimmung nicht nur an sich, sondern auch dadurch, dass es eine propagandistische Gegenoffensive der exilierten Nepoten in eigener Sache behinderte. Die wurde durch den ehemaligen Hauslehrer der Barberini-Neffen koordiniert, der es mit Geduld, Pflichtbewusstsein und Ehrgeiz inzwischen tatsächlich zum roten Hut gebracht hatte.[19] Kardinal Angelo Giori schrieb in diesen Tagen an seine *padroni* nach Paris, bei gutem Wetter werde er am ersten Sonntag im März das Grabmal für Urban VIII. in St. Peter enthüllen lassen, wenn aber die Schlechtwetterperiode anhalte, dränge der Cavaliere Bernini als verantwortlicher Künstler darauf, noch zu warten, bis die Lichtverhältnisse optimal seien. Er, Giori, werde sich diesem Wunsche fügen.[20]

Man sieht, es war eine Haupt- und Staatsaktion geplant, über die wir durch eine Vielzahl erhaltener Briefe an die im Exil weilenden Barberini-Nepoten ausnehmend gut informiert sind, ein historischer Glücksfall, der es gestattet, die Bedeutung und die Wirkungsweise von Kunstwerken in dieser Epoche ungewöhnlich detailliert zu erkennen. Nutzen wir also diese Gelegenheit und betrachten die Geschichte von Berninis monumentalem Grabmal für Urban VIII.

in der Apsis von St. Peter sowie die Reaktion der Zeitgenossen darauf ein wenig genauer (Abb. 22).

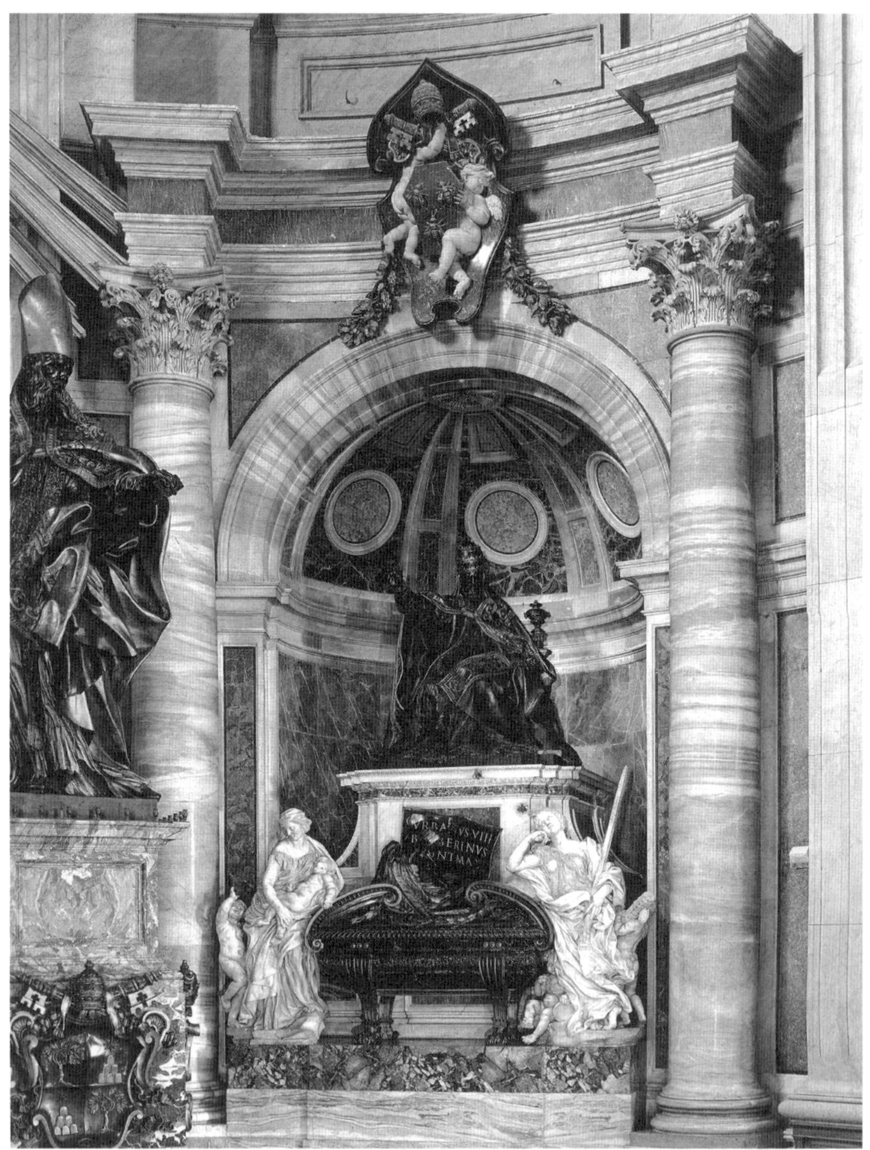

Abb. 22 Grabmal Urbans VIII., St. Peter, Rom (1627–1647)

Der Barberini-Papst hatte schon früh begonnen, sich in Gedanken mit seinem Grabmal zu beschäftigen, und es versteht sich fast von selbst, dass er die Planungen dafür seinem Lieblingskünstler übertrug.[21] Eines stand von vorneherein fest: das Monument sollte einen weiteren Akzent in der Peterskirche setzen, wie es dem Selbstbewusstsein und der Eitelkeit dieses Pontifex entsprach. Bereits 1628 beauftragte er Bernini, damals gerade mit dem Baldachin beschäftigt, mit Entwürfen für die Grablege. Wenig später begannen die Arbeiten. Zunächst wurden der architektonische Rahmen und der massive Marmorsockel geschaffen, bevor 1631 die Statue des Papstes in Bronze gegossen und aufgestellt wurde. Doch dann folgte eine jahrelange Pause. Die Arbeiten ruhten bis ins Jahr 1637, als Urban nach einem Schlaganfall offensichtlich verstärkt an die Endlichkeit seiner irdischen Existenz dachte. In den folgenden Jahren wurden weitere Elemente des Grabmals ausgeführt, vor allem die beiden marmornen Tugendallegorien der «Caritas» und «Iustitia». Es war die Zeit der Costanza-Bonarelli-Affäre, da Bernini sie schuf, und es heißt, er habe dem Gesicht der «Caritas» die Züge seiner großen Liebe verliehen (Abb. 23; vgl. Abb. 18).[22] Eine Vermutung, die angesichts von Berninis Neigung, lebensvolle Alltagseindrücke im künstlerischen Werk zu sublimieren, durchaus plausibel klingt. In jedem Fall gewinnt die Vorstellung, er habe seine Geliebte im Kontext eines Papstgrabmals in der Apsis von St. Peter verewigt, noch erheblich an Reiz durch den Umstand, dass die Figur der «Caritas» ursprünglich unbekleidet war und man es erst in späteren Zeiten für ange-

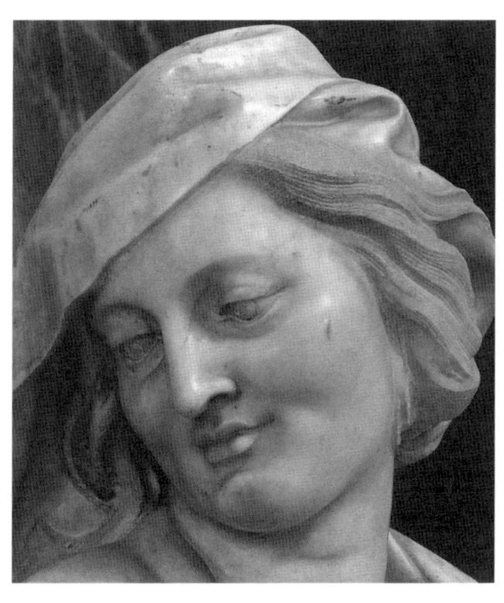

Abb. 23 Grabmal Urbans VIII., Detail: Gesicht der Caritas

bracht hielt, ihre Brust mit einem geweißten Bronzepanzer zu verhüllen.[23]

Wie auch immer es um die Identität des Vorbildes für die «Caritas» am Urbansgrabmal bestellt gewesen sein mag, auch nach der Aufstellung der Tugendallegorien waren die Arbeiten zum Zeitpunkt des Todes Urbans VIII. im Sommer 1644 nicht abgeschlossen. Was dann, in den Jahren der postpontifikalen Krise des Hauses Barberini folgte, ist bemerkenswert. Denn obgleich die eben noch fast allmächtigen Nepoten nach Frankreich flüchten mussten, ihre Güter konfisziert, ihre Einnahmen gepfändet, ihre Ämter neu verteilt wurden, kümmerten sie sich in dieser tatsächlich existenzbedrohenden Situation weiterhin mit Nachdruck um die Fertigstellung des Grabmals ihres päpstlichen Förderers. Dieser Umstand lässt keinen Zweifel an der Tatsache, dass ihnen die Sache wirklich am Herzen lag. Einer ihrer zuverlässigsten Klienten, der schon erwähnte Kardinal Angelo Giori, wurde zu so etwas wie dem «Grabmalsbeauftragten», und mit welcher Sorgfalt und Aufmerksamkeit er sich dieser Aufgabe widmete, geht aus seiner Korrespondenz mit den *padroni* im Pariser Exil in aller wünschenswerten Klarheit hervor. Hier handelte es sich eindeutig nicht nur um ein Element ästhetisch gelungener Ausstattung der Peterskirche, sondern um viel mehr: nämlich geradezu um eine Existenzfrage des Hauses Barberini. Dem Grabmal Urbans VIII., der kunstvoll inszenierten Präsenz des Verstorbenen, kam beim Überlebenskampf der Nepoten strategische Bedeutung zu.[24] Denn zunächst einmal repräsentierte die Grablege den verstorbenen Papst und hielt damit in ganz materieller Hinsicht die Erinnerung an ihn wach, ordnete ihn ein in die Reihe der Nachfolger Petri und entzog ihn und seine Herrschaft auf diese Weise wirklich fundamentaler Kritik: denn wer die Legitimität eines einzelnen Papstes in Frage stellte, musste die Grundlagen des Papsttums als solche in Frage stellen, und das war schlechterdings undenkbar.

Zweitens ließ sich absehen, dass die visuelle Präsenz Urbans VIII. durch die mittlerweile hinreichend erprobte künstlerische Kreativität Berninis schon als ästhetisches Ereignis an sich für Aufsehen sorgen würde. Stellt man die Mentalität der barocken Römer in Rechnung (die sich im Übrigen von derjenigen ihrer heutigen Nachfahren nicht einmal grundsätzlich unterscheidet), so durfte man sich vom künstlerischen Erfolg des Monumentes viel erhoffen. Die Neigung, das Schöne aufgrund seiner Schönheit als das Wahre anzunehmen, der Ästhetik gegenüber der Ethik den Vorzug zu geben und nicht nach langweiliger historischer Wahrheit zu fragen, wo man es doch mit der berauschend suggestiven Wirklichkeit des schönen Scheins zu tun hat, dieser Neigung durfte man gewiss sein. Und so stand zu hoffen, dass die überwältigende visuelle Inszenierung des Toten ihn zu lebenswirksamer Gegenwart reanimieren vermochte.

Die Ereignisse im Zusammenhang mit der Enthüllung des Grabmals lassen deutlich werden, dass die Kalkulation aufging. Die Vorbereitungen waren überaus sorgfältig gewesen, Kardinal Giori hatte wahrlich nicht nur auf das Wetter geachtet, sondern mit Ausdauer und Energie dafür gesorgt, dass bei der großen Zeremonie so viele einflussreiche Persönlichkeiten anwesend waren wie irgend möglich. Vor allem gelang es Giori, den neuen Papst, Innozenz X., dazu zu bewegen, der Enthüllung in eigener Person beizuwohnen. Der Pontifex mochte dem Ereignis mit noch so gemischten Gefühlen entgegengesehen haben, am Ende konnte er sich dem Druck der sozialen Rollenerwartung nicht entziehen: Als Nachfolger Petri musste er seinem Vorgänger die Reverenz erweisen, auch wenn er dessen Verwandte gerade für ihr Benehmen während des Pontifikates zur Rechenschaft zu ziehen suchte.

So kam Innozenz X. am 1. März 1647 zur Enthüllung des Grabmals, begleitet von einer Gruppe von Kardinälen. Lange stand der Papst vor dem Monument, betrachtete es aufmerksam und nachdenklich; vermutlich hätte man in diesem langen Augenblick eine Stecknadel zu Boden fallen hören können. Dann aber wandte er sich den umstehenden Würdenträgern zu. Er sprach nur wenige Worte: «Es ist schön. Es ist schön gelungen.» Und das war ein Triumph, für Bernini, für Kardinal Giori, für die vertriebenen Barberini-Brüder. Denn mit der Anerkennung des Kunstwerkes erkannte der Papst zugleich den im Kunstwerk Dargestellten an – und mittelbar auch die Auftraggeber. Kein Wunder, dass das Grabmal von den Umstehenden nun noch genauer in Augenschein genommen wurde. Dabei bemerkte einer der umstehenden, den Barberini feindlich gesinnten

Kardinäle mit sarkastischem Unterton, die Bienen, das Wappentier der Barberini, seien wohl deshalb überall auf dem Grabmal verteilt angebracht (Abb. 24), um die Zerstreuung der Familie zum Ausdruck zu bringen. Das war geistreich, angesichts der Flucht der Verwandten Urbans VIII. ins französische Exil. Geistreicher noch war allerdings die schlagfertige Antwort Berninis: «Euer Eminenz sollten zur Genüge wissen, dass die verstreuten Bienen auf das Läuten einer Glocke hin sich wieder versammeln.» Mit diesem Bonmot spielte der Künstler auf die Glocke des Kapitols an, die beim Tode eines Papstes läutet.[25] Spätestens mit dem Tod Innozenz X. würden sich die politischen Konstellationen in Rom wieder wandeln und die jetzt verfemten Barberini nach menschlicher Voraussicht aus dem Exil zurückkehren.

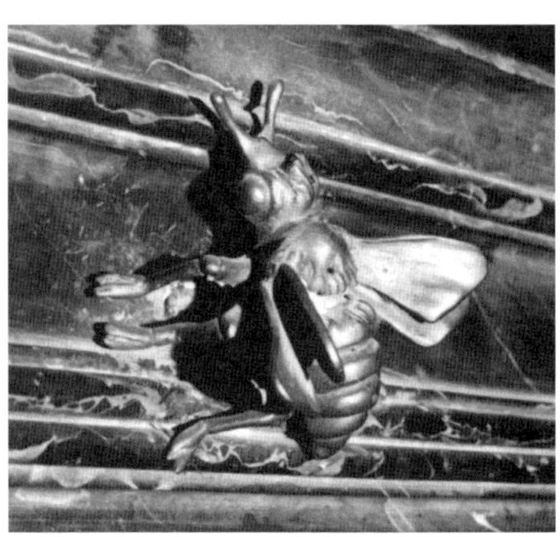

Abb. 24 Grabmal Urbans VIII., Detail: Biene

So lange sollte es im Übrigen nicht einmal dauern, und die Enthüllung des Grabmals für Urban VIII. stellte einen Meilenstein auf dem Weg zur politischen und gesellschaftlichen Rehabilitierung der ehemaligen Papstverwandten dar. Dass Kardinal Giori seinen *padroni* nach Paris geradezu enthusiastische Nachrichten über die Wirkung des Kunstwerks schrieb, erstaunt noch am wenigsten, lag ihm doch daran, den Erfolg seiner Tätigkeit als Grabmalsbeauftragter ins rechte Licht zu rücken. Schon am Tag nach der Enthüllung des Monumentes berichtete er: «(...) es erscheint mir wirklich so, als ob man in vergangene Zeiten zurückgekehrt sei, da ich die Gefühle und die Ergriffenheit vernehme, die man dem geweihten und immer zu verehrenden Grabmal gegenüber zeigt, und dies nicht nur von Seiten des einfachen Volkes, sondern auch von Adligen und hohen Herrschaften (...).»[26] Doch Gioris emphatisches Urteil wird von anderer Seite bestätigt. Auch Kardinal Federico Cornaro etwa berichtet von tiefer Ergriffenheit beim Anblick des Monumentes, «eines solchen Papstes würdig, dessen Ruhm durch dieses Grabmal ewig sichergestellt ist», und zwar mit der Folge, dass ihn «ein jeder sich wieder lebend herbeisehnt».[27] Die Volksmassen, die in den folgenden Tagen nach St. Peter strömten, um das zum Stadtgespräch gewordene Kunstwerk zu bestaunen, mochten ähnlich empfunden haben. War es nicht doch ein großer Papst gewesen, der hier in so beeindruckender Weise verherrlicht wurde? Keine Frage, ein wichtiger Erfolg für die vertriebenen Nepoten – und nicht weniger für den Künstler, dem sie diesen Erfolg zu verdanken hatten.

Die heilige Teresa und der ehrgeizige Kardinal Cornaro

Jener Kardinal Federico Cornaro, den wir eben voller Ergriffenheit vor dem Grabmal Urbans VIII. gesehen haben, gehörte zu den bedeutendsten Persönlichkeiten im Kardinalskollegium dieser Jahre.[28] 1579 in Venedig geboren, entstammte er einer ebenso traditions- wie einflussreichen Familie, den Cornaro di San Polo, einer Familie zudem, die schon seit langem auf gute Verbindungen zur Kurie setzte. Nicht weniger als sechs Kardinäle hatten die Cornaro allein im Laufe des 16. Jahrhunderts gestellt, und die Verbindung nach Rom zahlte sich aus: neben vielen einträglichen Abteien war vor allem das reiche Bistum Padua, zum Territorialbesitz Venedigs auf der *terra ferma* gehörig, über annähernd anderthalb Jahrhunderte hinweg so etwas wie ein Erbhof der Cornaro. Zur Zeit amtierte dort ein Bruder Federicos als Bischof, Giorgio Cornaro.

Federicos Karriere hatte sich nach dem Abschluss des Jurastudiums in Padua zunächst am Papsthof abgespielt, und sie war lange nicht recht in Schwung gekommen. Fast zwei Jahrzehnte, von 1602 bis 1621, hatte er es über den Posten eines Kammerklerikers, den ihm sein Vater gekauft hatte, nicht hinausgebracht. Das lag jedoch nicht etwa an mangelnden Fähigkeiten, sondern vielmehr an der politischen Großwetterlage. Denn die Beziehungen zwischen Rom und Venedig entwickelten sich unter Paul V. Borghese höchst unerfreulich, zeitweilig stand man am Rande eines Krieges. Unter diesen Umständen konnten Kleriker, die aus der Lagunenstadt stammten, kaum auf besondere päpstliche Gunsterweise hoffen. Einmal mehr treten unversehens die konfliktträchtigen Konsequenzen der doppelten Natur des Papsttums als geistlicher und weltlicher Macht zu Tage: In seiner Eigenschaft als Oberhaupt der katholischen Christenheit sah sich der Pontifex gehalten, die Vertreter aller katholischen Nationen in Rom gleich zu behandeln und sie gemäß ihren Fähigkeiten und Leistungen zu fördern. In seiner Qualität als Oberhaupt des Kirchenstaates war ihm hingegen ein solches Verhalten unmöglich. In Zeiten eines drohenden Krieges mit der *Serenissima* konnte er schließlich schlecht venezianischen Geistlichen Vertrauenspositionen an der Kurie übertragen.

Federico Cornaros unerquickliche Situation besserte sich erst unter Pauls Nachfolgern. Gregor XV. Ludovisi ernannte ihn 1623 zum Bischof von Bergamo, und unter Urban VIII. zahlten sich dann die guten Beziehungen, die Cornaro in den langen Jahren als Kammerkleriker zum damaligen Kardinal Maffeo Barberini gepflegt hatte, überreich aus. Schon am 26. Januar 1626 erfolgte die Ernennung zum Kardinal, wenig später durfte er sein bisheriges Bistum Bergamo gegen das wesentlich wohlhabendere Vicenza eintauschen, ehe er 1631 zum Patriarchen seiner Heimatstadt Venedig ernannt wurde. Ein prestigeträchtiger Posten ohne Zweifel, allerdings auch ein recht unbequemer: die nach wie vor angespannten Beziehungen zwischen Rom und Venedig brachten für den höchsten Geistlichen der Republik die Notwendigkeit mit sich, einen permanenten diplomatischen Spagat zu vollführen, um bei Interessenskonflikten auszugleichen. Cornaro, der das diplomatische Talent seiner Familie ebenso geerbt hatte wie ihren kaufmännischen Geschäftssinn – er galt als ausgesprochen geizig –, bewährte sich auf diesem heiklen Posten. Ihm kamen dabei auch die vielfältigen persönlichen Kontakte aus seiner Zeit in Rom zugute, nicht zuletzt übrigens zum dortigen Kulturestablishment. Als es nach dem Ende der großen Pestepidemie 1630 in Venedig darum ging, zum Dank für die Errettung der Stadt die Votivkirche Santa Maria della Salute zu errichten, dachte man daran, mit den Planungen den berühmten Lieblingskünstler des Papstes zu beauftragen: Gianlorenzo Bernini sollte nach Venedig abgeworben werden.[29] Es liegt nahe zu vermuten, dass diese Idee auf Cornaro zurückging, der Bernini noch aus seiner Zeit an der Kurie persönlich kannte und zugleich über so gute Beziehungen zum regierenden Papst verfügte.

Der Plan zerschlug sich, Bernini blieb in Rom, Cornaro in Venedig, und so sollte es bis zum Jahr 1644 dauern, ehe sich der Künstler und der Kardinal wiedersahen. Zu diesem Zeitpunkt hatte Cornaro, ein einmaliges Ereignis in der Geschichte Venedigs, die Patriarchenwürde resigniert und war nach Rom übergesiedelt. Offiziell aus gesundheitlichen Gründen; aber es galt als offenes Geheimnis, dass ihm das unübersehbare Misstrauen seiner aristokratischen Standesgenossen den kirchlichen Würdenträgern gegenüber den Aufenthalt in der Heimat verleidet hatte. Außerdem, und das war weniger bekannt, betrachtete er seine Karriere keineswegs als beendet. Sechs Kardinäle hatte seine Familie bisher gestellt, er selbst war der siebte – schien es da nicht Zeit für den ganz großen *coup*, den Sprung auf den Stuhl Petri? Wenn Cornaros brennender Ehrgeiz nach Möglichkeiten suchte, seine Chancen auf die Tiara zu verbessern, dann musste er zunächst einen Weg finden, nach Rom zu kommen. Nur hier bestand Aussicht, durch die Pflege alter sowie durch die Knüpfung neuer Kontakte jenes feingesponnene Netzwerk aus Freunden und Kreaturen zu schaffen, das die unverzichtbare Voraussetzung für begründete Hoffnungen im nächsten Konklave darstellte. Und hier, in der Ewigen Stadt, galt es auch, durch eine wirkungsvolle visuelle Werbekampagne die eigene Bedeutung und die eigenen Ansprüche in Szene setzen zu lassen. Federico Cornaro war bisher weder in Bergamo noch in Vicenza noch in seiner Heimatstadt Venedig als spendabler Mäzen aufgefallen. Nun, im verregneten Januar des Jahres 1647, ließ der alternde Kardinal Gianlorenzo Bernini zu sich rufen.

Es gab vieles zu besprechen zwischen den beiden Männern, die sich so lange schon kannten; gemeinsam war ihnen die enge Bindung an Papst Urban VIII. und dessen Familie, gemeinsam war ihnen deswegen im Frühjahr 1647 ein lebhaftes Unbehagen an der augenblicklichen politischen Konstellation am Papsthof. Doch litt der weltgewandte venezianische Aristokrat naheliegenderweise weniger unter der Ungnade, in die seine *padroni* aus dem Hause Barberini gefallen waren, als der bürgerliche Künstler, der sich der Anfeindungen seiner zahlreichen Konkurrenten in der römischen Kunstszene zu erwehren hatte. Außerdem blieben prestigeträchtige Aufträge aus, und so wird er den Besuch im Palazzo Venezia, dem Wohn- und Dienstsitz Cornaros, nicht ohne Erwartungen unternommen haben. Sie sollten nicht enttäuscht werden.

Denn Cornaro hatte ihn tatsächlich nicht rufen lassen, um über die guten alten und schlechten gegenwärtigen Zeiten zu plaudern, oder jedenfalls nicht hauptsächlich deswegen. Viele Jahre zuvor hatte er einst als junger Kammerkleriker seinem Bruder aus Rom von seinen ehrgeizigen Hoffnungen geschrieben: «(…) könnte auch ich eines Tages eine Erinnerung an mich hinterlassen im Dienste und zum Ruhme unseres Hauses, dahin gehen meine Gedanken, und so baue ich Luftschlösser, in der Hoffnung, sie eines Tages realisieren zu können.»[30] Nunmehr sah er die Zeit zur Erfüllung dieser Träume gekommen.

Am 22. Januar 1647 hatte der Konvent der Barfüßer-Karmeliter dem Kardinal eine Kapelle für sein zukünftiges Grab überlassen. Die Wahl der Kirche resultierte dabei nicht aus persönlichen Frömmigkeitsidealen Cornaros oder der besonderen Verehrung für die Ordensgründerin und -patronin, die Heilige Teresa, sondern vielmehr aus sehr praktischen Überlegungen. Die Geistlichen von Santa Maria della Vittoria steckten schon seit einiger Zeit in Schwierigkeiten, weil man ihnen einen allzu nachlässigen Umgang mit den Ordensregeln nachsagte. Zumal die Novizen galten als verweltlicht. Derartige Vorwürfe konnten durchaus ernsten Ärger zur Folge habe, wenn man nicht über einflussreiche Fürsprecher an den richtigen Stellen verfügte, etwa in der wichtigen Kardinalskongregation der «Propaganda Fide», die mit Maßnahmen der Missionstätigkeit befasst war und im Rahmen dieser Tätigkeit auch ein Auge auf die Ordensdisziplin hatte. Ein Kardinal vom Schlage Federico Cornaros, weltläufig, diplomatisch versiert, mit exzellenten persönlichen Kontakten, und eben: Sitz und Stimme in der Propaganda Fide-Kongregation, konnte für die ins Zwielicht geratenen Mönche unschätzbare Dienste leisten. Und damit er dies auch wirklich tun würde, war es natürlich ratsam, ihm seinerseits eine kleine Freude zu bereiten – etwa die kostenlose Überlassung einer Kapelle in der als Grablege bei hohen Klerikern gerade in diesen Jahren sehr beliebten Kirche Santa Maria della Vittoria.[31]

Der Standort der Kapelle war damit geklärt. Blieb die Frage ihrer Gestaltung, und mit der wandte sich Cornaro nun also an Gianlorenzo Bernini. Für einmal überwand der Kardinal damit seine sonstige Sparsamkeit, denn dass Bernini trotz seiner momentanen Schwierigkeiten mit den Pamphili nicht eben preiswert war, musste dem Kirchenfürsten bewusst sein. Man wird annehmen können, dass ihn die Ausgaben kaum gereut haben. Mit der Cappella Cornaro in Santa Maria della Vittoria schuf Bernini nämlich nicht nur eines seiner vollkommensten Kunstensembles,[32] dessen Gestaltung geradezu zum unerreichten Idealbild barocker Kapellenarchitektur wurde. Darüber hinaus erweist sich gerade dieses Werk als ein besonders suggestives Beispiel für die Möglichkeiten der visuellen Gedächtnisinszenierung eines ganzen Familienverbandes.

Es ist nämlich nicht nur die Heilige Teresa, die in der ihr gewidmeten Kapelle verehrt wird. Gewiss, die Aufmerksamkeit des Kirchenbesuchers wird im ersten Augenblick ganz und gar von der spektakulären Figur der Heiligen in Anspruch genommen (Abb. 25), von ihr, die in fast lasziv gelagerter Haltung im Augenblick der beseligenden Gottesschau gezeigt wird, und jenem vieldeutig lächelnden Putto, der im Begriffe steht, sie mit dem Pfeil der göttlichen Liebe zu treffen. Die hochpathetische Szene ist wahrlich nicht frei von erotischen Untertönen, was der Figurengruppe von Seiten streng protestantischer Moralität vielfältige Kritik eingetragen hat, deren Ton von sarkastischem Spott bis zu begeisterter Entrüstung reichte.[33] Eine Kritik, die im Allgemeinen erhellend ist im Hinblick auf die Weltsicht und Gemütsverfassung der Kritiker, eher selten jedoch zum Verständnis der Kunstauffassung beiträgt, die der «Heiligen Teresa» zugrunde liegt. Tatsächlich erweist sich Bernini in kaum einem anderen seiner Skulpturenensembles in so offenkundiger Art und Weise als Ironiker, als Künstler des doppeldeutig-changierenden

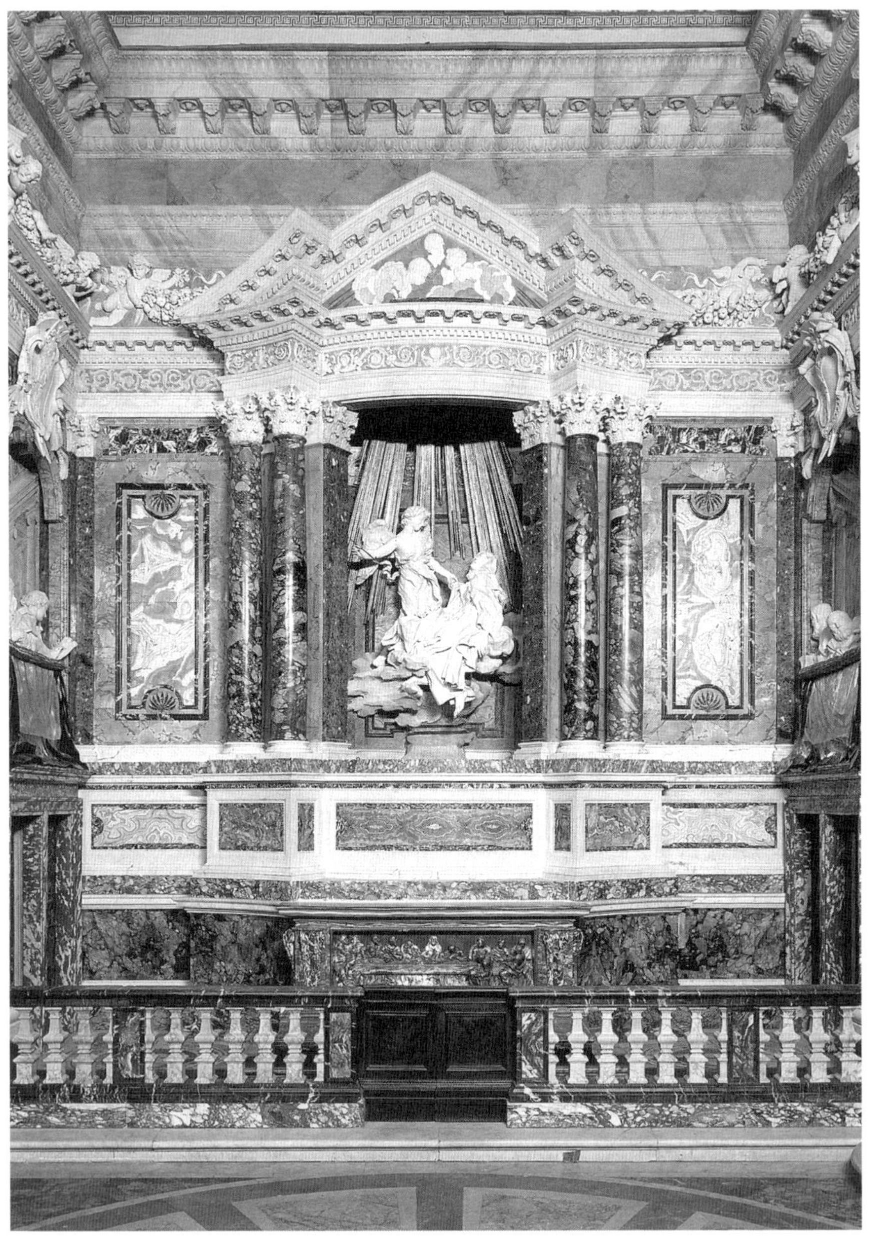

Abb. 25 Cornaro-Kapelle, Santa Maria della Vittoria, Rom (1647–1651)

Spiels, wie gerade hier. Der strenge Radikalismus einer rein geistigen Spiritualität war dem gläubigen Katholiken Bernini Zeit seines Lebens wesensfremd. In seiner Kunst, und kaum jemals so deutlich wie in der «Heiligen Teresa», bewahrt die Welt der göttlichen Transzendenz immer auch sehr irdische, sehr menschliche Aspekte, ist das Bewusstsein, dass auch dem Kunstwerk in seiner Eigenschaft als Hervorbringung des menschlichen Geistes eine stark sinnliche Komponente eignet, stets präsent. Ist die göttliche Liebe ohne ein sinnlich-erotisches Element vorstellbar, oder bleibt sie dann nicht das formelhafte Abstraktum einer geistig zwar reinen, aber entschieden nihilistisch bedrohten Intellektualität? Mehr noch: sind die Sphären des Jenseits und des Diesseits überhaupt mit scharfer Genauigkeit zu trennen, oder nicht vielmehr mit unauflöslicher Doppeldeutigkeit ineinander verwoben, wie es in der Cornaro-Kapelle so eindrücklich inszeniert wird? An der Antwort auf diese Frage haben sich seit jeher Glaubenskriege entfacht, und die gehässigen Bemerkungen, der bissige Spott über die «Heilige Teresa» aus dem Munde der seit jeher so bildfremden wie wortmächtigen Protestanten belegt, wie emblematisch für eine ganze Kunst-, ja Weltsicht Berninis Meisterwerk in Santa Maria della Vittoria steht.

Die Zeitgenossen sahen das, bewusst oder unbewusst, offenbar ähnlich, denn bei den Römern erwies sich die Cappella Cornaro als großer Erfolg. Als etwa die Familie Spada wenige Jahre später daran ging, ihre an sich sehr bescheidenen familiären Traditionen in einer aufwendigen Familienkapelle publikumswirksam zu verklären, bedienten sich die Auftraggeber, Kardinal Bernardino und sein Bruder Virgilio Spada, ausdrücklich der Cornaro-Kapelle als Vorbild.[34] Nicht zuletzt der Auftraggeber selbst war begeistert, so sehr, dass er es über sich brachte, den ursprünglich ausgemachten Lohn des Künstlers erheblich zu erhöhen.[35] Ob es die Vision der Heiligen Teresa war, die ihn so erfreute, oder die Vision einer nachgerade geheiligten Familie von Kardinälen, oder am Ende beides – wir wissen es nicht. Sicher ist hingegen, dass er gute Gründe hatte, mit der Inszenierung seiner Angehörigen wie der eigenen Person zufrieden zu sein. Auf den Logen zu Seiten der verzückten Heiligen sehen wir zwei Gruppen von jeweils vier Cornaro, die sieben Kardinäle des Hauses sowie Giovanni, den Vater Federicos und Dogen von 1629 bis 1631. Deutlich herausgehoben ist die Skulptur Federicos innerhalb der rechten Gruppe zu erkennen, die Einzige, die ihre Aufmerksamkeit den Betrachtern zuwendet und auf diese Weise den Kontakt zwischen Kunstwerk und Kirchenraum herstellt (Abb. 26). Ein meisterhaftes Porträt im Übrigen, in dessen scharf herausgearbeitetem Antlitz von faszinierender Hässlichkeit die willensstarke Persönlichkeit des Kardinals zu erahnen ist. Unübersehbar leuchtet der Kontrast zu den wenig individuellen Gesichtszügen der übrigen Cornaro auf, es bleibt kein Zweifel, um wessen Verherrlichung es geht, das familiäre Umfeld dient vor allem als Staffage, um die Würdigkeit des Federico Cornaro zu unterstreichen. Und in der Tat: wer unter Cornaros Kollegen im Kardinalskollegium konnte schon auf eine vergleichbar ehrfurchtgebietende Ahnenreihe von Purpurträgern zurückblicken? Tradition aber verschafft Legitimation, und insofern erweist sich die Cappella Cornaro in Santa Maria della Vittoria nicht zuletzt als Stein gewordene Anwartschaft auf die Papstwürde.

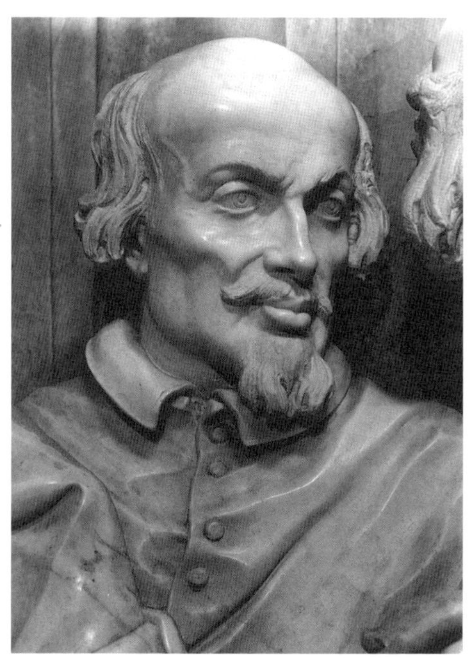

Abb. 26 Cornaro-Kapelle, Detail: Cornaro-Kardinäle, Federico C., 2. von rechts (1646–1651)

In dieser Hinsicht stellte sie sich freilich als Fehlinvestition heraus. Federico Cornaro erlebte das nächste Konklave nicht mehr. Er starb am 5. Juni 1653, anderthalb Jahre vor Innozenz X. Pamphili. Der Traum seiner Jugend jedoch, «eine Erinnerung an mich zu hinterlassen im Dienste und zum Ruhme unseres Hauses», erfüllte sich. In Berninis einzigartigem Werk des *bel composto*, des barocken

Gesamtkunstwerkes, spielen alle Gattungen der bildenden Künste, Architektur, Skulptur und Malerei, verbunden durch eine brillante Lichtregie, formal wie inhaltlich zusammen. So wird die Erinnerung an die Familie Cornaro bewahrt, lange nachdem die Namen der mächtigen Kardinäle dieses Hauses nurmehr wenigen Fachgelehrten etwas sagen.

Auferstehung

Während Bernini im Auftrag des ambitionierten Federico Cornaro im Begriffe stand, einen Höhepunkt der Barockkunst zu schaffen, suchte er nach Möglichkeiten, seine angeschlagene gesellschaftliche Position wieder ins Lot zu bringen. Tatsächlich sollte der Triumph seiner Feinde zu Beginn des Pamphili-Pontifikates nicht allzu lange dauern, dafür sorgte Berninis brennender Ehrgeiz in Verbindung mit den vielfältigen Kontakten zu den Spitzen der römischen Aristokratie, über die er seit langem verfügte. Anlässlich der Planungen einer Brunnenanlage für die Piazza Navona, an der in diesen Jahren der Palazzo des Hauses Pamphili prachtvoll ausgebaut wurde,[36] ergab sich im Frühjahr 1648 die Gelegenheit zu einer kleinen Intrige, mit deren Hilfe Bernini die Gunst des Papstes zurückgewinnen sollte. Domenico Bernini berichtet in der Biographie seines Vaters von ihr ausführlich und mit offensichtlichem Genuss.

Nicolo Ludovisi, Principe di Venosa, hatte eine Nichte des Papstes geheiratet und verfügte deswegen über ungehinderten Zugang zum Pontifex. Zugleich war er Bernini wohlgesinnt und bat ihn um einen Entwurf für den neu zu errichtenden Brunnen – angeblich nur zu seinem eigenen Vergnügen. Der Künstler sandte ihm daraufhin nicht nur eine Zeichnung, sondern gleich auch ein kleines Modell, das nun der Fürst bei geeigneter Gelegenheit «an auffälliger Stelle auf einem Tischchen in einem Zimmer [postierte], durch das der Papst nach dem Mittagessen kommen musste, in der Gewissheit, dass er beim Anblick des Modells zumindest fragen würde, von wem es sei. Aber es geschah viel mehr, als er beabsichtigt hatte; denn als der Papst es sah, verfiel er für eine halbe Stunde in Verzückung und bewunderte die Idee, die Noblesse, und die Größe der Baumasse, und zum Kardinalnepoten gewandt und zu Donna Olimpia, seiner Schwägerin, vor der gesamten Camera Secreta, brach er in folgende Worte aus: ‹Dieser Entwurf kann von niemand anderem sein als von Bernini, und dieser Streich nur vom Fürsten Ludovisi, worauf man sich notwendigerweise Berninis wird bedienen müssen, denen zum Trotz, die das nicht wollen, denn wenn man will, dass seine Entwürfe nicht gebaut werden, dann darf man sie nicht zu Gesicht bekommen.› Und noch am selben Tag schickte er, Bernini zu sich zu rufen, mit einem Beweis seiner Wertschätzung und mit großer Geste, als wolle er sich bei ihm entschuldigen, setzte er ihm die Gründe auseinander, warum er bisher auf seine Dienste verzichtet habe und beauftragte ihn, den Brunnen nach seinen Planungen zu errichten.»[37]

So zumindest die Darstellung Domenico Berninis, die mit dem tatsächlichen Verlauf der Ereignisse vermutlich nicht ganz übereinstimmt. Das Modell nämlich, das Bernini anfertigte, soll nach dem Bericht des Gesandten des Herzogs von Modena in Rom aus schwerem Silber gewesen und zudem nicht etwa dem Principe Ludovisi, sondern der für ihre Habgier bekannten Schwägerin des Papstes verehrt worden sein.[38] Es kann also keine Rede davon sein, dass Bernini von der kleinen Intrige nichts gewusst habe. Ohne Zweifel war er im Bilde, wenn nicht geradezu der Drahtzieher, und sorgte zudem durch das extravagante Modell dafür, dass nicht nur dessen Form, sondern auch das Material auf Bewunderung stieß.

Davon unbenommen erscheint uns die Begeisterung des alten Papstes über das Modell verständlich. Unter den zahlreichen Brunnenanlagen, die Bernini im Laufe seines langen Lebens in Rom errichtete, ist der Vier-Ströme-Brunnen nicht nur der größte, sondern zugleich auch der spektakulärste und künstlerisch interessanteste (Abb. 27). Schon durch seine Grundform, mit der Bernini in demonstrativer Weise die Zweifel an seinen technischen Fertigkeiten widerlegen zu wollen schien: Über den Allegorien der vier Flüsse Donau, Rio della Plata, Nil und Ganges als Verkörperungen der damals bekannten Kontinente erhebt sich, zum beabsichtigten Erstaunen der Betrachter, scheinbar aus dem Nichts, der Obelisk als Symbol päpstlicher Herrschaft. Gerade dem Überraschungseffekt, den ton-

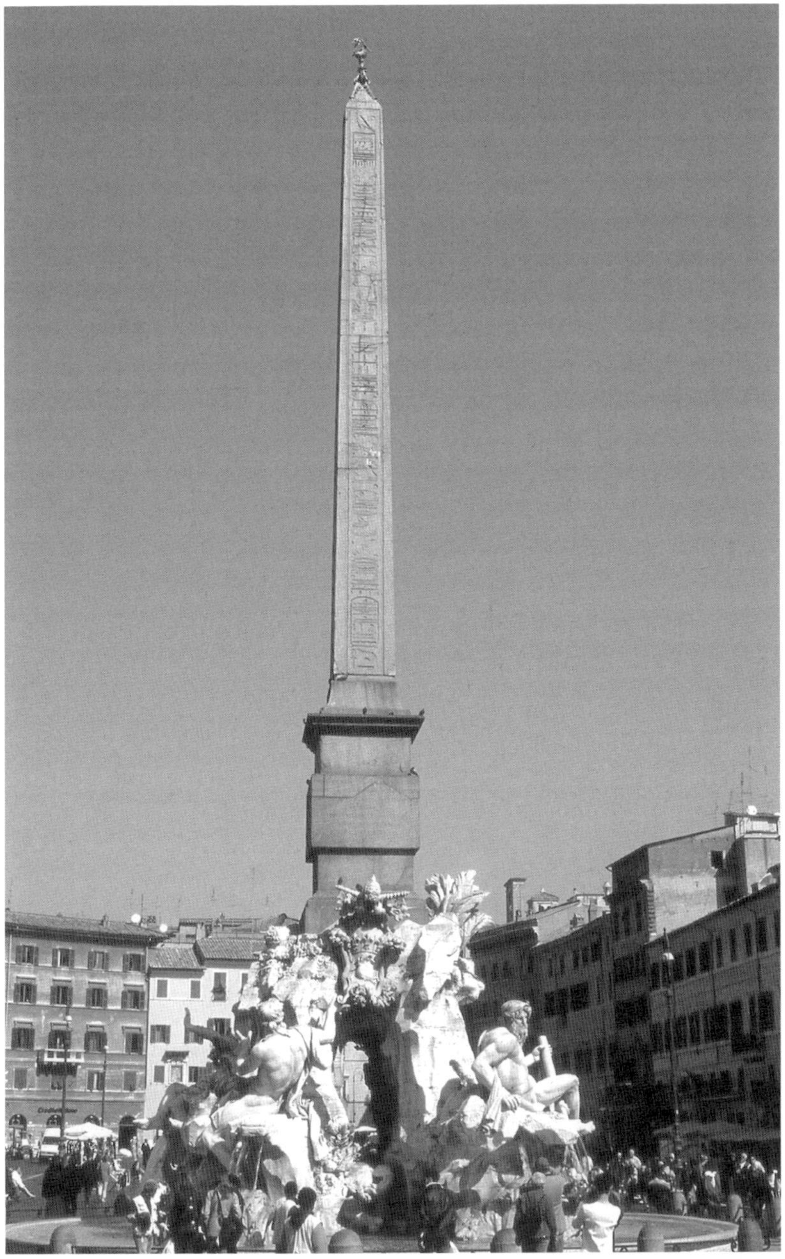

Abb. 27 Vier-Ströme-Brunnen, Piazza Navona, Rom (1647–1651)

nenschweren Obelisken ohne eine solide Basis zu errichten, verdankte der Entwurf seinen Erfolg – und die kritischen Einwände vieler Skeptiker, die behaupteten, eine derartige Konstruktion könne niemals halten.[39] Auf diese Weise stellte der Vier-Ströme-Brunnen so etwas wie die Nagelprobe für Berninis weiteres Schicksal als Architekt dar. Misslang das Werk, so wäre sein Ruf ein für alle Mal ruiniert gewesen. Mit einem Erfolg hingegen konnten alle Zweifler und Kritiker auf einen Schlag widerlegt werden.

So widmete Bernini dem Vier-Ströme-Brunnen seine ganze Aufmerksamkeit, nicht nur im Hinblick auf die Lösung statischer Fragen. Das ikonographische Programm, die Ausgestaltung der Brunnenanlage mit einer Vielzahl von Allegorien und Symbolen ist ebenso geistreich wie kompliziert.[40] Einfach hingegen und den Zeitgenossen sofort verständlich wirkt die propagandistische Kernaussage: der gesamte Erdball huldigt dem Papst als seinem wahren Herren. Eine schmeichelhafte Botschaft fürwahr, zumal in so schwierigen Zeiten, wie sie das Papsttum in der Mitte des 17. Jahrhunderts erlebte. Gerade erst hatte Rom bei den Verhandlungen zur Beendigung des Dreißigjährigen Krieges in Münster und Osnabrück zur Kenntnis nehmen müssen, dass es im Konzert der europäischen Mächte nur mehr eine Nebenrolle spielte und selbst in zentralen Fragen von den Großmächten schlicht übergangen wurde. Der diplomatische Protest, den Innozenz X. von seinen Gesandten gegen die Bestimmungen des Westfälischen Frieden einlegen ließ, zeitigte keinerlei Erfolg. Angesichts dieses unübersehbaren Bedeutungsverlustes tat es gut, die ungebrochenen Herrschaftsansprüche wenigstens in Rom überzeugend ins Bild gesetzt zu sehen. Als der Vier-Ströme-Brunnen dann im Sommer des Jahres 1651 enthüllt wurde und die Wassermassen ihn nach einem sorgfältig erdachten System zu beleben begannen, konnte der Papst zufrieden sein.

Kurz vor der Fertigstelllung des Brunnens besuchte Innozenz höchstselbst die Baustelle. Von der extravaganten Gestalt der Anlage stark beeindruckt, erkundigte er sich schließlich bei Bernini, wann das Wasser käme. Der Künstler stellte einmal mehr seinen ausgeprägten Sinn für dramatische Effekte unter Beweis, als er erwiderte, das werde noch eine Weile dauern, um gleich danach durch ein verabredetes Zeichen die Leitungen öffnen zu lassen. Der Papst, der gerade im Begriff stand davonzugehen, wandte sich um – und war ob des sich ihm bietenden Schauspiels geradezu sprachlos. Als er die Worte wiederfand, wandte er sich an Bernini, er habe ihm mit dieser unvorhergesehenen Freude das Leben um zehn Jahre verlängert.[41]

Der Preis für diese besondere Art von Jungbrunnen freilich war hoch, und zwar im wahrsten Sinne des Wortes: Die prachtvolle Brunnenanlage auf der Piazza Navona kostete Tausende von Römern das Leben. Nach verregneten Sommern und katastrophalen Missernten in den Jahren 1647 und 1648 brach in der Ewigen Stadt die schlimmste Hungersnot seit Menschengedenken aus.[42] Das Volk fragte nach den Schuldigen für die Misswirtschaft und fand sie vor allem in der Schwägerin des Papstes, Olimpia Maidalchini. Man beurteilte sie als geizig, gierig, intrigant und skrupellos, nannte sie die «Papessa», die Päpstin, um anzuzeigen, wer an der Kurie das eigentliche Sagen hatte. Und ganz falsch war das zweifellos nicht. Denn das Geld, um den Brotpreis zu subventionieren und damit auf einem auch für die Unterschichten noch erschwinglichen Niveau zu halten, wäre da gewesen, doch zogen es der Papst und vor allem seine machtbewusste Schwägerin vor, es in Kunstwerke zu investieren. Sie stellten auf diese Weise ein, gewiss unbeabsichtigtes, Experiment darüber an, ab wann die Investitionen in eine herrschaftsstabilisierend gedachte artistische Verklärung und damit die Legitimation der Machtverhältnisse ins Kontraproduktive umschlägt. Im Hungersommer 1648 verkündete der römische Volksmund jedenfalls unmissverständlich:

> «*Non vogliamo guglie, e fontane,*
> *Pane vogliamo, pane, pane!*»
> «Wir wollen keine Obelisken und Brunnen,
> Brot wollen wir, Brot, Brot!»

Am Tiber drohte eine Hungerrevolte, wie sie im Jahr zuvor in Neapel ausgebrochen war. Am Ende kam es nicht dazu, vor allem, weil die Annona, die römische Brotbehörde, schließlich doch noch eingriff und das feinmaschige Netz der päpstlichen Diplomatie eingesetzt wurde, um das Schlimmste zu verhindern: Buchstäblich im letzten Moment, bevor auch die allerletzten Vorräte zur Neige gingen, trafen die rettenden Getreidelieferungen aus den Niederlanden und Südfrankreich ein. Dennoch fielen der Hungersnot mehrere tausend Römer zum Opfer.

Bei der Enthüllung des Brunnens drei Jahre später waren diese trüben Ereignisse freilich schon wieder halb vergessen. Rom feierte den Pamphili-Papst, und nicht weniger seinen Architekten. Bedeutende Aufträge von Seiten Innozenz' blieben zwar nach dem Abschluss der Arbeiten an der Brunnenanlage aus, doch konnte fortan der Ruf Gianlorenzo Berninis als wiederhergestellt gelten. Selbst ein Mann vom Schlage Cassiano dal Pozzos, gelehrter Antiquar am Hofe des ehemaligen Kardinalnepoten Francesco Barberini, dessen Kunstideal von den Erkenntnissen seiner fleißigen antiquarischen Studien geprägt war und der dementsprechend wenig für die geistreich-innovativen Capricci Berninis übrig hatte, musste zugeben: «Es ist in der Tat die großartigste und außergewöhnlichste Brunnenanlage, die es bisher in Italien gegeben hat.»[43]

Dal Pozzo konnte im Übrigen als Barberini-Klient zum Zeitpunkt der Enthüllung des Brunnens aufatmen, denn nicht nur Berninis Rehabilitierung gelang in dieser Zeit. Auch die Barberini-Neffen kehrten aus dem Exil zurück, jedenfalls die beiden Kardinäle. Fürst Taddeo hingegen hatte 1647 das Zeitliche gesegnet, wodurch seine entwaffnende Naivität und selbstbewusste Tölpelhaftigkeit in politischen Dingen kein weiteres Unheil mehr anrichten konnte. Für die geistlichen Nepoten Urbans VIII. hatte sich die Hoffnung auf französische Unterstützung als nicht vergeblich erwiesen. In Paris ließ man nämlich die Gelegenheit zu einer Demütigung des spanienfreundlichen Papstes nicht ungenutzt verstreichen und setzte mittels kräftigen diplomatischen Drucks eine Generalamnestie für die Exilierten durch. Im August 1648 kehrte Kardinal Francesco nach Rom zurück. Sein Bruder Antonio sah die Ewige Stadt erst fünf Jahre später wieder und war von da an nurmehr willenloses Ausführungsorgan französischer Weisungen.

Die Amnestie für die beiden Barberini-Kardinäle ging einher mit einem aufsehenerregenden Kurswechsel der päpstlichen Familienpolitik. In den ersten Jahren des Pamphili-Pontifikates hatte sich erwiesen, dass eine Bestrafung der Barberini politisch nicht durchzusetzen war. Zu stark war die Unterstützung, die der ehemaligen Papstfamilie von Seiten der französischen Krone zuteil wurde. In Paris nahm man sich der Barberini freilich nicht aus uneigennütziger Menschenfreundlichkeit an, sondern hatte handfeste politische Motive. Indem man ihre Verurteilung verhinderte, so die Kalkulation des *spiritus rector* der französischen Politik, jenes Kardinals Mazarin, der seine diplomatische Grundausbildung an der Kurie genossen hatte und dementsprechend mit den Eigentümlichkeiten des Papsthofes bestens vertraut war, zeigte man zugleich, wie weit der Einfluss Frankreichs reichte. Der Papst konnte es nicht wagen, *sollte* es nicht wagen können, Strafmaßnahmen zu erlassen, die der französischen Politik nicht genehm waren. Dergleichen müsste wie ein politisches Fanal wirken: Der Papst ist nicht einmal Herr im eigenen Hause, sprich in Rom.

Innozenz X., ohnehin eine cholerische Natur, war diese Konstellation ein stetes Ärgernis. Sein Verhältnis zum französischen Botschafter an der Kurie gestaltete sich dementsprechend unerfreulich.[44] Doch es nützte alles nichts, solange die Barberini im Exil weilten, konnte man keine wirksamen Maßnahmen gegen sie ergreifen und bot statt dessen Kardinal Mazarin einen Vorwand, sich in die inneren Angelegenheiten des Kirchenstaates einzumischen. Man sann in Rom auf Abhilfe und fand sie in einem spektakulären Heiratsprojekt, einer Verbindung nämlich zwischen der regierenden Papstfamilie und den Barberini. Nach langen Verhandlungen kam es im Sommer 1653 tatsächlich zur Eheschließung zwischen Maffeo Barberini und Olimpia Giustiniani, Tochter des Fürsten Giustiniani und der Maria Pamphili, einer Nichte Papst Innozenz' X. Zur Bekräftigung der Wiedereingliederung in den römischen Hochadel erhielten die Barberini außerdem auch noch einen Kardinalshut. Carlo Barberini, Bruder des Bräutigams, wurde am 23. Juni 1653 ins Heilige Kollegium berufen. Die Zeitgenossen waren nicht wenig beeindruckt von dieser politisch brisantesten aller im 17. Jahrhundert in Rom geschlossenen Ehen. Giacinto Gigli kommentierte sie in seinem Tagebuch folgendermaßen: «Dieser Frieden und diese Verwandtschaft (...) erschienen wie von der Hand Gottes gemacht, so überraschend und unerwartet kamen sie.»[45] Damit lag er nicht ganz richtig, das Moment der Überraschung dürfte eher eifriger diplomatischer Arbeit hinter den Kulissen zuzuschreiben sein und vor allem dem Bemühen aller Beteiligten um einen vernünftigen Interessenausgleich. Doch wer auch immer am Ende für die Aussöhnung zwischen der neuen und der alten Papstfamilie verantwortlich war, von diesem Friedensschluss und der gesellschaftlichen Auferstehung der *casa barberina* profitierten nicht zuletzt ihre Klienten. Gianlorenzo Berninis Stern begann wieder zu steigen, teils aufgrund eigener Tüchtigkeit, teils aufgrund der gewandelten politischen Konstellationen.

Staatsräson im Bild

Nicht mehr allmächtiger Chefimpresario und Favorit unter den Hofkünstlern, aber andererseits auch nicht länger *persona non grata* an der Kurie, vom regierenden Papst mit der Anfertigung einer Porträt-Büste betraut, auf die gleich näher einzugehen sein wird, ohne von ihm mit sonstigen Aufträgen überhäuft zu werden, so stellte sich die Situation Berninis in der zweiten Hälfte des turbulenten Pamphili-Pontifikates dar. Sein Ruhm hatte sich inzwischen in ganz Europa verbreitet, und so ist es nicht weiter verwunderlich, dass immer wieder Anfragen nach Arbeiten des Cavaliere Bernini eintrafen. Von derjenigen des ehrgeizigen Kardinals Cornaro war bereits die Rede. Für den nicht weniger ambitionierten Monsignore Fabio Chigi begann Bernini 1650, dessen Familienkapelle in Santa Maria del Popolo zu restaurieren; was Folgen zeitigen sollte, als Chigi erst 1652 Kardinal, dann, nur drei Jahre später, Papst wurde. Doch davon später. Eine weitere Anfrage kam von Seiten des Francesco I. d'Este (1610–1658), des Herzogs von Modena.

Als Herrscher eines der kleinen norditalienischen Herzogtümer (s. Italienkarte S. 251) sah sich Francesco I. zu einer stets prekären Schaukelpolitik zwischen den europäischen Großmächten Spanien und Frankreich gezwungen, um seine Selbständigkeit zu bewahren. Angesichts vielfältiger politischer und wirtschaftlicher Schwierigkeiten kam es für ihn wie für seine Standesgenossen in Parma und

Mantua darauf an, mit Hilfe kulturellen und künstlerischen Prestiges über die substanzielle Schwäche seiner Position hinwegzutäuschen. Unter diesen Umständen muss die Vorstellung einer Büste von der Hand Berninis auf ihn eine geradezu magische Anziehungskraft ausgeübt haben. Im Jahre 1650 bat er seinen Bruder, den Kardinal Rinaldo d'Este, sich einmal unverbindlich in Rom nach den Konditionen zu erkundigen. Der antwortete in einem aufschlussreichen Brief, dass der berühmte Bernini nur für Freunde oder bedeutende Persönlichkeiten Porträts anfertige und man ihm weder im Hinblick auf das Honorar noch auf den Zeitrahmen für die Arbeit Vorschriften machen könne.[46] Mit dieser uns eher eigenwillig erscheinenden Einstellung zum Thema «Preis-Leistung» zeigte Bernini, in welchem Maße er die Logik der höfischen Gesellschaft verinnerlicht hatte. Kleinliche Rechnungen ausstellen mochte der Kaufmann, der es nötig hatte, auf den Scudo zu achten. Ein Herrscher hingegen stand so unermesslich hoch über den Normalsterblichen, dass der Lohn, den er zu gewähren hatte, der göttlichen Gnade gleich über ihnen niederging, unberechenbar und großartig, jedes vernünftigerweise zu erwartende Maß übersteigend und gerade dadurch von der Souveränität des Herrschers kündend.[47]

Wie sehr Bernini in diesem Punkt seinen bürgerlich rechnenden Kollegen voraus war, zeigt die Reaktion des Alessandro Algardi, bei dem sich der Kardinal d'Este ebenfalls nach den Konditionen für eine Büste erkundigte. Algardi gehörte in den Jahren der Pamphili-Herrschaft zu den gefragtesten Künstlern in der Ewigen Stadt, während der Zeit der Ungnade für Bernini hatte er ihn als Bildhauer ersetzt, wie Borromini in seiner Eigenschaft als Architekt. Die Büsten, die er vom Papst und dessen Angehörigen schuf, lassen keinen Zweifel daran aufkommen, dass Algardi dem zeitweilig ausgestochenen Konkurrenten im Hinblick auf die Virtuosität der Meißelführung kaum nachstand; sehr wohl jedoch, was die Kenntnis der höfischen Mentalität betraf. 150 scudi wolle er mindestens, so seine prosaisch-direkte Antwort, er könne die Arbeit aber auch einem Gehilfen übertragen, dann werde sie um mindestens die Hälfte billiger. Was den Kardinal d'Este und dessen souveränen Bruder verärgert, wenn nicht gar angewidert haben wird – die Büste eines Herrschers zum

Fixpreis, am Ende aus Gründen der Sparsamkeit von Gehilfenhand? Undenkbar! Nie wieder war im Zusammenhang mit der Büste von Alessandro Algardi die Rede, und Bernini bekam den Auftrag. Ein «Geschenk» von 200 scudi war zunächst als Gegenleistung vorgesehen, aber das bot nur den Vorwand, um die herrscherliche Güte des norditalienischen Duodezfürsten umso wirksamer in Szene setzen zu können. Als das Werk nach 14 Monaten und vielen Mühen – Bernini hatte nicht nach der Person, sondern nach gemalten Porträts arbeiten müssen – fertig war, sandte der Fürst dem Künstler zum Dank 3000 scudi – das Zwanzigfache dessen, was sich der biedere Algardi erträumt hatte.

Im Übrigen: sie war diesen Preis wert, die Büste, bei deren meisterhafter Gestaltung Bernini einmal mehr nicht nur als exzellenter Handwerker brillierte, sondern einen entscheidenden Schritt hin zur idealisierten Inszenierung des absolutistischen Staatsgedankens vollzog (Abb. 28). Der Wunsch nach physiognomischer Ähnlichkeit von Porträt und Porträtiertem tritt zurück, besser: wird aufgehoben in der Vorstellung vom buchstäblich verkörperten Herrscherideal. Mit den schwungvoll drapierten marmornen Stoffbahnen wird ein Effekt der Distanzierung vom Betrachter erzielt, die Büste scheint zu schweben, wie den Lehren der Staatstheoretiker dieser Epoche zufolge der gerechte Herrscher über den Untertanen steht, über allen Parteien, gesellschaftlichen Gruppen, ja, dem Gesetz selbst, *legibus absolutus*, «absolut» eben. Gerecht den Untertanen gegenüber, nach Außen hingegen als siegreicher Feldherr triumphierend, so wollten die Fürsten dieser Epoche gesehen werden, und auch die Feldherren-Rolle kommt in Berninis Porträt durch den Brustpanzer des Herzogs zu ihrem Recht. Das wallende Haupthaar schließlich suggeriert eine Jugendlichkeit, die zum Zeitpunkt der Entstehung der Büste – der Herzog zählte damals bereits über 40 Jahre – eine arge Schmeichelei war, jedoch im Kontext der Gesamtaussage berechtigt, um nicht zu sagen unverzichtbar wirkt: Die Dynamik des gerechten und siegreichen Souveräns war kaum jemals zuvor so eindrucksvoll ins Bild gefasst worden wie in dieser Büste.

In Modena war man begeistert, in Rom nicht weniger. Wie schon gesagt, das Verhältnis zwischen dem ohnehin an Kunstfragen nur oberflächlich interessierten Innozenz X. und Bernini war zwar inzwischen entspannt, aber keineswegs herzlich. Doch eine Büste wollte der greise Pontifex nun auch von der Hand dieses ideologisch so hochbegabten Künstlers haben, und so machte sich Bernini 1650 an die Arbeit.[48] Schon bei früheren Büsten für seinen großen Gön-

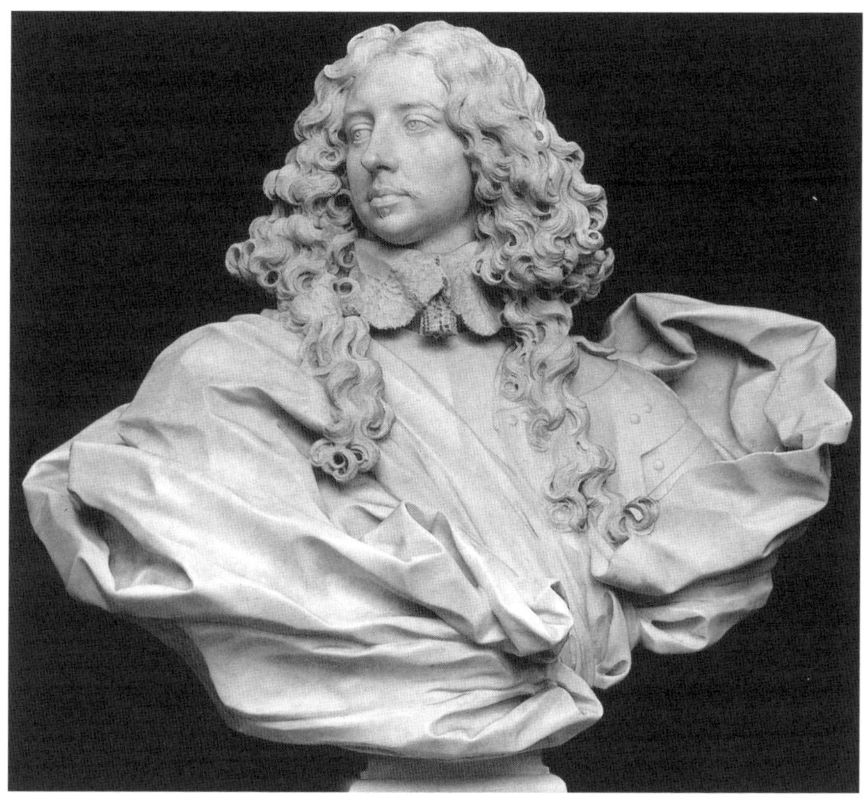

Abb. 28 Büste des Francesco I. d'Este, Galleria Estense, Modena (1650/51)

ner Urban VIII. waren ihm geistreiche Innovationen gelungen, mit deren Hilfe er den Skulpturen einen grundlegend neuen geistigen Gehalt verliehen hatte. Seit den dreißiger Jahren des 17. Jahrhunderts stellte er den Papst in seiner Audienz-, nicht, wie früher durchgängig üblich, in seiner liturgischen Kleidung dar, mit anderen Worten: Nicht mehr der Priester, das geistliche Oberhaupt der katholischen Christenheit bot sich dem Blick des staunenden Betrachters dar, sondern der weltliche Souverän, der Papst als Landesherr des Kirchenstaates.[49]

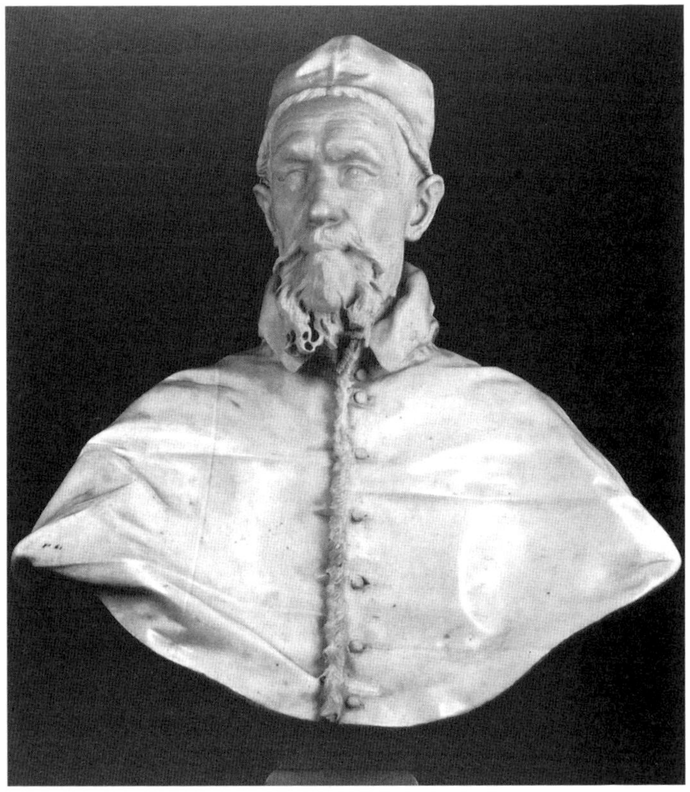

Abb. 29 Büste Innozenz' X., Galleria Doria Pamphili, Rom (1650)

Bei der Büste für Papst Innozenz X. (Abb. 29) ging Bernini nun noch einen kleinen, aber bedeutsamen Schritt weiter: Nicht nur verlieh er dem Porträt eine hieratische Aura, die in ihrer eisigen Distanziertheit geradezu einschüchternd wirkt und in auffälligem Kontrast zum allgemein als ausnehmend hässlich geschilderten physischen

Erscheinungsbild des Pontifex gestanden haben muss. Betrachtet man das Werk genauer, so fällt ein eigenartiges Detail auf: Die *mozzetta*, jenes kleine, hermelingefütterte Schultermäntelchen, das die Päpste als Audienzkleidung trugen, ist auf der rechten Seite des Pontifex in eigenwilliger Weise aufgeworfen, so stark immerhin, dass ihr Saum nach innen, unter den Büstenrand zu verschwinden scheint, wo doch eigentlich der Körper ein physisches Hindernis bieten müsste. Die sich von naturalistisch-exakter Beobachtung abwendende Darstellung erfolgt, wie übrigens kaum jemals bei Bernini, nicht ohne Grund. Sie steht im Dienste einer Aussage, nämlich der idealisierten Herrscherstilisierung nun auch des Papstporträts. Wenn an der Büste des Francesco I. wallende Stoffmassen den Eindruck des souveränen Schwebens hervorrufen, sah sich Bernini beim Papstporträt aufgrund der «Berufskleidung» des Pontifex enormen Schwierigkeiten gegenüber, wollte er einen verwandten Effekt erzielen. Eine *mozzetta* lässt sich nun einmal nicht zum Flattern bringen, schon gar nicht eine solche aus Marmor – es sei denn, mit dem spielerischen Witz des geborenen Ironikers.

Der Papst ist tot, es lebe der Papst!

Es entbehrt nicht melancholischer Ironie, dass die am höchsten greifende skulpturale Inszenierung eines Pontifex als souveräner Herrscher ausgerechnet einem Papst zuteil wurde, dessen Leben als Trauerspiel endete. Seit dem Dezember des Jahres 1654 bettlägerig und an schwerer Wassersucht leidend, musste Innozenz X. bei wachem Bewusstsein die Auflösung seiner Herrschaft miterleben. Jahrelang hatte der Hof vor seinen unberechenbaren Wutausbrüchen gezittert. Nun, da es mit ihm zu Ende ging, verließen ihn alle, die von seiner Herrschaft profitiert hatten. Nicht zuletzt, sondern zuerst seine Schwägerin Donna Olimpia, die «Papessa», die zuvor noch einige Kisten mit Geld aus dem päpstlichen Palast schaffen ließ. Der Quirinalspalast wurde regelrecht geplündert; der sterbende Papst trug im wahrsten Sinne des Wortes sein letztes Hemd und als Decke war ihm eine von der Art geblieben, die man für gewöhnlich in Obdachlosenasylen der Stadt den Ärmsten der Armen gab.[50] Hässliche Szenen spielten sich zwischen seinen Verwandten ab, die sich gegenseitig die Schuld zuschoben für die gereizte Stimmung gegenüber der Familie Pamphili. Als Innozenz X. am 7. Januar 1655 endlich starb, atmete das Volk in Rom auf. Sein trauriges Ende fand noch ein skurriles Nachspiel. Sowohl Donna Olimpia, die «Papessa», als auch ihr Sohn, Fürst Camillo Pamphili, weigerten sich, den Sarg für den Leichnam des Papstes zu zahlen, und erklärten, jeweils der andere sei der alleinige Nutznießer des nunmehr beendeten Pontifikates und solle deswegen die Kosten dafür übernehmen. Am Ende trug man den Leichnam in einem Holzsarg allerbilligster Machart aus dem Palast.

Es folgten die feierlichen Exequien, wie stets schon überschattet von der alles beherrschenden Frage: wer würde der nächste Papst sein? Am 18. Januar 1655 bezogen die 62 zu diesem Zeitpunkt in Rom anwesenden Kardinäle das Konklave, das sich, politisch brisant und intrigenreich, in die Länge ziehen sollte.

Nach inzwischen hinlänglich bekanntem Muster verlief die entscheidende Frontstellung auch im Konklave des Jahres 1655 zwischen der spanischen und der französischen Faktion im Kardinalskollegium. Großen Einfluss besaßen zudem die Kardinäle Francesco und Antonio Barberini als Führer jener Kardinäle, die einst ihr Onkel Urban VIII. kreiert hatte. Wie bereits gut zehn Jahre zuvor, setzten sie alles daran, ihrem langjährigen Vertrauten, Kardinal Giulio Sacchetti, zur Wahl zu verhelfen. Doch wie schon damals scheiterte Sacchetti, trotz seiner diplomatischen Begabung und allgemein anerkannten persönlichen Integrität, am kategorischen Widerstand der spanischen Krone, die, unbeeindruckt von allen Ausgleichsversuchen, ungerührt die Exklusive aussprach. Damit rückte Fabio Chigi ins Zentrum der Aufmerksamkeit, ein langjährig erfahrener Diplomat auch er. Auf dem europäischen Friedenskongress zur Beendigung des Dreißigjährigen Krieges in Münster hatte Chigi als päpstlicher Chefdiplomat mit bemerkenswerter, ihn selbst geradezu traumatisierender Erfolglosigkeit agiert. Es scheint, als habe ihm das in Rom niemand persönlich übel genommen: seine Karriere verlief jedenfalls nach der Rückkehr an den Tiber weiterhin glänzend und erfuhr mit der Berufung zum Staatssekretär und der Verleihung des roten Hutes 1652 eine vorläufige Krönung. Doch Chigi erging es nun mit den Franzosen wie zuvor Sacchetti mit den Spaniern – aus Paris kam das Veto gegen seine Wahl.

Es schien dadurch die Stunde des Kardinals Francesco Angelo Rapaccioli gekommen, Sohn eines Wäschehändlers und lange Zeit eine devote Kreatur der Barberini, an sich aufgrund dieses persönlichen Hintergrundes ein wenig anrüchig; andererseits mit der rücksichtslosen (und gegebenenfalls auch außerordentlich rücksichtsvollen) Umtriebigkeit des Aufsteigers agierend, von grenzenlosem Ehrgeiz getrieben, und nun plötzlich also als Kompromisskandidat in aller Munde. Dessen Chancen zu zerstören war zur Abwechslung einmal nicht die Leistung einer der europäischen Großmächte, sondern diejenige eines einzelnen Kardinals. Bernardino Spada pflegte seit vielen Jahren schon eine auf wechselseitiger Abneigung beruhende Intimfeindschaft zu Rapaccioli.[51] Die Aussicht, seinen Erzfeind auf dem Stuhl Petri zu sehen, begeisterte Spada verständlicherweise nicht im mindesten, und so machte er sich mit Eifer und Geschick an die sorgsame Zerstörung von dessen Reputation. Zu diesem Zweck konnte er auf den Bericht über eine einige Jahre zurückliegende Teufelsaustreibung zurückgreifen, bei der Rapaccioli zugegen gewesen war und eine unter dogmatischen Gesichtspunkten betrachtet eher unglückliche Figur abgegeben hatte. Diesen Bericht kramte Spada nun genüsslich hervor und provozierte dadurch die Frage, ob man sich einen Papst leisten wolle, der in theologischen Fragen zumindest recht seltsame Ansichten vertrat. Der arme Rapaccioli, theologisch wahrlich keine Leuchte – wie im Übrigen viele seiner Kardinalskollegen in dieser Epoche –, mochte noch so sehr darauf bestehen, es handele sich um ein Missverständnis, Spadas Kampagne zeitigte den gewünschten Erfolg. Rapacciolis Kandidatur wurde in aller Stille zu den Akten gelegt.

Damit befand sich das Konklave endgültig an einem toten Punkt. Über ihn hinweg half schließlich der weise Giulio Sacchetti, der in einem Akt heroischer Selbstverleugnung die eigenen Aussichten auf den Stuhl Petri opferte und dadurch den Weg für seinen ehemaligen Schützling Fabio Chigi frei machte. Angesichts der festgefahrenen

Verhandlungen schrieb Sacchetti aus dem Konklave heraus einen Brief an Frankreichs ersten Minister, Kardinal Mazarin, zu dem er seit langem beste Verbindungen unterhielt: Er, Sacchetti, verzichte auf alle weitere Unterstützung und die Wahl zum Papst, Paris möge stattdessen den Widerstand gegen Fabio Chigi aufgeben. Von dem sei jederlei guter Wille zu erwarten im Hinblick auf seine Frankreichpolitik. Sacchettis letzter und größter Freundschaftsdienst für Fabio Chigi erwies sich als nicht vergebens: am 7. April 1655 erfolgte dessen Wahl zum Papst. In Erinnerung an seinen Sieneser Landsmann Alexander III. Bandinelli (1159–1181) nahm er den Namen Alexander VII. an.

Der neue Pontifex kannte und schätzte Bernini seit der Zeit, da sie beide im Dienste Urbans VIII. gestanden hatten, der eine als vielversprechender Nachwuchsdiplomat, der andere als «Chefintendant» der römischen Kunstszene. Im Gegensatz zu seinem Vorgänger war Alexander VII. an Kunst, vor allem Architektur, aufrichtig interessiert. Schon als einfacher Monsignore hatte er sich gerne als Mäzen betätigt, etwa um die altehrwürdige Familienkapelle in Santa Maria del Popolo renovieren zu lassen. Nun boten sich ihm unversehens ganz andere Möglichkeiten auf diesem Gebiet, und so machte er sich vom Beginn seines Pontifikates an daran, der Selbstdarstellung des Papsttums durch aufwendige Bauprojekte neuen Glanz zu verleihen.[52] Die Ewige Stadt sollte in den zwölf Jahren seiner Herrschaft ein letztes Mal zu einer einzigen großen Baustelle werden. Und fast überall hatten es die Arbeiter und Poliere, die Steinmetze und Stuckateure mit Gianlorenzo Bernini als leitendem Architekten zu tun.

Höhe des Lebens? Die Jahre der Herrschaft Alexanders VII. (1655–1667)

Am Hof des Chigi-Papstes

Es sind die Jahre des Alexanderpontifikates, in denen Bernini den Höhepunkt seines Ruhmes erreichte; ob denjenigen seines Lebens schlechthin, sei dahingestellt. Er war nunmehr ein Mann von 60 Jahren, alt mithin nach der Auffassung der Zeit. Seinen rastlos planenden Tätigkeitstrieb im Zaume zu halten war er freilich so unfähig wie je und äußerte in diesen Jahren einem Gesprächspartner gegenüber, dass ihm Ruhe schwerer falle als alles andere – da kämpfe man gegen sich selbst und sein innerstes Naturell.[1] Trauerte er den Zeiten nach, da er mit dem ungebrochenen Optimismus der Jugend, das unbegrenzte Vertrauen Urbans VIII. im Rücken, sich daran machte, eine Welt, seine römische Kunstwelt zu revolutionieren? Der leicht nostalgische Ton, in dem er sich während seines Aufenthaltes am französischen Hofe, auf den noch zurückzukommen sein wird, über das sensible Verständnis seines bedeutendsten Förderers äußerte, legt diese Vermutung nahe;[2] ein endgültiges Urteil ist in dieser Frage nicht möglich. Denn immerhin, rein äußerlich betrachtet, hätte seine Stellung unter Alexander VII. glänzender nicht sein können. Der Papst legte großes Gewicht darauf, ihn regelmäßig bei Tisch zu sehen, unterhielt sich bei diesen Gelegenheiten gerne mit dem geistreichen Künstler und pflegte zu sagen, dass es immer wieder erstaunlich sei, mit welcher Leichtigkeit der Cavaliere Bernini allein durch die Behendigkeit seines Geistes zu Kenntnissen und Erkenntnissen gelange, die anderen kaum nach langjährigen Studien zugänglich seien.[3] Fast wörtlich genauso drückte sich in Paris der Sieur de Chantelou aus: «Sein [Berninis] Geist ist ohne Frage eine seltene Blüte der Natur, denn ohne studiert zu haben, besitzt er die Vorzüge einer wissenschaftlichen Bildung fast uneingeschränkt.»[4] Knapper noch fasste es Kardinal Sforza Pallavicino, einer der engsten Vertrauten des Papstes und dessen erster Biograph, zusammen: Bernini sei nicht nur ein exzellenter Künstler, sondern einfach ein Großer Mann.[5]

Aus solchen Äußerungen geht einmal mehr hervor, wie Berninis Erfolg nicht zum wenigsten auf der intensiven Wirkung seiner Persönlichkeit beruhte, seiner raschen Auffassungsgabe und geistigen Präsenz, die im Verein mit einer ungewöhnlichen formalen Versiertheit die Umwelt stets von Neuem beeindruckte. Im Gegensatz zu vielen anderen bildenden Künstlern hielt sich Bernini zudem das Wort zu Gebote, wovon nicht nur seine von den Zeitgenossen bejubelten Dramen zeugen, sondern ebenso die zahlreichen Bonmots und geistreichen Wortspiele, die in seinen Lebensbeschreibungen überliefert sind. Unerschöpflich sprudelnde künstlerische Phantasie in Verbindung mit dem gesellschaftlichen Schliff eines Berufsdiplomaten: Wahrscheinlich findet sich in der daraus resultierenden Wirksamkeit seines persönlichen Auftretens auch eine der Ursachen für die neidvollen Klagen der zurückgesetzten Kollegen, die sich von der immer etwas unsoliden, immer etwas suspekten brillanten Leichtigkeit, mit der Bernini sie überspielte und in den Hintergrund drängte, zutiefst irritiert fühlten. Wo andere, etwa der ebenfalls hochbegabte Francesco Borromini – um von Geistern minderen Ranges gar nicht zu reden –, in ausdauernd-solider Handwerksarbeit an ihren Entwürfen feilten, bis nach vieler Mühe und ebenso vieler Zeit ein geduldig ausgereiftes Endresultat stand, beließ es Bernini nicht selten bei genialischen Schmierereien, an deren Umsetzung in ausführbare Projekte sich andere, seine Schüler und Mitarbeiter nämlich, abmühen mochten (Abb. 30) – und präsentierte das Ergebnis dann mit einem charmanten Witz, der seine Auftraggeber schlicht entzückte.

Weniger begeistert, wie gesagt, waren oftmals seine Mitarbeiter, denen er, ohne sich darüber auch nur bewusst zu sein, ein hohes Maß an Selbstzurücknahme und nicht selten wohl auch an Selbstbeherrschung abverlangte. So verwundert es nicht, wenn in seiner Werkstatt immer stärker die fleißig-mittelmäßigen Schüler dominierten, zuverlässige Handlanger, nicht mehr. Matthia de' Rossi war allem Anschein nach der wichtigste unter ihnen, des Meisters rechte Hand bei architektonischen Aufträgen. Er sollte Bernini auch auf der

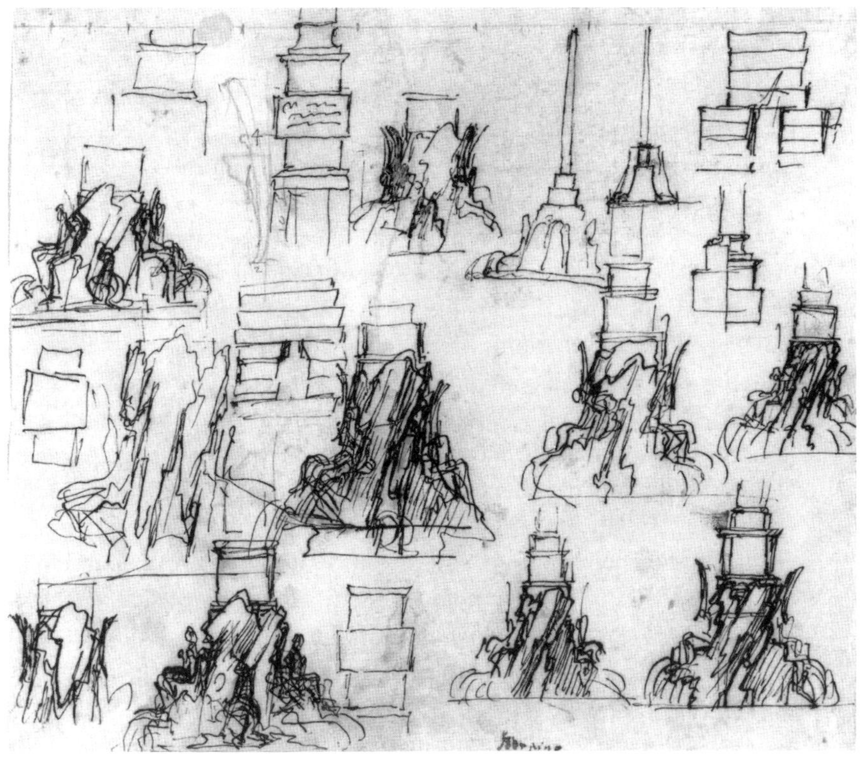

Abb. 30 Entwurfsskizzen zum Vier-Ströme-Brunnen (1647)

Frankreichreise begleiten, wo einige Tagebucheintragungen des Sieur de Chantelou ein aufschlussreiches Licht auf sein bescheiden-liebenswürdiges Naturell werfen, das es ihm gestattete, sich in verständnisvoller Aufmerksamkeit dem Genie unterzuordnen. Ein wenig anders stand es mit Carlo Fontana, ebenfalls häufig von Bernini bei architektonischen Aufträgen beschäftigt, jedoch wesentlich unabhängiger, auch künstlerisch selbständiger. Fontana verdanken wir einige wichtige Bauten des römischen Spätbarock, zwar in vielen Fällen aus dem Geiste Berninis entwickelt, aber keineswegs ausschließlich epigonal.

Der Rest der vielen Mitarbeiter arbeitete in völliger Abhängigkeit von den Weisungen des renommierten Meisters. Und außerhalb von dessen glänzend organisierter Werkstatt schrumpfte in der Zeit des Chigi-Papstes die Zahl der hochrangigen Künstler rapide. Es scheint, als habe sich Berninis ungebrochene Produktivität geradezu lähmend auf die römische Kunstszene ausgewirkt, und er selbst trug zu dieser Wirkung teilweise auch bewusst bei. Seit jeher waren ihm Konkurrenten mit eigenständiger Schaffenskraft zuwider gewesen, und wo sich ihm die Gelegenheit dazu bot, hatte er sie weggebissen. Gelegentlich der Arbeiten an der Vierung von St. Peter sahen wir ein eindrucksvolles Beispiel für die rücksichtslose Energie, die er dabei an den Tag legen konnte. Sein ehemaliger Mitarbeiter Giuliano Finelli war schon vor langer Zeit nach Neapel gegangen, François Duquesnoy starb bereits 1643 auf der Reise nach Paris, Francesco Mochi spielte ebenfalls längst keine Rolle mehr. Alessandro Algardi, jener Bildhauer, der Bernini in den ersten Jahren des Pamphili-Pontifikates ersetzen zu können schien, starb 1654, und 1667 nahm sich Francesco Borromini das Leben. Zwei Jahre später dann verschied mit Pietro da Cortona der letzte Kollege, der sich während des Chigi-Pontifikates neben Bernini hatte behaupten können. Auf der anderen Seite waren junge, talentierte Nachwuchskünstler mit Durchsetzungsvermögen und Originalität Mangelware. Fazit: Nach der Jahrhundertmitte beginnt die römische Kunstszene im Hinblick auf Originalität und Vielfalt auszubluten, bis schließlich nur noch ein einziger, übermächtiger Charakter übrig bleibt. Ob es Bernini selbst bemerkt hat? Es mag ein melancholischer Triumph gewesen sein.

Der Petersplatz

Doch boten die Jahre der Herrschaft Alexanders VII. dem erfolgreichen Künstler kaum Gelegenheit zu nachdenklicher Kontemplation, angesichts der vielfältigen Aufträge von Seiten des Papstes und seiner Familie, die ihn nicht nur in Rom beschäftigten, sondern seine Arbeitskraft sogar mit Werken für ihre Heimatstadt Siena in Anspruch nahmen.[6] Das anspruchsvollste unter den zahlreichen Bauprojekten des neuen Papstes war jedoch die Gestaltung des Petersplatzes (Abb. 31), der bis zu diesem Zeitpunkt einen recht unerfreulichen Anblick bot. Vor der wichtigsten Kirche der katholischen Christenheit befand sich nämlich eigentlich gar keine Platzanlage, sondern lediglich eine unbebaute Fläche, unregelmäßig umgrenzt von älteren Gebäuden. So etwas wie den Mittelpunkt bildete der gewaltige Obelisk, den Sixtus V. Peretti im Jahre 1590 hatte aufrichten lassen, und der stand nun auch noch nicht einmal in der Mittelachse der Fassade, sondern um etwa vier Meter nach Norden verschoben. Die exzentrische Lage des Obelisken stellte ein grundsätzliches Problem dar, die vollkommen unregelmäßige Bebauung der Umgebung ein zweites; ein drittes schließlich die disproportionierte Fassade, die nach dem Scheitern des Glockenturmprojektes auf den Betrachter nach wie vor in unvorteilhafter Weise «geduckt» wirkte: im Verhältnis zur Höhe war sie zu breit. Bernini selbst schilderte das Problem während der Frankreichreise seinem Gesprächspartner Chantelou in folgender Weise: «Unter Paul V. habe man den Fehler gemacht, den Entwurf Michelangelos zu verwerfen und ein Portal zu bauen, das im Verhältnis zu seiner Breite viel zu niedrig ausfiel. Das sei so störend gewesen, dass Urban VIII. und später Innozenz X. sogar mit dem Gedanken umgingen, die Fassade wieder abzutragen. Da aber die Päpste gewöhnlich als alte Männer zum Pontifikat gelangen, konnte sich keiner zu diesem Riesenwerk entschließen, das mit einem Abbruch hätte beginnen müssen.»[7] Und so galt es denn, mit der schwierigen Situation zurechtzukommen.

Zur Lösung der drei grundlegenden Probleme bedurfte es herausragender Fähigkeiten; schon bald nach dem Pontifikatsbeginn Alexanders VII. erhielt Bernini Gelegenheit, sie abermals unter Beweis zu stellen. Unversehens bot sich ihm dadurch zugleich die Chance, die Niederlage seines Lebens, den Abriss des südlichen Campanile, wettzumachen. Und so begannen die Planungen, die einen langwierigen Verlauf nahmen. Dazu trug nicht zuletzt der Umstand bei, dass die gewaltige Bauaufgabe in Zeiten knapper Kassen in Angriff genommen

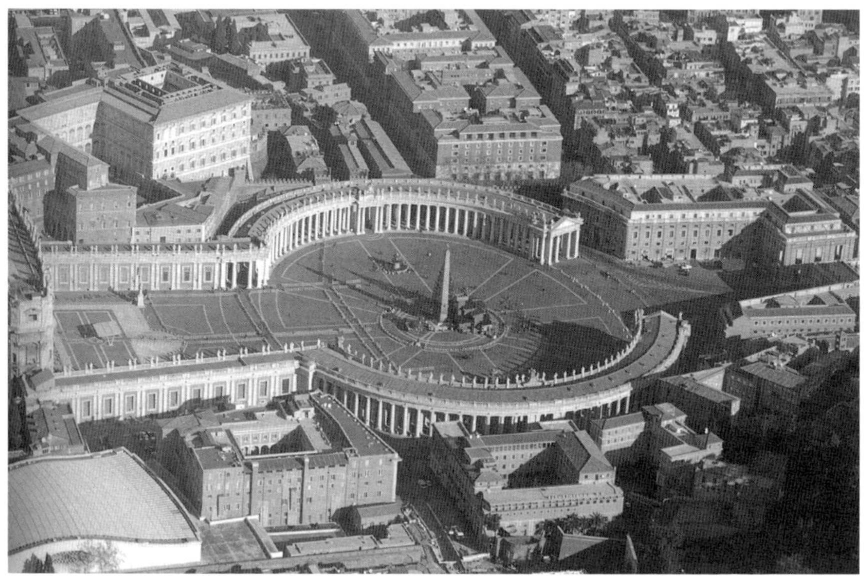

Abb. 31 Petersplatz

wurde, oder, besser gesagt: am Rande des Staatsbankrotts. Seit Beginn des Jahrhunderts war die Schuldenlast in Rom beständig gewachsen. Das lag an einer ganz Italien betreffenden, langfristigen wirtschaftlichen Rezessionsphase, die sich vor allem in kontinuierlich sinkenden Grundrenditen niederschlug. Schädlicher noch wirkten sich freilich in Rom die gewaltigen Kosten des Nepotismus als eines integralen Elements päpstlicher Herrschaftsorganisation aus: Mit jedem neuen Papst musste eine neue Familie wirtschaftlich ausgestattet werden, um mit den Vorgängern im Nepotenstatus und den alten Baronalfamilien wetteifern zu können. Dazu bedurfte es nicht zuletzt, sondern zuallererst, wie bereits des Öfteren gesehen, einer angemessenen Selbstdarstellung. Die überhitzte Kunstkonjunktur wirkte sich langfristig katastrophal auf die Wirtschaftskonjunktur aus. Schon in den Jahren der Herrschaft Urbans VIII. musste ein Großteil der jährlichen Einnahmen des Kirchenstaats für den Zinsendienst aufgewendet werden. Inzwischen hatte sich die Lage weiter verschärft. Das Wort «Schuldenfalle» gab es im 17. Jahrhundert noch nicht, die Sache selbst allerdings sehr wohl. Und angesichts einer so bedrohlichen wirtschaftlichen Situation sollte ein Platz gebaut werden, für dessen Gestaltung zunächst eine Reihe ehrwürdiger Paläste abgerissen (und zuvor gekauft!) werden musste, um dann gewaltige Summen in Baukörper wie Kolonnaden, die keinerlei Einnahmen erbrachten, zu investieren? Ökonomisch gesehen musste das Vorhaben kühl rechnenden Beratern des Papstes geradezu als Wahnsinn erscheinen, und ein weiteres Argument kam hinzu: Was würde man im protestantischen Norden Europas zu einem solchen Akt grandioser Verschwendung sagen? Selbst treue Gefolgsleute des Papstes wie sein wichtigster Berater in Kunstfragen, der Oratorianerpater Virgilio Spada, verschwiegen nicht ihre grundsätzlichen Bedenken.[8]

Doch hat es die Vernunft immer schwer, wenn sie es mit vorbewusst-emotionalen Beweggründen zu tun bekommt. Die Anhänger des Petersplatzes wappneten sich mit Gegenargumenten: gerade angesichts der Wirtschaftskrise sei eine Arbeitsbeschaffungsmaßnahme – sie drückten das selbstverständlich anders aus, meinten aber in der Sache genau dies – von derartigem Ausmaße genau das Richtige! Die notleidenden römischen Steinmetze und Bauarbeiter könnte man auf diese Weise über Jahre hinweg in Lohn und Brot bringen, erfreuliche, wirtschaftsbelebende Nebeneffekte langfristiger Art seien darüber hinaus unbedingt zu erwarten. Wie so oft sollte sich die Hoffnung auf die positiven Auswirkungen staatsdirigistischer Maßnahmen für die Wirtschaft auch in diesem Falle als Illusion erweisen, doch stellte die zweckrationale Argumentation ohnehin nur eine Verbrämung tieferliegender Motive dar, die den Papst mit solcher Zähigkeit auf den Beginn der Bauarbeiten drängen ließen. Zutiefst durchdrungen von der Würde seines Amtes, hatte Alexander VII. in den Jahren seiner diplomatischen Tätigkeit den Bedeutungs- und Prestigeverlust am eigenen Leib erfahren müssen, dem das Papsttum seit längerer Zeit unterworfen war. Umso grandioser gedachte er diesem schleichenden Verfall durch eine spektakuläre Selbstdarstellung im Medium der bildenden Künste zu begegnen, und was konnte dazu geeigneter sein als die Fertigstellung des Gesamtkomplexes von St. Peter?

So machte sich Bernini an die Entwurfsarbeit, die der Papst aufmerksam verfolgte. Formal war für die maßgeblichen Beschlüsse und Genehmigungen die Kardinalskongregation für die Bauhütte von St. Peter zuständig, in welcher der Kardinal Giambattista Palotta, ein erfahrener Diplomat mit einer gewissen Neigung zur Pedanterie und ausführlichen Stellungnahmen,[9] den *advocatus diaboli* spielte und immer wieder die Stimme der ökonomischen Vernunft zu Wort kommen ließ, wie schon angedeutet mit bemerkenswert vollständiger Erfolglosigkeit. Nicht einmal der Vorschlag, auf den Kolonnaden ein zweites Stockwerk mit Wohnungen zu errichten und auf diese Weise ein paar Mieteinnahmen zu erzielen, konnte durchgesetzt werden. Am 20. Mai 1657 trug Alexander VII. nach Durchsicht und Besprechung des jüngsten Entwurfs Berninis in sein Tagebuch die lakonischen Worte ein: «e la concludiamo così», was sich mit «und so machen wir's» übersetzen ließe. Was diese Planung vorsah, zeigt eine Medaille, die wenig später geprägt wurde (Abb. 32). Auf ihr sind die wesentlichen Elemente des Petersplatzes, wie wir ihn heute kennen, deutlich auszumachen, vor allem die Verbindung aus trapezoidaler und ovaler Form. Zwei Unterschiede fallen jedoch ins Auge. Zum einen sind im Bereich des Platzovals noch Doppelsäulen zu sehen, die schon bald zugunsten einer einfachen Säulenstellung aufgegeben wurden, um die Monumentalität der Wirkung zu erhöhen. Zum anderen befindet sich zwischen den beiden ovalen Kolonnadenarmen der sogenannte *terzo braccio*, der «dritte Arm», der den Petersplatz zur davorliegenden Piazza Rusticucci abschließen und nur zwei schmale Durchlässe offen lassen sollte. Dieses Bauelement ist aus Kostengründen nie ausgeführt worden, und zwar mit beträchtlichem Schaden für die dramaturgische Wirkung der Platzanlage, bei deren Konzeption Berninis Talent als Theaterregisseur einen neuerlichen Triumph feierte. Denn der Petersplatz ist nicht nur als solcher ein architektonisches Meisterwerk, sondern dient zugleich als brillant eingebundenes Element der wirkungsvollen Inszenierung des Pilgerweges nach St. Peter. Durch die Anlage der Via della Conciliazione, der unter Mussolini errichteten, breiten, von der Engelsburg auf die Peterskirche führenden Straße, ist die Berninis Konzept zugrunde liegende subtile Beziehungsökonomie der Platzumgebung unwiderruflich zerstört worden.[10] Denn der brachial auftrumpfenden Machtrhetorik einer überbreiten Sichtschneise fiel der Gebäudeblock in der Mitte der heutigen Straße zum Opfer. Statt einer Schnellstraße war es mithin eine ziemlich schmale, dunkle Gasse, der sogenannte Borgo Nuovo, durch den die Besucher sich dem Petersplatz näherten, um erst nach dem Durchschreiten der schmalen Durchlässe zwischen dem *terzo braccio* und den Flügelkolonnaden die Platzanlage in ihrer ganzen überwältigenden Größe wahrzunehmen. Alle architektonische Wirkung beruht auf Verhältnissen und Kontrasten, die reinen Maße als solche sind demgegenüber vergleichsweise irrelevant. Der Gegensatz zwischen dem engen, dunklen und kleinteiligen Borgo Nuovo und dem sich mit einem Schlag eröffnenden Petersplatz in seiner monumentalen Weite und gleichmäßigen Grandiosität wäre von einer Wirksamkeit gewesen, die sich zumindest erahnen lässt, wenn man bedenkt, wie eindrucksvoll sich das teils unvollendete, teils verstümmelte Ensemble immer noch ausnimmt, das sich dem Betrachter heute bietet.

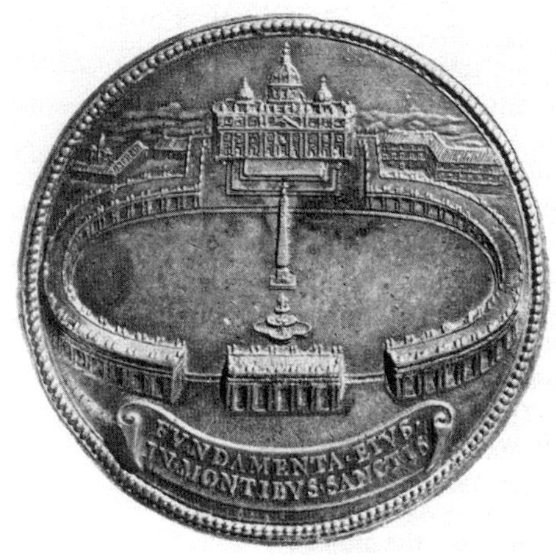

Abb. 32 Petersplatz, Gründungsmedaille (1657)

Und in der Tat: Hätte Gianlorenzo Bernini in seinem Leben nichts anderes entworfen als den Petersplatz, es könnte dennoch kein Zweifel über seinen Rang als einer der bedeutendsten Architekten der Kunstgeschichte bestehen. Denn die scheinbar so simple Anlage, die ihre suggestive Wirkung vor allem aus der monumentalen Schlichtheit bezieht, mit der die beiden geometrischen Grundformen des Rechtecks und des Ovals kombiniert werden, bildet in Wirklichkeit ein überaus komplexes Gebilde aus buchstäblich hunderten virtuoser Kunstgriffe, die in ihrem Zusammenspiel erst den gewünschten, harmonisierenden Effekt erzielen.[11] Keinem Rombesucher würde auffallen, dass der Obelisk auf dem Petersplatz durchaus nicht in dessen Mitte steht, oder dass die Beziehungen zwischen der Peterskirche und ihrem städtischen Umfeld ebenso komplex wie widersprüchlich sind. Selbst die unglücklichen Proportionen der Fassade sind in ihrer Wirkung weitgehend gemildert. Die enormen Kosten, welche die monumentale Gestaltung des Petersplatzes verursachte, und die bereits von den Zeitgenossen so heftig kritisiert wurden,[12] hatten sich gelohnt. Nicht zuletzt für Bernini, der am Orte seiner schwersten Demütigung schließlich doch zu einem Triumph kam, indem er der Peterskirche ihre urbanistische Fassung gab.

Die «Scala regia»

Aufs engste verbunden mit der Gestaltung des Petersplatzes war ein Auftrag, den Bernini erst in der zweiten Hälfte des Chigi-Pontifikates erhielt, so dass wir an dieser Stelle einige Jahre vorgreifen müssen. Doch ist der Umbau der *Scala regia*, der «Königstreppe», mit der Bernini zwischen 1663 und 1666 beschäftigt war, einerseits in gewisser Hinsicht Bestandteil der Platzanlage und andererseits überaus aufschlussreich im Hinblick auf die technische Kunstfertigkeit, über die Bernini als Architekt verfügte.[13] Er selbst bemerkte später zu seinem Sohn mit Blick auf die *Scala regia*, es sei «die gewagteste Operation gewesen, die er je in seinem Leben unternommen habe. Und wenn er sie von jemand anderem in einem Buch beschrieben gefunden hätte, bevor er sie ins Werk setzte, so hätte er es nicht geglaubt.» Seinem französischen Gesprächspartner Chantelou gegenüber äußerte er mit Bezug auf die Treppenanlage im Vatikan das Bonmot: «Wenn man wissen will, was ein großer Mann zu leisten im Stande ist, dann bringe man ihn in Schwierigkeiten.»[14]

Um die Schwierigkeiten, denen sich Bernini gegenübersah, zu verstehen, müssen wir uns kurz die Ausgangsposition vor Augen führen. Die *Scala regia* trug ihren Namen nicht umsonst, stellte sie doch die direkte Verbindung zwischen der Vorhalle der Peterskirche und der *Sala regia*, dem Königssaal im Vatikanischen Palast dar, in welchem der Papst traditionellerweise gekrönte Häupter zur Audienz empfing. Mithin handelte es sich um ein zentrales Element des kurialen Repräsentationsparcours, und zum stillen Grame der Päpste bot die Treppe dem Hausherren ebenso wenig wie den illustren Gästen, die auf ihr emporschritten, einen königlichen Anblick. Ganz im Gegenteil wurde der Mangel an repräsentativen Elementen und die unerfreulich zurückhaltende Ausstattung in der betrüblichsten Weise durch einen Überfluss an störenden Faktoren ergänzt: Lang waren die Treppenläufe und im Verhältnis dazu viel zu eng, es fehlte an Licht, da sich nur an der Stirnseite des Treppenabsatzes Fenster befanden, der Korridor verjüngte sich zudem, was den Eindruck von Enge und Gestrecktheit zusätzlich verstärkte und, als wenn das alles noch nicht genug wäre, fiel diese Verjüngung auch noch ungleichmäßig aus – die von unten gesehen linke Seitenmauer strebte deutlich stärker nach Innen als ihr rechtes Pendant (Abb. 33, Grundriss).

Die an sich nahe liegende Lösung eines Totalabrisses oder zumindest struktureller Umbaumaßnahmen kam jedoch nicht in Frage, da sich die Treppe zwischen Petersdom und Vatikanischem Palast befand und somit bei grundlegenden Eingriffen in die Bausubstanz unweigerlich die *Sala regia* sowie die von Paul III. Farnese (1534–1549) eingerichtete ehrwürdige Cappella Paolina in Mitleidenschaft gezogen worden wären. Die Aufgabe des Architekten bestand also darin, lediglich mit «kosmetischen» Mitteln aus einem langgestreckten, unregelmäßigen, dunklen Raum eine repräsentativ-ausgewogene, regelmäßige, lichte Galerie zu machen, kurz: die Quadratur des Kreises.

Es kann im Folgenden, wie schon im Falle des Petersplatzes, nicht darum gehen, all die großen und kleinen Kunstgriffe vorzuführen, derer sich Bernini bediente, um am Ende der Renovierungsmaßnahmen dem begeisterten Papst ein Ergebnis zu präsentieren, von dessen nobler Wirkung sich noch heute jeder Rombesucher mit eigenen Augen überzeugen kann, wenn er vor dem Posten der Schweizer Garde zu Füßen der *Scala regia* steht (Abb. 34). Von zentraler Bedeutung für die Lösung des Problems sind die Säulenreihen, die Bernini den Wänden vorblendete. Bei ihrer Gestaltung spielte er auf subtile

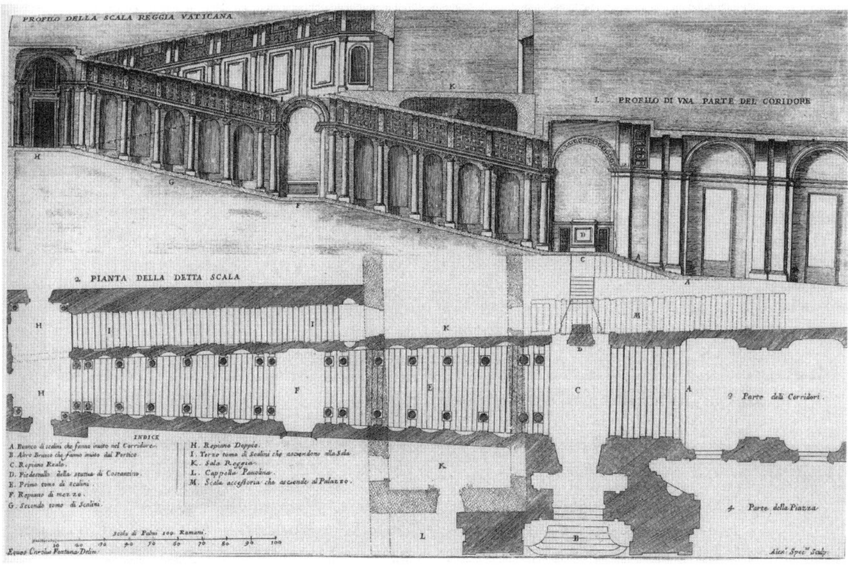

Abb. 33 Grundriss und Aufriss der Scala regia, Rom

Art mit der Wahrnehmungsweise des menschlichen Auges. Zum einen verringerte er in aufsteigender Richtung den Abstand der Säulen zur dahinterliegenden Wand, wodurch beim Betrachter, der lediglich den Raum zwischen den beiden Säulenreihen wahrnimmt, der Eindruck eines gleichmäßig rechteckigen Grundrisses entsteht und der fatalen, raumstreckenden Wirkung der konvergierenden Seitenmauern begegnet wird. Darüber hinaus verändert sich der Abstand zwischen den Säulen sowie deren Größe: Die Interkolumnien nehmen geringfügig an Größe zu, während auch der Durchmesser der Säulen selbst proportional gesehen nach und nach anwächst, was dazu führt, dass das Auge über die tatsächliche, unvorteilhafte Länge

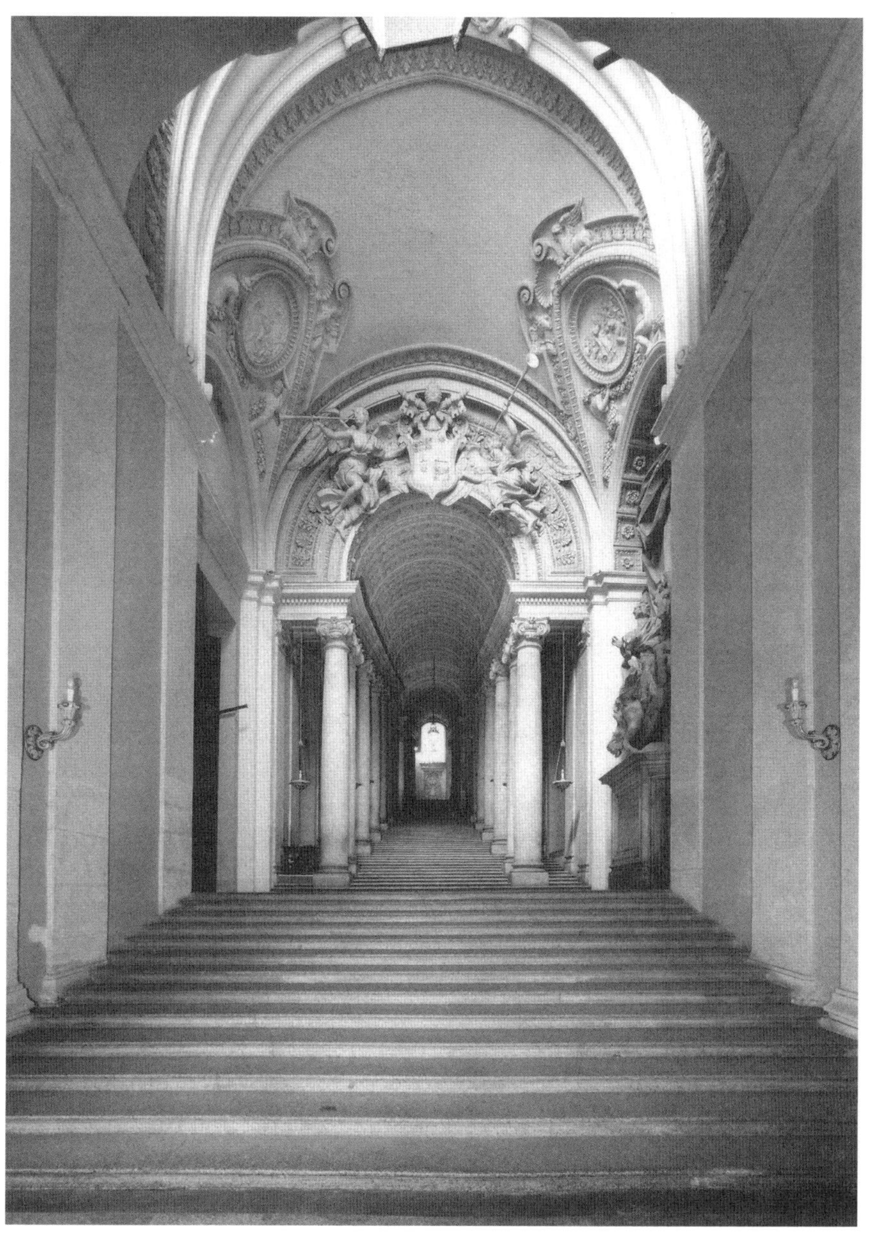

Abb. 34 Scala regia, Rom (1663–1666)

des Treppenaufgangs im Verhältnis zu seiner Breite getäuscht wird. Schließlich erscheint die Treppe auch deswegen ausgewogener als sie tatsächlich ist, weil die sie überwölbende Kassettendecke nach oben hin leicht überproportional ansteigt.

All diese und viele weitere subtile Kunstgriffe kommen so vorsichtig zum Einsatz, dass sie dem unbefangenen Betrachter nicht bewusst werden, denn in diesem Falle würde sich die intendierte Wirkung in ihr genaues Gegenteil verkehren. In ihrer fertigen Gestalt liefert die *Scala regia* ein bravouröses Lehrbeispiel für die Möglichkeiten eines Architekten, seine genaue Kenntnis der menschlichen Sehgewohnheiten im Dienste des beabsichtigten Effektes einzusetzen. Eine reiche Stuckdekoration, deren Mittelpunkt unübersehbar das Wappen des päpstlichen Auftraggebers darstellte, tat ein Übriges, damit Alexander VII. von nun an hochrangige Staatsgäste über einen würdigen Zugang zur Audienz geleitet wusste. Bedauerlich mochte ihm allenfalls erscheinen, dass mit den Arbeiten an dieser Meisterleistung Berninis erst mehr als ein Jahrzehnt zu spät begonnen wurde, um den wichtigsten Besucher beeindrucken zu können, der in den Jahren des Chigi-Pontifikates in Rom eintraf.

Christina von Schweden

Jubelstimmung lag über der Ewigen Stadt, als am 23. Dezember 1655 Königin Christina von Schweden ihren festlichen Einzug hielt. Bei der Tochter Gustav Adolfs von Schweden, des «Löwen aus Mitternacht» und Retters der deutschen Protestanten im Dreißigjährigen Krieg, handelte es sich um eine originelle Persönlichkeit mit eigenen Ideen, deren eine darin bestand, zum Katholizismus zu konvertieren.[15] Diese Entscheidung hatte sie den Thron gekostet und dem Papsttum einen seiner spärlich gesäten Prestigeerfolge im 17. Jahrhundert eingetragen. Nach der Abdankung verließ die Königin ihre kalte Heimat und begab sich zu einer Bildungsreise durch halb Europa, die sie schließlich, pünktlich zum Weihnachtsfest, nach Rom führte. Verständlich, dass es sich Alexander VII. angelegen sein ließ, die majestätische Trophäe im Glaubenskrieg so glanzvoll wie möglich zu empfangen (Abb. 35); und es wird kaum mehr überraschen zu erfahren, dass der Spender dieses Glanzes in künstlerischer Hinsicht vor allem Gianlorenzo Bernini war. Die Kutsche, in der die Königin ihren Einzug in die Ewige Stadt hielt, war nach seinen Entwürfen gestaltet worden, das Tor, durch das sie

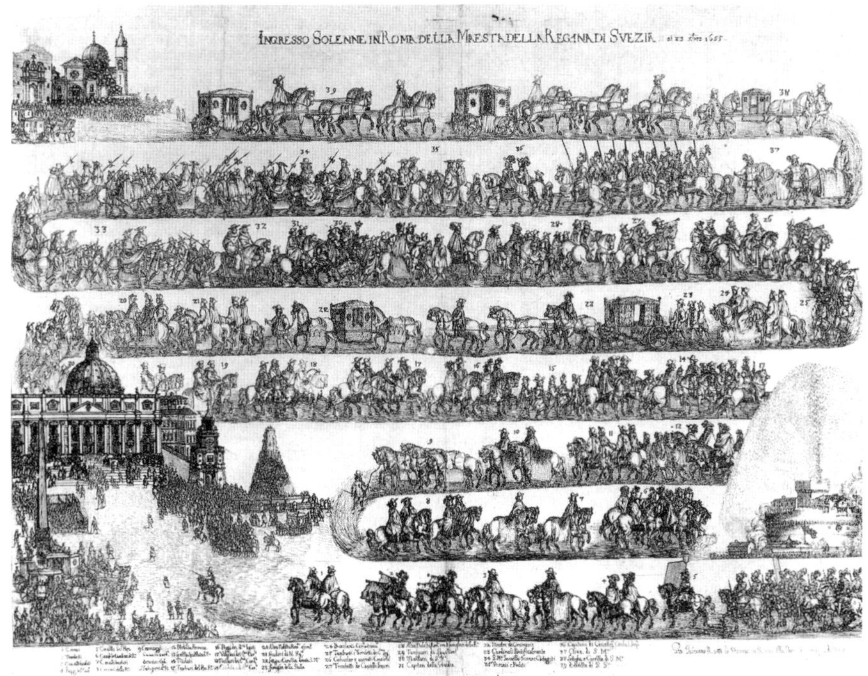

Abb. 35 Einzug Christinas von Schweden in Rom (1655)

in die Stadt gelangte, die Porta del Popolo, nach seinen Plänen dekoriert, die Geschenke, die ihr der Papst im Vatikan verehrte, von ihm entworfen und die Zimmer im päpstlichen Palast, die der Königin zur Verfügung gestellt wurden, auf seine Anweisungen hin ausgestaltet.

Eine Wohnung in den vatikanischen Palästen für eine Frau, das widersprach allen Regeln des päpstlichen Zeremoniells, aber angesichts des Ranges dieses Gastes und seines Wertes in der ideologischen Auseinandersetzung mit den Protestanten war man an der Kurie zu Sonderregelungen bereit. Es sollte nicht bei dieser einen bleiben. Die extravagante Monarchin entwickelte sich nämlich zur personifizierten Extrawurst im Rom dieser Jahre; es steht zu vermuten, dass Alexander VII. so manches Mal die Konversion der Monarchin im Stillen verflucht hat. Unbeeindruckt von der Tatsache, auf ihren Thron verzichtet zu haben, beanspruchte sie weiterhin alle Vorrechte eines regierenden Souveräns für sich, ließ an ihrer Geringschätzung für formale Konventionen in der Religionsausübung keinen Zweifel aufkommen und pflegte einen mitunter recht burschikosen Umgangston. Als sie während einer ihrer zahlreichen Reisen in Paris feststellte, dass einer der *gentilhuomini* ihres Hofstaates politische Geheimnisse verraten hatte, ließ sie ihn kurzerhand umbringen – als Monarchin stand ihr schließlich auch auf exterritorialem Gebiet die oberste Gerichtshoheit zu. Eine Sicht der Dinge, die der Papst nicht uneingeschränkt gelten lassen mochte, ebenso wenig wie ihn die Unterstützung erfreute, welche die Monarchin ihrem Majordomus Francesco Maria Santinelli bei seiner Affäre mit Maria Aldobrandini, Herzogin von Ceri, gewährte. Kurz, das Verhältnis zwischen Papst und Königin verschlechterte sich zunehmend, und der Entfremdungsprozess wäre gewiss noch wesentlich schneller und spektakulärer verlaufen, hätten nicht zwei Männer immer wieder ausgleichend gewirkt.

Der eine von beiden war der Kardinal Decio Azzolini.[16] Aus der Provinzstadt Fermo stammend, hatte Azzolini eine brillante Karriere an der Kurie absolviert, die ihm bereits im Jahre 1654, noch unter Innozenz X., den roten Hut eingetragen hatte. In den folgenden dreieinhalb Jahrzehnten bis zu seinem Tod im Juni 1689 gehörte Azzolini zu den tonangebenden Persönlichkeiten an der Kurie, wobei, wie in zahlreichen anderen Fällen, gerade die politischen und diplomatischen Qualitäten dieses Prälaten seinen erträumten Sprung auf den Stuhl Petri verhinderten. Als Papst erschien Azzolini vielen Herrschern und Staatsmännern zu eigenwillig und eigenständig, und so blieb es bei seiner Rolle als graue Eminenz an der Kurie.

Das enge Verhältnis zur schwedischen Exkönigin kam seinem

Prestige zweifellos zugute. Die beiden pflegten regelmäßigen Gedankenaustausch; befand sich Christina auf Reisen, so wechselten sie lange Briefe. Mit der Zeit wurde ihr Verhältnis so eng, dass immer wieder über eine intime Beziehung zwischen Kardinal und Monarchin spekuliert wurde. Wie auch immer es darum bestellt gewesen sein mag, fest steht, dass die Königin Azzolini in ihrem Testament als Universalerben einsetzte und ihm damit – neben vielen Schulden – eine Kunstsammlung zufiel, die von herausragender Qualität war. Azzolini selbst hatte maßgeblich bei der Anlage dieser Sammlung mitgewirkt, sorgte er doch nicht nur stets aufs Neue für eine Mäßigung der Extravaganzen seines Schützlings, sondern bewährte sich als einer der wichtigsten Berater Christinas in allen Geschmacksfragen.

Neben Azzolini war es niemand anders als Gianlorenzo Bernini, zu dem die Königin ein geradezu freundschaftliches Verhältnis entwickelte.[17] Sogleich nach ihrer Ankunft am Tiber zu Weihnachten 1655 wollte Christina den berühmten Künstler kennen lernen und zeigte sich entzückt über die geistreichen Bonmots und Wortspiele, mit denen Bernini ihr aufwartete. Bis zu seinem Tod blieb der Künstler für die Monarchin tätig, ob als Schöpfer von Kleinkunst, Dekorateur ihrer römischen Wohnungen oder Bühnenbildner des prächtigen Theaters, das sich Christina errichten ließ und das sich zu einem der kulturellen Anziehungspunkte Roms entwickeln sollte. Selbst Bernini fiel es im Übrigen nicht immer leicht, mit den unberechenbaren Launen der Königin zurechtzukommen, besonders nachdem sie den fleißig-bemühten Antiquar Giovanni Pietro Bellori, einen geradezu klassischen Pedanten von kleinlicher Genauigkeit und schlechter Laune, zum Kustoden ihrer Sammlungen ernannt hatte. Belloris Kunstideal rührte aus jener vertrockneten Antiquarsgelehrsamkeit, der jede schöpferisch-organische Auseinandersetzung, Aneignung und Neuinterpretation des antiken Formenrepertoirs schlechterdings wesensfremd und somit zutiefst unsympathisch war. Kein Wunder, wenn er mit den Werken Berninis nicht das Geringste anfangen konnte und mit der Person ihres Schöpfers noch viel weniger. Und ebenso wenig erstaunt es, dass die lebhafte Abneigung auf Gegenseitigkeit beruhte, Bernini seinerseits den geduldigen Gelehrten bei jeder sich bietenden Gelegenheit seine schöpferische Überlegenheit spüren ließ.

Doch mochte die Präsenz Belloris am Hof der Königin für Bernini auch ein Ärgernis darstellen, der Künstler blieb Christina weiterhin verbunden. Während seiner Frankreichreise verkündete er, dass er nur zwei Frauen kenne, die wirklich etwas von Kunst verstünden – die eine der beiden sei die Königin von Schweden.[18] Umgekehrt ließ die Monarchin keine Gelegenheit aus, ihre Wertschätzung für die unvergleichlichen Werke sowie die geistsprühende Persönlichkeit des Cavaliere zu verkünden. Noch nach seinem Tod legte sie einen Beweis für diese Wertschätzung an den Tag, als sie die Anregung zur ersten Lebensbeschreibung Berninis durch Filippo Baldinucci gab.

Die Galleria Colonna

Fast bis zum Ende seines langen Lebens blieb Bernini gefragt bei den Angehörigen der römischen Oberschicht. Doch angesichts seines Rufes und der Vielfalt an Aufgaben blieb es wenigen herausragenden Persönlichkeiten vorbehalten, ihn für anspruchsvolle Projekte gewinnen zu können. Insofern lassen sich Arbeiten von Berninis Hand gewissermaßen als Indikator der sozialen und politischen Stellung im Rom des 17. Jahrhunderts benutzen. Wenn es zum Beispiel dem Principe Lorenzo Onofrio Colonna gelang, den Künstler mit der Neugestaltung der großen Galerie im Familienpalazzo zu beauftragen, so ist dieser Sachverhalt in zweifacher Hinsicht bemerkenswert: unter künstlerischen Aspekten zunächst, und zwar bis heute, denn die Galleria Colonna gehört mit ihrer Länge von 64 Metern, ihren ausgewogenen Proportionen und ihrer überaus prächtigen Ausstattung (Abb. 36) zu den zwar weniger bekannten, aber nichtsdestoweniger herausragenden Sehenswürdigkeiten der Ewigen Stadt.[19] Unübersehbar diente sie als Vorbild für den berühmten Spiegelsaal von Versailles. Darüber hinaus lässt der Galerieneubau allerlei über den Auftraggeber erkennen; Aufschlussreiches nicht zuletzt im Hinblick auf die gesellschaftlichen Strukturen im Rom dieser Epoche.

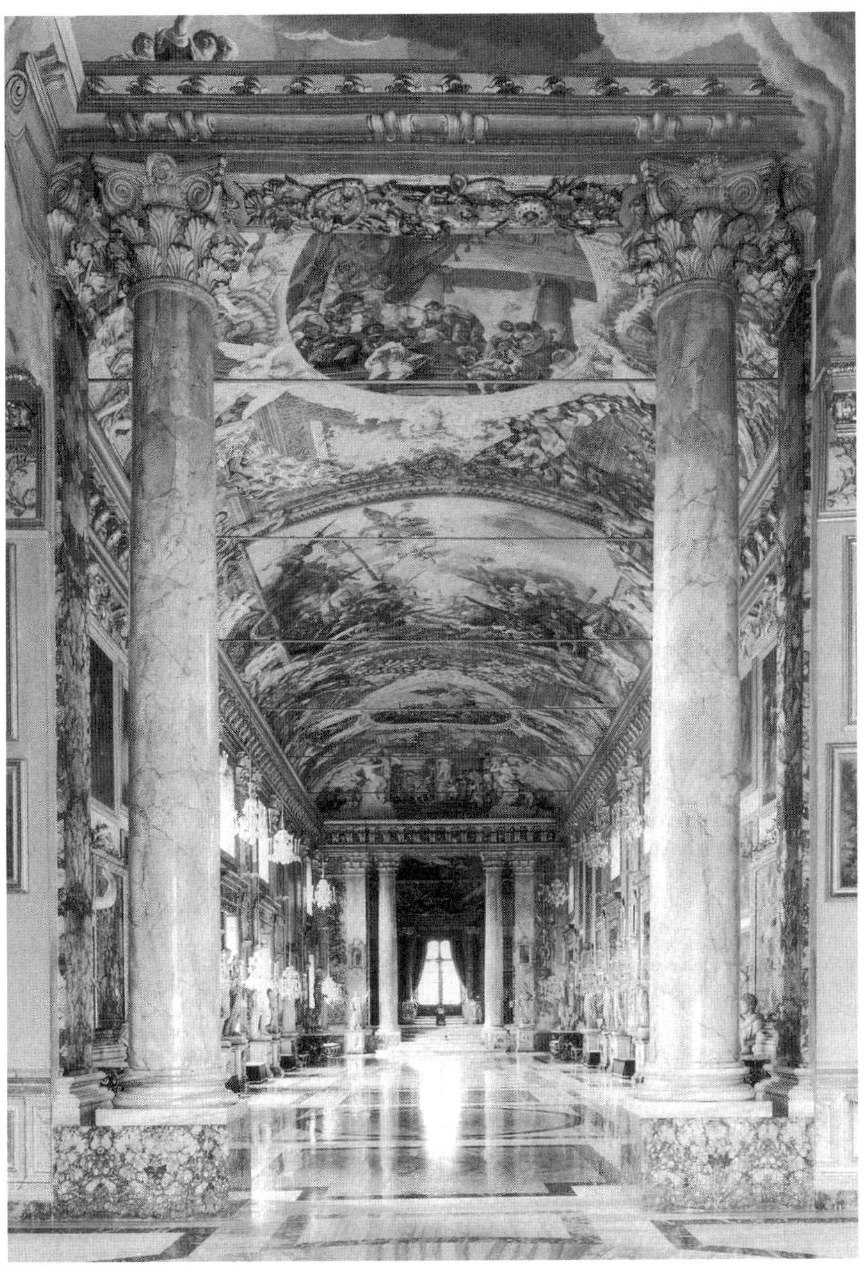

Abb. 36 Galleria Colonna, Palazzo Colonna, Rom

Lorenzo Onofrio Colonna entstammte einer der beiden ältesten und renommiertesten Adelsfamilien am Tiber – neben den Orsini behaupteten die Colonna seit Jahrhunderten eine herausgehobene Position innerhalb der römischen Aristokratie. Des Öfteren schon hatten Angehörige des weitverzweigten Clans den Lebensweg Berninis gekreuzt, Anna Colonna etwa, verheiratet mit dem Papstneffen Taddeo Barberini und ihrem Mann intellektuell weit überlegen, oder Annas Bruder, Kardinal Girolamo Colonna, der einst den roten Hut als «Hochzeitsgeschenk» aus Anlass der Eheschließung seiner Schwester erhalten hatte. Ungeachtet ihres nach wie vor unbestrittenen Sozialprestiges litt die Familie jedoch nicht weniger als ihre altadligen Standesgenossen unter wachsender wirtschaftlicher Auszehrung. Der unaufhörliche Kampf mit immer neuen Nepotengenerationen um Macht und Status wirkte sich auf den alten Adel langfristig ruinös aus, denn dieser Kampf wurde nicht mehr mit dem Schwert, sondern vor allem im Medium einer publikumswirksamen Selbstdarstellung geführt. Doch während die Papstfamilien auf die lange Zeit schier unbegrenzt erscheinenden Ressourcen der Kirche und des Kirchenstaates zurückgreifen konnten, um in eine immer prachtvollere Inszenierung ihres neu gewonnen Status' zu investieren, blieben die Baronalfamilien im Wesentlichen auf die Einkünfte aus ihrem Landbesitz angewiesen. Der mochte noch so umfangreich sein, angesichts von kontinuierlich sinkenden Grundrenditen reichten die Einnahmen nicht aus, um den Prestigewettkampf durchzuhalten, und so sah sich eine Familie nach der anderen genötigt, Stück um Stück aus dem Familienbesitz zu verkaufen: die Caietani, die Savelli, die Orsini und eben auch die Colonna, die es im 17. Jahrhundert besonders bitter traf, als mit Zagarolo und Palestrina die Kernbesitzungen gleich zweier Hauptlinien des Clans an die neureichen Nepoten, einmal die Ludovisi, wenig später dann die Barberini, veräußert werden mussten.

Umso bemerkenswerter dürfte schon den Zeitgenossen die propagandistische Gegenoffensive erschienen sein, die Fürst Lorenzo Onofrio Colonna in den sechziger und siebziger Jahren des 17. Jahrhunderts in Auftrag gab. Verheiratet war der Fürst seit 1661 mit einer Nichte des französischen ersten Ministers und Kardinals Jules Mazarin, Maria Mancini, die in den Jahren ihres Aufenthaltes am Tiber für Furore sorgte. Lebensfroh und unbeschwert brachte die italienischstämmige Französin einen neuen, leichteren Ton in die vornehm zurückhaltenden Kreise der römischen Aristokratie, und in den ersten Jahren der Ehe scheint ihr Gemahl daran ausgesprochenen Gefallen gefunden zu haben. Mit der Zeit überspannte jedoch Maria offenbar den Bogen, jedenfalls trennte sich das Paar 1672, was von der stets klatschbegeisterten römischen Gesellschaft mit ungeheucheltem Interesse verfolgt wurde. Maria Colonna-Mancini verließ wenig später Italien, reiste durch halb Europa und zog schließlich nach Spanien, wo sie ein Kloster von nicht allzu strenger Observanz fand.

Diese unerfreulichen Ereignisse lagen jedoch noch in ferner Zukunft, als dem Colonna-Spross durch seine Heirat nicht nur eine lebenslustige Gemahlin, sondern auch eine gewaltige Mitgift zufiel. Nach einem geradezu typischen Modell wurde der erhebliche gesellschaftliche Rangunterschied, der zwischen dem römischen Hocharistokraten und seiner aus bürgerlichen Kreisen stammenden Gattin bestand, durch deren wirtschaftliche Ausstattung ausgeglichen, und die Colonna verwendeten diese willkommene Finanzspritze in ebenfalls typischer Form: nicht etwa zur Tilgung ihrer beträchtlichen Schuldenberge, sondern zu Investitionen auf dem Prestigesektor. Die Art und Weise, wie sie diese Gegenoffensive in Sachen Selbstdarstellung führten, ist im Übrigen aufschlussreich im Hinblick auf die Eigenheiten der subtil entwickelten römischen Kunst- und Symbolsprache. Denn indem Bernini den Auftrag erhielt, eine in Dimensionen und Ausstattung spektakuläre Galerie zu schaffen, machte er sich an die Einrichtung eines Raumtypus, der bisher in Rom gerade nicht von den alten Aristokraten, sondern vielmehr von den neureichen Sozialaufsteigern aus den Papstfamilien geschätzt wurde.[20] Galerien nahmen viel Platz in Anspruch, und für die nötigen Neu- oder Umbaumaßnahmen hatten wohl die Parvenüs, kaum jedoch die traditionsreichen und finanzschwachen Baronalclans die Mittel. Bei den Colonna war dies nun durch eine glückliche Fügung anders, und sogleich suchte man die Konkurrenz auf ihrem eigenen Propagandaterrain zu schlagen. Unübersehbar ist der Bezug, den Bernini bei der Gestaltung der

Galleria Colonna auf die Galerie im Palazzo Pamphili nahm, in der sich wenige Jahre zuvor die Familie Innozenz' X. hatte feiern lassen. Die Fresken dort hatte kein Geringerer als der große Pietro da Cortona geschaffen, der bereits den Barberini unbezahlbare Verherrlichungsdienste geleistet hatte, und was sie zeigten, passte einmal mehr zu den traditionsbedürftigen Aufsteigern – mit Bildern aus dem Leben des mythologischen Stammvaters der Römer, Aeneas, suchten die Pamphili ihre Familiengeschichte in den unauslotbaren Tiefen der antiken Geschichte zu verankern.

Die Colonna hingegen hatten anderes zu bieten, und das ließen sie in ihrer Galerie mit Nachdruck vorführen. Mochte die formale Ähnlichkeit des Raumes und der Deckengliederung zum Pamphili-Vorbild ins Auge springen, nicht weniger tat es der Unterschied im Hinblick auf die Thematik der Deckenfresken. Denn an Stelle der geistreichen, aber auch unverbindlichen Anspielungen auf mythologische Vorfahren konnten die Colonna mit höchst realen Triumphen einer glanzvollen Familiengeschichte aufwarten. Und so inszenierten die beiden aus Bologna stammenden Maler Giovanni Coli und Filippo Gherardi in den Deckenfresken ein Ereignis, das zum Zeitpunkt des Galeriebaus noch nicht einmal hundert Jahre zurücklag: den Sieg der christlichen Flotte über die Türken bei Lepanto. 1571 hatte kein anderer als der Fürst Marcantonio Colonna, Lorenzo Onofrios Urgroßvater, das päpstliche Flottenkontingent in dieser Seeschlacht geführt. Zwar stellten die päpstlichen Galeeren neben den großen Kontingenten Spaniens und Venedigs nur einen kleinen Teil der Schiffe, und der Oberbefehl hatte seinerzeit auch nicht bei Marcantonio Colonna gelegen, sondern bei Don Juan d'Austria, einem Stiefbruder König Philipps II. von Spanien, aber so genau musste man sich an die historischen Details ja nicht halten – im Palazzo Colonna ist es der berühmte Vorfahr, unter dessen Führung das Abendland bei Lepanto triumphiert (Abb. 37). Den suggestiven architektonischen Rahmen für diesen Triumph hatte Gianlorenzo Bernini in einer Weise geschaffen, die deutlich werden lässt, dass er sich nicht nur auf die Bedürfnisse der neureichen Papstfamilien, sondern ebenso auf diejenigen der alten Baronaleliten verstand.

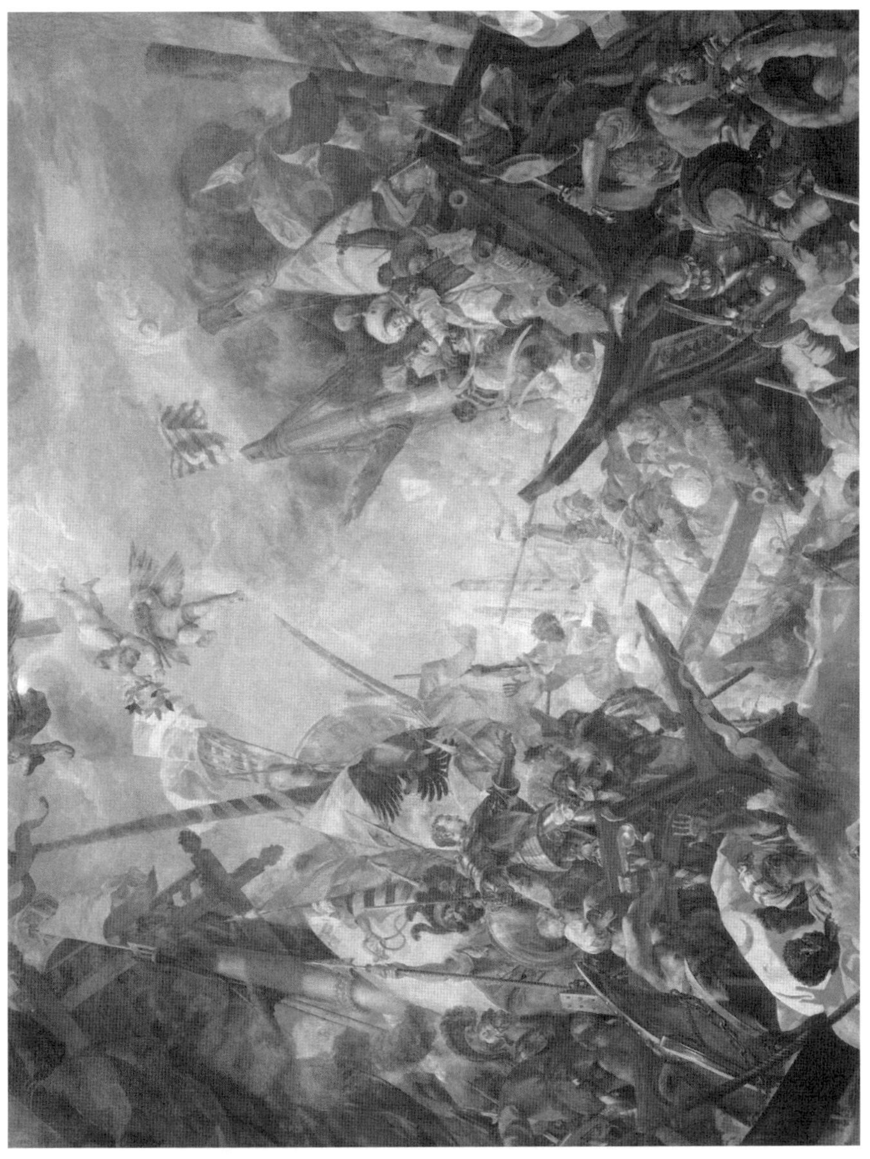

Abb. 37 Galleria Colonna, Deckenfresko, Palazzo Colonna, Rom

Sant' Andrea al Quirinale

Lorenzo Onofrio Colonna war freilich nicht der einzige römische Aristokrat, der sich darum bemühte, auf die Dienste des päpstlichen Stararchitekten zurückgreifen zu können. Fürst Camillo Pamphili etwa, Neffe des verstorbenen Innozenz' X., beabsichtigte, dem Jesuitenorden beträchtliche Summen für dessen Noviziatskirche Sant'Andrea al Quirinale zu spendieren. Ein Neubau dieser kleinen Kirche war schon mehrfach projektiert worden und auch längst überfällig, bisher jedoch immer an widrigen politischen Konstellationen gescheitert.[21] 1658 hatte sich nun der Fürst mit dem regierenden Papst Alexander VII. darauf geeinigt, die Patronage für die Errichtung des Neubaus zu übernehmen, ein Zeichen für das ungewöhnlich gute Verhältnis zwischen dem Pontifex und dem Neffen seines Vorgängers. Auch die Jesuiten als Dritte im Bunde der Planungsinteressierten waren damit einverstanden, dass die Anfertigung der Entwürfe Gianlorenzo Bernini übertragen würden. Bernini schlug zunächst einen fünfeckigen Grundriss vor, der zwar bei den Ordensoberen, nicht jedoch beim Sponsor auf Gegenliebe stieß und daraufhin grundsätzlich überarbeitet wurde. Denn Camillo Pamphili ging es darum, auf dem Quirinal eine dauerhafte Dokumentation der antiken Wurzeln seiner Familie zu inszenieren, und bei dieser Zielvorgabe musste ihm das innovative Fünfeck missfallen. Möglichst deutlicher Antikenbezug war gefragt. Den bot in der wirkungsvollsten Form ein kreisförmiger Grundriss, von allen renommierten Architekturtheoretikern als die schlechthin vollkommene Form gepriesen und in Gestalt des Pantheons als berühmtester aller antiken Architekturreminiszenzen auch noch vor der Haustür präsent.

Nun stellte sich das Problem, dass in der Frage des Grundrisses die Vorstellungen des Bauherren und diejenigen der Jesuiten kollidierten, die aus liturgischen und ikonologischen Gründen für einen Rundbau durchaus nicht zu begeistern waren. Bernini scheint denn auch diese Lösung zu keinem Zeitpunkt ernsthaft in Betracht gezogen zu haben, jedenfalls sind entsprechende Entwürfe nicht vorhanden.[22] Stattdessen entwickelte der Künstler die Lösung des ovalen Grundrisses, der schließlich zur Ausführung kam (Abb. 38): praktisch genug für die Jesuiten, in ausreichendem Maße antikisierend für den Bauherren, zumal Bernini sorgfältig darauf achtete, auch bei der Ausstattung der Kirche die Bezüge zum Pantheon so deutlich wie möglich zu machen.

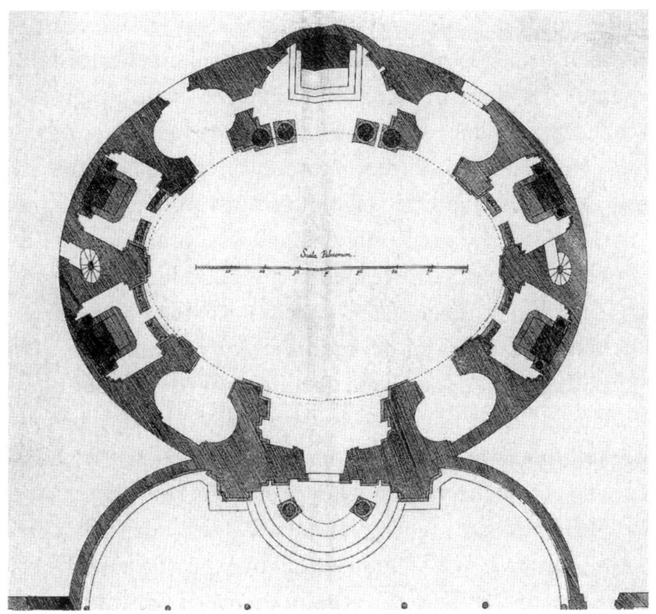

Abb. 38 Sant' Andrea al Quirinale, Grundriss (1658–1672)

Mit dem Motiv der «Antiquitas», dem Hinweis auf antike Wurzeln, war ein Kernpunkt nepotischer Selbstdarstellung und Selbstrechtfertigung bedient; «Magnificentia», Großzügigkeit – als klassische Herrschertugend den sozialen Senkrechtstartern im Grunde ebenso fremd, und gerade deswegen ebenso erstrebenswert wie «Antiquitas» – musste hinzukommen. Don Camillo insistierte zu diesem Zweck auf einer möglichst prachtvollen und offensichtlich teuren Marmorausstattung, die nach Ansicht aller in Kunstfragen ausgewiesenen Autoritäten eine besondere Würde für sich, und mittelbar auch für den Auftraggeber, in Anspruch nehmen konnte. Eine Episode aus dem Jahr 1663 belegt, wie ernst er es mit diesem demonstrativen Zur-Schau-Stellen fürstlicher «Magnificentia» meinte. Bei einem Besuch auf der Baustelle wurde Pamphili darüber informiert, dass die Gesamtkosten für Sant'Andrea sehr viel höher ausfallen würden, als nach den Voranschlägen geplant gewesen war. Der Fürst ließ daraufhin sofort eine Zahlungsanweisung über 1000 scudi ausstellen und ordnete zugleich in demonstrativer Öffentlichkeit an: «Sie müssen tun, was auch immer der Cavaliere Bernini anordnet, und wenn es mich mein gesamtes Vermögen kostet (...).»[23] Ganz so weit kam es am Ende nicht, der Fürst konnte bei seinem frühen Tod im Jahre 1666 den Nachkommen immer noch Besitztümer hinterlassen, von denen die Familie bis heute ihren prächtigen Familienpalazzo an der Via del Corso unterhält. Doch außergewöhnlich waren die Ausgaben für Sant'Andrea durchaus. Die Hausschriftsteller des Fürsten vergaßen in ihren panegyrischen Texten daher nicht, auf die entsprechende Tugend ihres Brotgebers hinzuweisen. Girolamo Brusoni etwa betont in der Einführung zu seiner Sammlung von Lobeshymnen auf Don Camillo die antiken Wurzeln herrscherlicher Bautätigkeit, und wenn Camillo Pamphili auch den antiken Königen und Kaisern vielleicht nachstehe, was den Umfang seines Vermögens betreffe, so doch ganz gewiss nicht im Hinblick auf seine Großzügigkeit, worauf Brusoni seine Aufzählung von durch den Fürsten finanzierten Kirchenbauten mit Sant'Andrea beginnt und damit erkennen lässt, welches Gewicht er gerade dieser Kirche beimaß.[24]

Freilich war nicht allein auf die Lektüre der Bücher Brusonis angewiesen, wer sich über die «Magnificentia» Camillo Pamphilis informieren wollte. Dafür sorgten in breitenwirksamer Weise auch die zahlreichen Wappen und Inschriften, die den Besucher von Sant'Andrea darüber aufklärten, wem die prachtvolle Kirche zu verdanken war.[25] Doch bietet die kleine Kirche auf dem Quirinalshügel nicht nur ein besonders anschauliches Beispiel für die publikumswirksame Inszenierung adliger Selbstdarstellung im religiösen Gewande, die für das Rom dieser Epoche so prägend war. Sie stellt zugleich einen Höhepunkt im Werk Berninis dar, seine wohl bedeutendste Leistung auf dem Gebiet der Sakralarchitektur und ein prägendes Musterbeispiel für die barocke Raumauffassung zudem. Dank des spannungsvollen Spiels von konvexen und konkaven Elementen entwickelt der Bau seine intensive Wirkung auf den Betrachter, der von Berninis sensiblem dramaturgischen Talent zum zentralen Punkt der Inszenierung geleitet wird: dem Altargemälde, die Kreuzigung des Heiligen Andreas darstellend (Abb. 39). Zugleich greift der Ge-

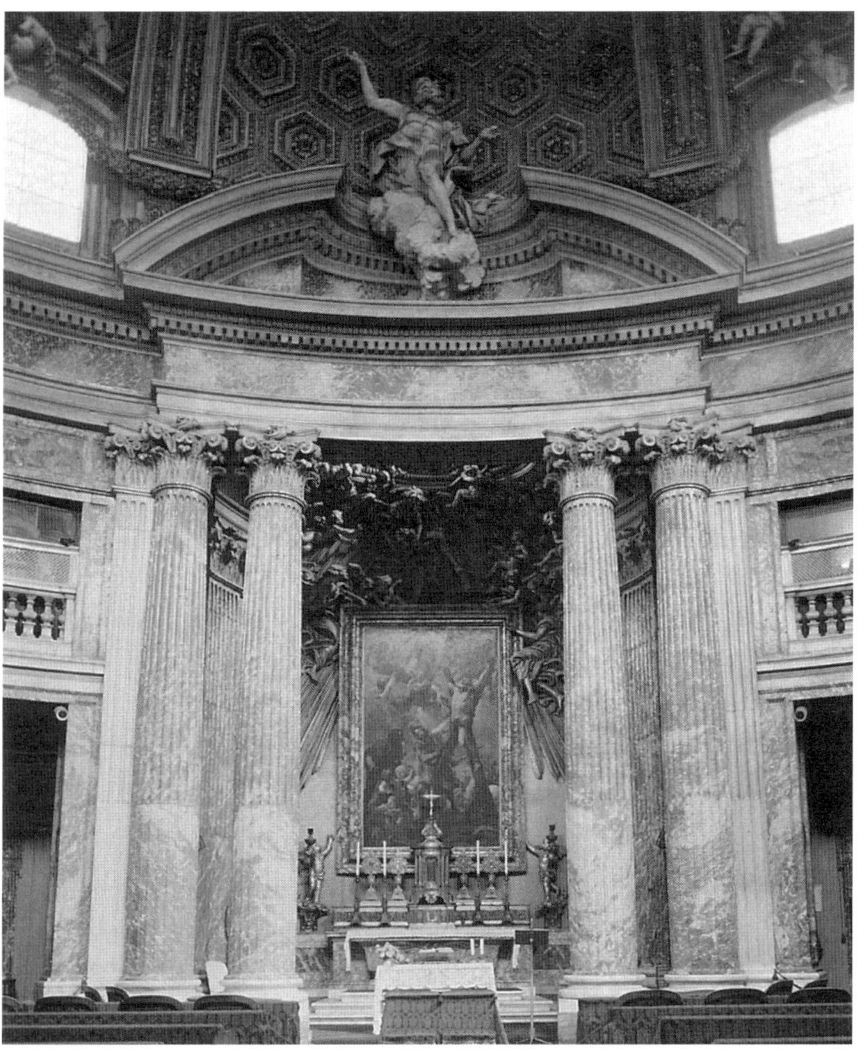

Abb. 39 Sant' Andrea al Quirinale, Hauptaltar, Rom (1658–1670)

bäudegrundriss ebenfalls das Motiv des Andreaskreuzes auf. Durch die technischen Kunstgriffe des Architekten gelingt auch hier, wie schon zuvor in der Cornaro-Kapelle in Santa Maria della Vittoria, ein emblematisches Werk des *bel composto*, in dem die drei Gattungen der bildenden Künste aufs engste zusammenspielen – dank eines Lichtschachtes hinter dem Altar fällt nämlich das Tageslicht in suggestiver Weise auf das Altargemälde und unterstreicht dadurch die herausragende, sinnstiftende Bedeutung dieses Kompositionselementes, das eingebunden ist in einen aufwendigen skulpturalen Rahmen und eine nicht minder kostbare, subtil austarierte architektonische Hülle.

Wenn die Anlage des Petersplatzes den Nachweis erbracht hatte, dass Bernini als Architekt in großen Maßstäben zu planen und zu bauen verstand, so gewährte Sant'Andrea al Quirinale, gewissermaßen als Komplementärstück, Einblick in seine Fähigkeiten, wenn es galt, würdige Größe auf objektiv kleinem Raum zu suggerieren. Keine Frage, dass der einstige Architekturdilettant Bernini inzwischen auch als Baumeister Bedeutung von europäischem Rang erreicht hatte. Wenn der mächtigste Monarch des Kontinents, Frankreichs jugendlich-ehrgeiziger König Ludwig XIV., plante, die Residenz seiner Hauptstadt, den altehrwürdigen Louvre, umzubauen – wer könnte ihm als Architekt wünschenswerter erscheinen als der gefeierte erste Künstler der Päpste?

Die Korsenaffäre

Die Reise, die Gianlorenzo Bernini dann im April des Jahres 1665 an den französischen Königshof antrat, war ein Politikum ersten Ranges; und ihre Vorgeschichte war es nicht weniger. Wie schon sein Vorgänger Urban VIII. wachte Alexander VII. sorgsam darüber, dass der Künstler seine erstaunliche Arbeitskraft ausschließlich im Dienste des Papsttums einsetzte.[26] Allen Versuchen, den Papst zur Freigabe Berninis für eine Reise nach Paris zu bewegen, war kein Erfolg beschieden gewesen, bis es im Jahre 1662 in Rom zu einem diplomatischen Skandal kam.[27]

Was in den Abendstunden des 20. August 1662 auf der Piazza Farnese in Rom geschah, war spektakulär und – zumindest für die Römer – fast alltäglich zugleich. Zwischen Angehörigen des Hofstaates aus dem Palazzo Farnese, über den der französische Botschafter gebot, und korsischen Söldnern im Dienste des Papstes war es zunächst zu einer Prügelei gekommen, die dann schnell eskalierte. Die Soldaten riefen ihre Kameraden herbei, und bald entwickelte sich eine ungeordnete Beschießung des Botschaftssitzes im Palazzo Farnese, dessen massive Architektur von den Musketenschüssen freilich ebenso wenig zu beeindrucken war wie seine Bewohner. Verletzt wurde jedenfalls niemand, bis die Frau des französischen Botschafters, vom Kirchgang zurückkehrend, zwischen die Fronten geriet. Dabei wurde ein Page aus ihrem Gefolge getötet. Auch ein römischer Buchhändler verlor übrigens sein Leben, aber der spielte für die weiteren Ereignisse keine Rolle.

An und für sich war der Vorfall nicht einmal unbedingt von der Art, dass überhaupt von «weiteren Ereignissen» die Rede hätte sein müssen, denn zu gewalttätigen Schlägereien, die mit dem Einsatz von Schusswaffen endeten, kam es im Rom dieser Jahre recht häufig. Der Fall gewann jedoch dadurch an Gewicht, dass der Hofstaat des französischen Botschafters betroffen war und damit, nach zeitgenössischer Auffassung über die persönliche Bindung zwischen *famiglia* und *padrone*, der Botschafter selbst. Bei diesem handelte es sich um den Duc de Créqui, der sich in Rom nach seiner Ankunft binnen kürzester Zeit durch provokative Arroganz eine selbst für französische Botschafter dieser Epoche ungewöhnliche Unbeliebtheit erworben hatte und von Ludwig XIV. für die heikle diplomatische Mission in Rom zweifellos nicht ohne Hintergedanken ausgewählt worden war. Bevor wir untersuchen, wie Créqui und sein König auf die Ereignisse des 20. August reagierten, gilt es deswegen, einen Blick auf die politische Großwetterlage zwischen Rom und Paris zur Zeit der Herrschaft Alexanders VII. zu werfen.

Das Verhältnis zwischen dem jungen, ehrgeizigen Ludwig XIV. und Alexander VII. war schon bei Beginn des Pontifikates schlecht gewesen, und daran sollte sich in den folgenden Jahren nichts ändern. Im Gegenteil: An der Kurie fühlte man sich brüskiert, als die päpstlichen Diplomaten demonstrativ an den Verhandlungen zwischen Frankreich und Spanien nicht beteiligt wurden, die 1659 zum Pyrenäenfrieden führten, mit dem das Ende der spanischen Hegemoniestellung in Europa endgültig besiegelt wurde. Umgekehrt betrachtete man am französischen Hof die Ansprüche des Papsttums auf die traditionelle Rolle eines *padre commune* der katholischen Herrscher Europas mit entsprechend weitreichendem diplomatischen Einfluss inzwischen als Zumutung. Die Situation besserte sich keineswegs, als nach dem Tod Kardinal Mazarins im Jahr 1661 Ludwig XIV. die Leitung der Regierungsgeschäfte in die eigenen Hände nahm.

Vor dem Hintergrund der ohnehin schon seit langem gespannten diplomatischen Beziehungen war man nun in Paris entschlossen, die Korsenaffäre zum Anlass zu nehmen, dem Papst eine gründliche Lektion über seine tatsächlichen politischen Möglichkeiten zu erteilen. Der Duc de Créqui tat unverzüglich sein Bestes, die Angelegenheit aufzubauschen. Um zu unterstreichen, wie bedroht er sich fühle, versicherte er sich der Unterstützung durch die Anhänger der französischen Krone in Rom und ließ bei Angehörigen der Unterschichten Geld verteilen, um im Notfall auf ihre Unterstützung zurückgreifen zu können.[28] Empörten Briefen nach Paris folgte schließlich seine demonstrative Abreise aus der Ewigen Stadt, in der er seines Lebens nicht mehr sicher sei; was ihn freilich nicht davon abhielt, zuvor noch einen formvollendeten Abschiedsbesuch bei der Fürstin Borghese zu absolvieren.

Bereits am 30. August 1662 sandte Ludwig XIV. ein in ungewöhnlich scharfem Ton gehaltenes Schreiben an den Papst, dem wenig später ein ganzer Katalog von Satisfaktionsforderungen folgte. Unübersehbar ging es dabei um eine demonstrative politische Demütigung des Pontifex: Unter anderem sollte der amtierende *governatore di Roma*, Kardinal Lorenzo Imperiali, in dem man in Paris den Drahtzieher der Korsenaffäre sah, nicht nur aus seinen Ämtern entlassen, sondern auch aus Rom verbannt werden, ja, ihm sollte sogar die Kardinalswürde aberkannt werden, was einen historisch einmaligen Fall dargestellt hätte. Der Bruder des Papstes und weltliche Nepot Don Mario Chigi sollte ebenfalls seine Ämter verlieren und für sechs Jahre ins Exil nach Siena geschickt werden.[29] Die Korsengarde sei zu entlassen, 50 Soldaten sowie das gesamte Offizierskorps hinzurichten. Des Weiteren wurde verlangt, einen päpstlichen Legaten nach Paris zu entsenden, der offiziell um Entschuldigung zu bitten hatte. Schließlich sollte in Rom eine Pyramide errichtet werden, die «für ewige Zeiten» an die Ereignisse des 20. August erinnern würde. In ihrer Gesamtheit zielten die französischen Forderungen darauf ab, die Autorität des Papstes in seiner Eigenschaft als Landesherr des Kirchenstaates fundamental zu erschüttern.

In Rom reagierte man empört. Dem Bericht des venezianischen Botschafters Pietro Basadonna zufolge erweckten die Klagen des Papstes über die maßlosen französischen Forderungen den Eindruck, Alexander VII. scheine eher Genugtuung zu erwarten als sie gewähren zu wollen. In erprobter Weise versuchte die Kurie auf Zeit zu spielen. Eine eigene Kardinalskongregation unter Vorsitz des frankophilen Kardinals Giulio Sacchetti wurde mit der Ausarbeitung diplomatischer Lösungsvorschläge beauftragt. Sacchetti bemühte sich in der Folgezeit redlich, den Konflikt zu entschärfen, indem er der Korrespondenz mit den Franzosen einen möglichst entgegenkommenden Ton zu geben suchte.

Schon sehr bald stellt sich jedoch heraus, dass Ludwig XIV. nicht gesonnen war, sich auf Kompromisse einzulassen, und auch nicht davor zurückschreckte, mit einer militärischen Intervention zu drohen. Unter diesen Umständen wurde die Situation Alexanders VII. immer bedrohlicher. In Frankreich stand ein Heer von etwa 20 000 Mann bereit, das ohne Widerstand die oberitalienischen Territorien würde durchqueren können; die französische Diplomatie hatte bereits dafür gesorgt, für etwaige Truppenbewegungen das Durchzugsrecht durch Mailand, Venedig und die Toskana zu erhalten. Die Suche des Papstes nach Bundesgenossen hatte keinerlei konkretes Ergebnis gezeitigt, und der wirtschaftlich erschöpfte Kirchenstaat allein war nicht entfernt in der Lage, den französischen Truppen ernsthaften Widerstand zu leisten. Dennoch sollte noch über ein halbes Jahr vergehen, in dem die Kurie sich bemühte, den Konflikt durch die bewährte Verschleppungstaktik zu lösen, ehe Ludwig XIV. am 4. Januar 1664 dem Papst ein Ultimatum stellte. Man sei nicht gesonnen, sich noch länger hinhalten zu lassen: sobald das Wetter es gestatte, würden die französischen Truppen in Marsch gesetzt. Bis zum 15. Februar sei noch Zeit für die Vertreter des Papstes, die «ausgehandelten» Bedingungen zu unterschreiben.

So sah man sich in Rom gezwungen, am 12. Februar 1664 den Vertrag von Pisa zu unterzeichnen, in dem die wesentlichen Forderungen der französischen Krone erfüllt wurden.[30] Tatsächlich handelte es sich eher um ein Diktat. Das einzige Entgegenkommen, das der päpstliche Delegationsleiter Cesare Rasponi hatte erreichen können, war die Zusage der Franzosen, nach Erfüllung aller Bedingungen durch den Papst die Exklave Avignon wieder zurückzuerstatten, wobei der Papst freilich eine umfassende Amnestie für alle während der französischen Besetzung vorgekommenen Straftaten zu gewähren hatte. Besonders musste Alexander, der so viel Sinn für die Bedeutung architektonischer Gesten hatte, schmerzen, dass die Errichtung einer Pyramide zur «ewigen» Erinnerung an die Vorfälle des 20. August 1662 festgeschrieben wurde – ein weithin sichtbares Zeichen für den Macht- und Prestigeverlust, den das Papsttum im 17. Jahrhundert erlitten hatte.[31]

Noch demütigender dürfte freilich ein anderes Zugeständnis an die Franzosen gewesen sein, das im Vertragstext zwar keinen Niederschlag gefunden hat, über das wir jedoch durch Domenico Berninis Biographie seines Vaters informiert sind. Darin wird auch von der Korsenaffäre berichtet, wenngleich in knapper und recht oberflächlicher Form, denn «es ist nicht unsere Absicht, die Ereignisse zu beschreiben, an die ja die Erinnerung nur allzu wach ist».[32] Im Hinblick auf den Vertrag von Pisa jedoch weiß Domenico Bernini zu berichten, dass er ein streng geheimes Zusatzprotokoll enthielt, «in dem der Papst zusicherte, dem Cavaliere Bernini die Erlaubnis zu erteilen, für wenigstens drei Monate in den Dienst Seiner Majestät in Frankreich zu treten». Im Rahmen des offiziellen Entschuldigungsbesuches, den der Kardinalnepot Flavio Chigi im Sommer 1664 zu absolvieren hatte, legte Ludwig XIV. besonderes Gewicht darauf, diese Zusage aus dem Munde des Papstneffen bestätigt zu bekommen. Wenig später traf in Rom ein Brief Jean-Baptiste Colberts ein, in dem dieser Bernini um Entwürfe für den Louvre-Umbau bat. Domenico Bernini vergisst nicht, darauf hinzuweisen, dass sein Vater zu diesem Zeitpunkt mit einer Vielzahl von Aufträgen des Papstes beschäftigt gewesen sei. Ludwig XIV. ließ sich zudem die Gelegenheit zu einer weiteren Provokation des Papstes nicht entgehen, indem er die offizielle Bitte um Freigabe des Künstlers erst eine Woche später schrieb als die Einladung an Bernini selbst.[33] Es muss Alexander VII. unter solchen Umständen große Überwindung gekostet haben, die Erlaubnis zu dieser Reise zu geben. Doch angesichts der politischen Entwicklung blieb dem Papst nichts anderes übrig, als den Künstler ziehen zu lassen. Zweifellos stellt Berninis Frankreichreise aus dieser Perspektive nicht weniger dar als einen Meilenstein auf dem langen Weg des Papsttums in die politische Bedeutungslosigkeit.

Die Frankreichreise

So reiste denn der Favorit des Papstes 1665 in triumphalem Zuge nach Frankreich, wo er von Ludwig XIV. mit Ehrungen, wie sie kaum je zuvor einem Künstler zuteil geworden waren, empfangen wurde.[34] Die folgenden Monate – auf drei sollte Berninis Aufenthalt beschränkt bleiben, es wurden aber sechs daraus – standen allerdings im Zeichen einer wachsenden Distanz zwischen dem römischen Künstlerstar und seiner französischen Umwelt, die sich von dem selbstbewusst-exzentrischen Verhalten Berninis erst irritiert, dann zunehmend verärgert zeigte. Wie schon zuvor erwähnt, sind wir über den Parisaufenthalt Berninis durch eine unschätzbare Quelle bis in die Details informiert, durch jenes Tagebuch nämlich, das sein intelligenter und scharfsichtiger Begleiter, Paul Fréart de Chantelou, geführt hat. Aus diesen Aufzeichnungen spricht immer wieder das Unverständnis zwischen Bernini und seinen französischen Gesprächspartnern. Als ein Beispiel von vielen sei eine Szene erwähnt, die sich abspielte, während Bernini in Anwesenheit des Königs an dessen marmorner Porträtbüste arbeitete: «Als Herr von Créqui dazwischentrat und dem König etwas ins Ohr flüsterte, tadelte der Cavaliere (Bernini) in scherzhaftem Ton: ‹Die hohen Herren haben den König den ganzen Tag nach ihrem Belieben und wollen ihn mir nicht einmal eine halbe Stunde lassen. Ich bin versucht, von einem der Herren eine Karikatur zu machen.› Niemand verstand, was gemeint war, und ich erlaubte mir, den König aufzuklären, Karikaturen seien Porträts, deren Ähnlichkeit im Hässlichen und Lächerlichen bestehe».[35]

In Frankreich dem Hochadel unbekannt, hatte die Karikatur zur selben Zeit in Rom großen Erfolg, gerade bei den Angehörigen der Oberschicht. Sie gehörte zu Berninis Spezialitäten und lässt einiges über seine soziale Stellung deutlich werden. Denn die Karikatur ist nicht nur eine Kunstgattung, sondern zugleich eine soziale Waffe, und als solche wurde sie von Bernini auch ganz ausdrücklich und bewusst benutzt. Im Lächerlich-Machen des Karikierten drückt sich nicht zuletzt der Verlust von gesellschaftlicher Distanz aus. Ein Angehöriger der sozialen Oberschicht ist in der Karikatur nicht mehr eine gesellschaftlich weit über dem Künstler stehende Person, sondern wirkt nur noch lächerlich. Es spricht für die Position, die Bernini in Rom erlangt hatte, dass er nicht nur Karikaturen von Adligen anfertigte, sondern dies offensichtlich nicht einmal hinter ihrem Rücken tat. Sein Sohn Domenico jedenfalls berichtet in der Biographie des Vaters, dessen Karikaturen seien auch von «Prencipi, e personaggi grandi» bewundert und belacht worden wegen der aus ihnen sprechenden Fähigkeiten des Künstlers.[36]

Anders lagen die Dinge in Paris, wo das Verhalten Berninis generell in wachsendem Maße Befremden erregte. Seine Neigung, kein Blatt vor den Mund zu nehmen, reizte mitunter sogar den ihm von Herzen zugetanen Chantelou zum Widerspruch, wie wir aus seinen Aufzeichnungen von einer Unterredung am 22. Juli erfahren, in der Bernini mitteilte: «Als er jung gewesen sei, habe Herr von Béthune[37] ihn verschiedentlich für Frankreich gewinnen wollen mit den vorteilhaftesten Angeboten und dem Versprechen einer königlichen Pension. Nach reiflicher Überlegung sei er zur Abreise so gut wie entschlossen gewesen, als ihm Urban VIII., damals noch Kardinal Barberini, den Plan ausgeredet habe: er kenne den französischen Hof. Man stürzt sich, so der Kardinal, mit Begeisterung in alles hinein, aber verlassen dürfe man sich nicht darauf, es sei alles Strohfeuer. Ein oder zwei Jahre werde der Cavaliere verwöhnt und verehrt, dann schaue sich kein Mensch mehr nach ihm um. Außerdem müsste der Cavaliere seine Schule im Stich lassen und käme in eine Stadt, wo ihn niemand kenne und keiner mit seinen Werken rechne. Wer sich am besten auf Intrigen und Kabalen versteht, bleibe in Frankreich stets der Meister, wenn er auch als Künstler noch so kümmerlich und stümperhaft sei. Heute mache der Cavaliere seine Erfahrungen selbst und finde bestätigt, was der Papst ihm damals gesagt habe. Ich widersprach, dass sich vieles geändert habe.»[38] Bei einem Ausflug bemerkte der Italiener über das sich bietende Panorama der französischen Hauptstadt: «Von dieser Höhe herab sei Paris nichts weiter als ein Haufen Schornsteine. Es sehe aus wie Krempelkram. Da biete Rom doch ein anderes Bild.»[39] Kein Wunder, dass angesichts von derartig unverblümter Fundamentalkritik empfindlichere Angehörige des französischen Hofstaates verärgert reagierten. Als Chantelou gegenüber dem französischen ersten Minister Colbert, in dessen Zuständigkeitsbereich auch der Louvreumbau fiel, bemerkte, dass Bernini «immer so reizende Anekdoten zu erzählen wisse. Da nehme er wahrhaftig kein Blatt vor den Mund», antwortete Colbert zurückhaltend: «Das wäre schon recht, wenn er nur andere Leute etwas mehr dabei schonen wollte.»[40]

Zwischen den bissig-boshaften Bemerkungen über Kollegen und Gastgeber, aus denen das stolze Selbstbewusstsein des arrivierten Meisters spricht, finden sich in Chantelous Bericht immer wieder Passagen, in denen die depressive Seite des Künstlertemperamentes aufleuchtet, Äußerungen der Müdigkeit, der Skepsis, der Unzufriedenheit mit der eigenen Arbeit, die viel zu eigenwillig gemischt sind mit Elementen des Stolzes, als dass man sie als simple Koketterie abtun könnte. Nehmen wir zum Beispiel ein Gespräch Berninis mit Robert Nanteuil,[41] einem der französischen Künstlerkollegen: «Nanteuil fand den Cavaliere etwas abgespannt. Der Cavaliere antwortete, gegen Abend sei er es immer, teils durch die körperliche Arbeit und mehr noch durch die geistige. Ein geistig arbeitender Mensch könne niemals mit sich ins Reine kommen, denn kein Werk entspricht dem Adel seiner Idee. Wenn er morgens an die Arbeit gehe, sei er voller Hoffnung, seine Gedanken technisch ausdrücken zu können. Abends dagegen sehe er ein, dass er sich geirrt habe, und durch die körperliche Arbeit des Tages sei er schließlich erschöpft. Nanteuil antwortete, an zwei Dingen könne sich der Genius aufrichten, dem Adel der eigenen Idee und den Fehlern, die er an den Kunstwerken der anderen sehen könne, über die er emporragt. Wenn ihn das eine nicht befriedige, tue es das andere. Der Cavaliere antwortete, dass einen im Gegensatz zu den schlechten Werken die guten häufig kränken.»[42] Eine aufschlussreiche Passage im Hinblick auf die quälenden Selbstzweifel, die in Berninis Seele zusammen mit dem oft hochmütigen Selbstbewusstsein eine widerspruchsvolle Existenz führten. Nicht weniger bezeichnend ist die Äußerung freilich, was grundsätzliche Mentalitätsunterschiede zwischen dem Genie und dem biederen Handwerker angeht. Dieweil der brave Nanteuil seine Freude an den Fehlern der Kollegen findet, interessieren Bernini die Schwächen der Mittelmäßigen, denen er sich ohnehin turmhoch überlegen weiß, nicht im Geringsten. Er nimmt ohnehin nur die herausragende Leistung wirklich zur Kenntnis, und zwar bemerkenswerterweise als Irritation. Die Erinnerung daran, dass auch andere Künstler Wertvolles schaffen, war Bernini stets unangenehm. Ein nicht seltener Fall von Artistenegozentrik – «lebt man denn, wenn andere leben»?

Währenddessen zogen sich die Planungen und Beratungen für den Louvreumbau, der eigentliche Grund für die Anwesenheit Berninis an der Seine, in die Länge. Das Verhältnis zwischen Colbert und dem italienischen Gast verschlechterte sich denn auch ebenso kontinuierlich wie rapide. Gegen Ende seines Aufenthaltes, als sich immer deutlicher abzeichnete, dass die Bauarbeiten kaum Fortschritte machten und das Interesse an der Ausführung von Berninis Plänen nurmehr gespielt wurde, berichtet Chantelou von einem unvermittelten Wutausbruch des entnervten Künstlers: «Nachdem ich mit ihm allein geblieben war, schloss der Cavaliere die Türen und sagte mir im Zorn, er wolle abreisen, denn man mache sich lustig über ihn, Monsieur Colbert behandle ihn wie einen kleinen Jungen. Mit langen und zwecklosen Diskussionen über Aborte und Wasserleitungen verschwende er die endlosen Konferenzen. Monsieur Colbert wolle den Fachmann spielen und habe vom Bauen keine Ahnung.»[43]

Am härtesten traf es jedoch seine französischen Künstlerkollegen, über die sich Bernini durch die Bank weg abschätzig äußerte, wobei er mitunter auch vor direkten Beleidigungen nicht zurückschreckte. In einem Gespräch über Berninis Louvre-Entwürfe beging der Intendant Charles Perrault, Bruder des Architekten Claude Perrault, die Unvorsichtigkeit, leise Kritik anzudeuten. Er sollte es rasch bereuen. Bernini schickte zunächst zwei Gehilfen aus dem Raum. Was dann passierte, schildert der verständlicherweise erschrockene Chantelou mit eindrucksvoller Anschaulichkeit: Perrault, so der wutschnaubende Bernini, habe ihm gar nichts zu sagen. «In praktischen Fragen lasse ich mich gerne belehren, aber auf künstlerischem Gebiet müsste schon ein Größerer kommen als ich selbst (er schlug sich an die Brust), wenn er mich korrigieren wollte. In diesem Punkt sind Sie nicht würdig, mir die Schuhriemen zu lösen. Zwischen mir und Ihnen handelt sich's gar nicht um künstlerische Fragen.» Er werde sich eine solche unverschämte Behandlung nicht bieten lassen, morgen gehe er zum Minister Colbert, um sich zu beschweren. Perraults entsetzter Einwand, es habe ihm ferngelegen, den Meister beleidigen zu wollen, nützte ebenso wenig wie Chantelous Bemühen, die Situation zu entspannen. Im Gegenteil, der Wutanfall steigerte sich zum Paroxysmus: «Wütend lief Bernini ins Nebenzimmer, drohte bald mit Herrn Colbert, bald mit dem Nuntius (…). ‹Einen Mann wie mich so zu behandeln, dem der Papst Freundschaft und Achtung zollt!›, schrie der Cavaliere nebenan. ‹Nein, ich beklage mich beim König. Und wenn's mein Leben kostet – morgen reise ich ab auf Nimmerwiedersehen. Einen Hammer sollte ich nehmen und die Büste [des Königs] entzweischlagen, wo man mir nichts als Geringschätzung entgegenbringt. Sofort gehe ich zum Herrn Nuntius!›»[44] Sprach's, und stürmte wirklich zur Tür hinaus.

An diesem Punkt griff sein Schüler, der verständige Matthia de' Rossi, ein. Seit vielen Jahren mit den Launen seines Meisters vertraut, wusste er nur zu gut, dass im Augenblick mit rationalen Argumenten nichts zu gewinnen war. «Lassen Sie ihn, er muss sich Luft machen», flüsterte er Chantelou zu. «Verlassen Sie sich auf mich, ich will den Streit schon beilegen!» Und tatsächlich – bereits am kommenden Tag erklärte sich der eben noch außer Rand und Band geratene Bernini bereit, die ganze Angelegenheit als ein großes Missverständnis gelten zu lassen. Damit waren die Wogen geglättet; oberflächlich zumindest. Hinter der Fassade der Höflichkeit jedoch wuchs die gegenseitige Abneigung zwischen dem divenhaften Großmeister und seinen französischen Kollegen von Tag zu Tag; und so kann es am Ende nicht verwundern, dass sich der Aufenthalt in der französischen Hauptstadt schließlich als grandioser Fehlschlag herausstellte. Nichts von den hochfliegenden Plänen für den Louvreumbau wurde ausgeführt, und die Porträtbüste des Königs erzielte kaum mehr als einen matten Achtungserfolg. Mühsam blieb die Form gewahrt, als sich Bernini noch 1665 verabschiedete und in die Ewige Stadt zurückkehrte. Ein Ausspruch Urbans VIII. hatte sich bewahrheitet: «Er ist gemacht für Rom, und Rom für ihn.»[45]

Die Ludwigs-Büste

Wenn von Berninis Planungen für den großen Louvreumbau letztlich nichts ausgeführt wurde, so verdanken wir seinem Aufenthalt in Paris dafür jene Büste, in der Berninis Fähigkeit zur künstlerischen Verdichtung geistiger Strömungen seiner Zeit vermutlich am eindruckvollsten zum Ausdruck kommt. Es ist die Büste des Königs selbst, um die der Künstler schon bald nach seiner Ankunft in Paris gebeten wurde und die er nach kurzem Zieren in beeindruckend rascher Arbeit schuf. Über den Entstehungsprozess sind wir einmal mehr durch das Tagebuch des Herrn von Chantelou in allen Einzelheiten informiert. In mehreren Sitzungen konnte Bernini nach dem lebenden Modell arbeiten. Dabei fertigte er zunächst Porträtskizzen an, die er allerdings nur benutzte, um sich das Gesicht des Königs besser einzuprägen, «sich damit zu tränken», wie es Bernini selbst ausdrückte; am Marmor meißelte er dann entweder aus dem Gedächtnis oder aber in Anwesenheit des königlichen Modells. Seine Vorgehensweise bei dieser Gelegenheit muss auf die umstehenden Angehörigen des Hofstaates erheiternd oder befremdlich gewirkt haben, je nach Einstellung gegenüber dem exzentrischen Italiener: Mit einer für sein Alter erstaunlichen Beweglichkeit sprang er um den Souverän herum, um aus allen möglichen Blickwinkeln das Gesicht zu betrachten und sodann Änderungen an der Skulptur vorzunehmen.[46]

Das Resultat seiner Mühen war eine Büste, in welcher der absolutistische Staatsgedanke seine vielleicht vollkommenste Verkörperung erfahren hat (Abb. 40).[47] Bereits bei den Porträtarbeiten für Urban VIII., Francesco I. d'Este und Innozenz X. hatte sich Berninis Fähigkeit zur idealistischen Verklärung des Herrschers bewährt.

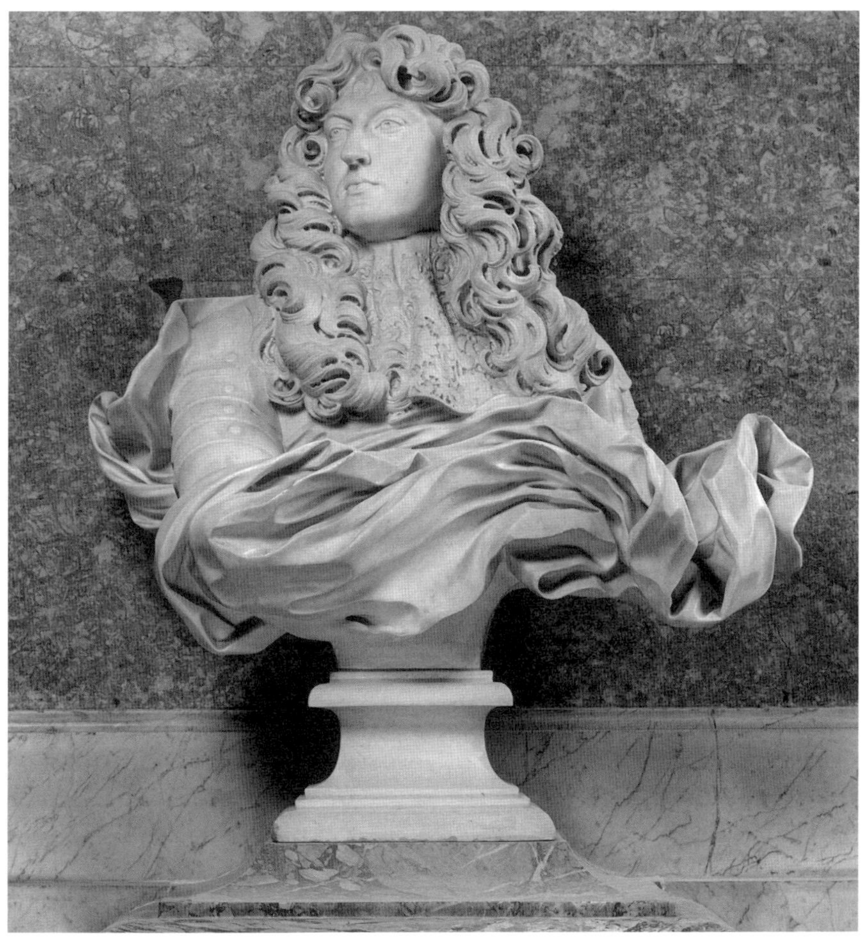

Abb. 40 Büste Ludwigs XIV., Versailles, Schloss (1665)

Doch niemals ist er in der Stilisierung weiter gegangen als bei der Ludwigsbüste. Die wallende Lockenpracht des Marmorbildes wurde sorgfältig in der Mitte gescheitelt, anders als beim lebenden Modell, dessen Haare als dichter Pony in die Stirn fielen. Der König selbst soll den Künstler auf diese Veränderung hingewiesen und von Bernini die schmeichelhafte Antwort erhalten haben: «Eure Majestät sind ein König, welcher der ganzen Welt die Stirn bieten kann.»[48] Ein Bonmot übrigens, das sich in Windeseile am Hofe verbreitete und eine neue Haarmode zur Folge hatte. Die «Frisur à la Bernini» ist ein schönes Beispiel für das Leben, das die Kunst nachahmt.

Der Künstler beließ es freilich nicht bei diesem einen Kunstgriff. Haltung und Kleidung des Königs erfuhren eine sorgfältige Stilisierung, und bei der Gestaltung der Gesichtszüge wagte sich Bernini schließlich an die plastische Chirurgie. Fast kein Detail der königlichen Physiognomie blieb unverändert, lediglich die Nase genügte den strengen Ansprüchen des Porträtisten. Auf den Vorwurf mangelnder Ähnlichkeit reagierte Bernini mit der Feststellung, es sei ihm in der Tat darum gegangen «die Schönheit zu steigern und Größe zu schaffen, Hässliches und Kleinliches dagegen abzuschwächen oder womöglich ganz zu unterdrücken, soweit dies vom Standpunkt der Kenntlichkeit zulässig ist.»[49] Das Resultat war beeindruckend. Der Anspruch des Souveräns, die sonnengleich über allen Ständen, Parteien und Individuen schwebende Inkarnation der göttlichen Gerechtigkeit und des sich aus ihr entwickelnden Staatsgedankens zu sein, musste den Betrachtern von Berninis Ludwigsbüste unmittelbar einleuchten, zumal sie ursprünglich über einem Globus als Sockel hätte schweben sollte, der allerdings nie ausgeführt wurde.

Der Gedanke, den das Bildnis zum Ausdruck brachte, war an sich nicht neu. Denn die staatstheoretischen Denker Europas hatten schon seit der Mitte des 16. Jahrhunderts immer mehr die Vorstellung herrscherlicher Souveränität in den Mittelpunkt ihrer gelehrten Argumentationen gerückt. Die Erfahrung der Religionskriege und die von ihnen ausgelöste blutige Anarchie in weiten Teilen Europas ließ den Zeitgenossen eine Instanz, die der unkontrollierten

Gewaltanwendung Herr zu werden vermochte, in hohem Maße wünschenswert erscheinen. Eine solche Institution würde der Staat darstellen, wie er sich in dieser Epoche langsam zu entwickeln begann. Mühsam im Übrigen, unter tausenderlei Rückschlägen, setzten sich in diesem Prozess der Zivilisation die Souveräne der europäischen Staaten gegen ältere Formen der Herrschaftsorganisation durch; nach und nach entwickelten sich aus rudimentären Ansätzen jene bürokratischen und administrativen Strukturen, die für uns heutzutage selbstverständliche Bestandteile eines Staatswesens sind. Nichts davon war selbstverständlich im 16. und 17. Jahrhundert. Weil aber das, was man wohl nur höchst unbefriedigend als «Tendenz der Zeit» bezeichnen kann, auf die Stärkung der Staatsgewalt abzielte, fanden sich gedanken- und wortmächtige Propagandisten dieser Entwicklung. Und sie wurden von den Herrschern dringend gebraucht.

In Frankreich hatte Jean Bodin bereits 1576 seine Lehre von der absoluten Souveränität des Fürsten veröffentlicht, gegenüber der sich alle übrigen Mitglieder der Gesellschaft unterzuordnen hatten. Kernpunkt der herrscherlichen Macht war die rechtsprechende und rechtsetzende Gewalt, dank derer die souveränen Monarchen selbst altes, gewohntes Recht aufheben konnten, so Bodin. Der Jesuiten-Kardinal Roberto Bellarmino dachte in derselben Richtung und rechtfertigte die sich verbreitende Theorie, die Fürsten seien aufgrund der in ihrer Person sich manifestierenden transzendenten Gerechtigkeit «Erdengötter», mit theologischen Argumenten. Es war nur folgerichtig, wenn er in seiner Schrift *De officio principis Christiani* («Vom Amt des christlichen Fürsten») 1619 den König als Adoptivsohn Gottes bezeichnete. Ein Menschenalter später – das Menschenalter des Dreißigjährigen Krieges und der mit ihm verbundenen Erfahrungen – erschien die wohl einflussreichste theoretische Grundlegung des modernen Staates, Thomas Hobbes' berühmter *Leviathan*.

Hobbes' Werk griff ältere Ideen der europäischen Staatslehre auf und entwickelte sie weiter in Richtung auf ein praktisch unbeschränktes Souveränitätsrecht des Fürsten. Vor allem aber wusste Hobbes um die Macht der Bilder.[50] Das Frontispiz der Erstausgabe des «Leviathan» von 1651 (Abb. 41), das der Kupferstecher Abraham Bosse in enger Absprache mit dem Philosophen schuf, ist nicht nur ein Meisterwerk der Buchillustration, sondern das bildliche Konzentrat von Hobbes' vielhundertseitiger gelehrter Argumentation. Der Körper des Königs als der Inkarnation des Staatsgedan-

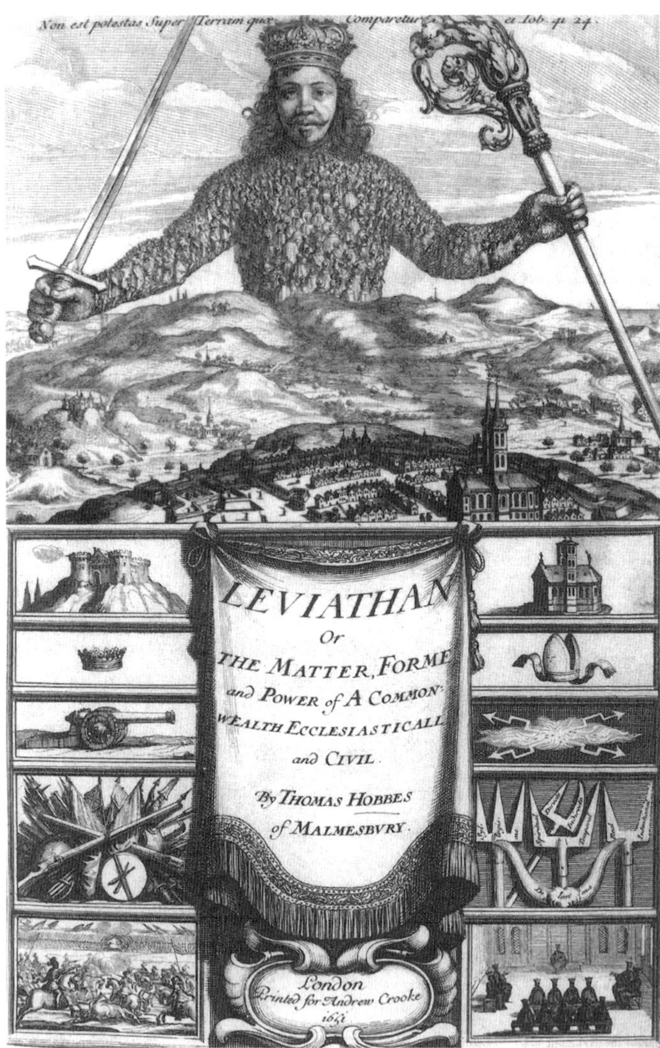

Abb. 41 Thomas Hobbes, Leviathan, Frontispiz (1651)

kens besteht auf dem Bild aus den einzelnen Angehörigen des Staates selbst, die sich zusammengeschlossen haben, um dem anarchisch-gewalttätigen Urzustand der Gesellschaft ein Ende zu bereiten. Auf den Staat haben sie die Ausübung der Gewalt übertragen, und in dieser vorbehaltlosen Übertragung findet die Allmacht des Staates ihre Begründung. «Es gibt keine Macht auf Erden, die der seinen vergleichbar wäre», so das Zitat aus dem Buche Hiob, das am oberen Bildrand des Frontispizes zu lesen ist.

«Es gibt keine Macht auf Erden, die der seinen vergleichbar ist» – dieser Satz könnte genauso gut auch auf dem Postament von Berninis Büste König Ludwigs XIV. stehen. Allerdings: nötig war das nicht. Auch ohne jeden sprachlichen Kommentar vermochte Gianlorenzo Berninis Darstellungskunst in der Ludwigsbüste dem modernen Staatsgedanken einen Ausdruck zu verleihen, der sie dem *Leviathan*-Kupferstich an schlagender Evidenz noch überlegen macht. Künstler und Philosoph kamen aus genau entgegengesetzten Richtungen zu einer auffällig ähnlichen Vorstellung vom Staat, die gewissermaßen die Schnittmenge der gedanklichen Erfahrungen ihrer so unterschiedlichen Existenzen darstellt. Gerade deshalb lässt sie überzeugend deutlich werden, wie sehr Bernini und Hobbes «Medien» waren, in denen sich die Gedanken ihrer Epoche aussprachen. «Die Büste Ludwigs XIV. ist der Höhepunkt subtiler Idealisierung, die Bernini dazu benutzte, einen komplizierten kunst- und staatstheoretischen Kontext im Medium der Skulptur zum Ausdruck zu bringen.»[51] Die historische Forschung hat in den letzten Jahren mit beeindruckender Anschaulichkeit herausgearbeitet, in welch hohem Maße der «Absolutismus» ein Mythos ist. Die Vorstellung vom souveränen Herrscher, der in einsamer Unabhängigkeit die Geschicke des Staates lenkt, ohne dass seiner Willkür Grenzen gesetzt wären, hat sich dabei weitgehend als Fiktion erwiesen.[52] Doch ist es verwunderlich, dass die Menschen an den göttergleich über dem Volk schwebenden Monarchen glauben mochten, angesichts von so kunstvoll-geistreichen Stilisierungen, wie wir sie in Berninis Ludwigsbüste finden?

Im Dienste der Familie Chigi

Als Bernini im Herbst des Jahres 1665 in die Ewige Stadt zurückkehrte, erwartete den von seinen Pariser Erfahrungen zutiefst deprimierten Künstler eine Aufgabenfülle, die es ihm erleichtern mochte, über die Enttäuschung hinwegzukommen – Arbeit als Betäubungsmittel wirkte bei ihm bis fast zuletzt. Und was waren es für Arbeiten, die auf ihn warteten! Der Petersplatz zuallererst, nach wie vor unvollendet, dann die *Scala regia*, schließlich die *Cathedra Petri* in St. Peter, die, im Scheitel der Apsis stehend, den grandiosen Abschluss der Innenausstattung des Domes bilden würde (Abb. 42).

Doch nicht nur der Papst nahm die Dienste Berninis in Anspruch, auch für die Familie des Pontifex war er nun wieder tätig, etwa den Kardinalnepoten Flavio Chigi, eine nicht uninteressante Figur. Im persönlichen Umgang meist verbindlich und liebenswürdig, sah der Neffe Alexanders VII. seine politischen Ambitionen durch den übermächtigen Onkel blockiert und fügte sich mit dem ihm eigenen Phlegma in die Rolle eines lediglich repräsentativ tätigen Würdenträgers, obwohl es ihm an diplomatischem Talent durchaus nicht mangelte. Allgemein wurde sein Geschick gelegentlich der heiklen Entschuldigungsreise an den französischen Hof nach der Korsenaffäre anerkannt. Nach dem Tod Alexanders VII. führte der Kardinal die Faktion der von seinem Onkel ernannten Kardinäle mit aufmerksamer Entschlossenheit. Doch solange er die Rolle des Kardinalnepoten bekleidete, blieb ihm kein Platz zur Entfaltung, und Chigi war weit davon entfernt, ihn sich zu erkämpfen. Mit brillanter Klarheit beschrieb der venezianische Botschafter Basadonna die Konstellation an der Kurie: «Der Herr Kardinal ist, ohne Übertreibung gesagt, mit hervorragenden Fähigkeiten ausgestattet, von der Natur mit robuster Gesundheit bedacht, von ausgeglichenem Gemüt und liebenswürdigem Äußeren. Durch seine Studien hat er sich von jedem Makel der Unbildung befreit, in den Geschäften dieser Welt erweist er sich als recht einsichtig, seine Rede ist klar, gelassen, charmant, an seinem Betragen ist nichts zu tadeln, er achtet alle, behandelt die Fürsten mit Ehrerbietung (…) und bekleidet sein hohes

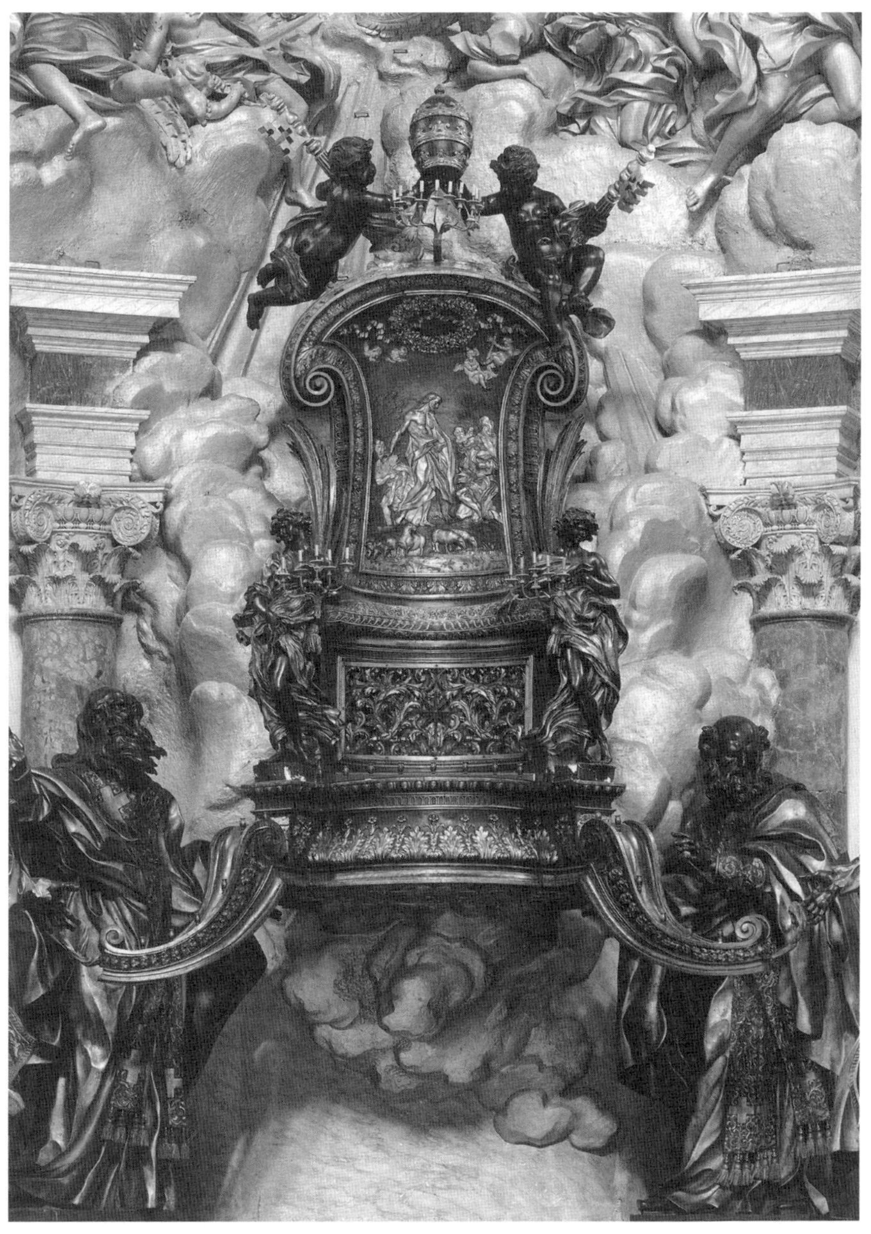

Abb. 42 Cathedra Petri, St. Peter, Rom (1657–1666)

Amt mit solcher Mäßigung, dass er in seiner Menschlichkeit und Höflichkeit allen anderen als Beispiel dienen kann, selbst manchem aus weit geringeren Kreisen. Der Papst aber, der die Welt dadurch zufrieden zu stellen sucht, dass er den Seinen keinen Einfluss einräumt, demütigt die Fähigkeiten des Herrn Kardinal, er lässt ihn den Titel eines regierenden Kardinalnepoten tragen, doch hindert er ihn an der effektiven Ausübung, und wenngleich dieser die Herrschaft an sich reißen und seinen Onkel schreien lassen könnte, wie es andere [Kardinalnepoten] gemacht haben, so ist er doch so wenig daran interessiert, sich in Geschäften zu verausgaben, dass er, bequemerweise gehorchend, an die Jagd, an Gespräche, an die Freuden der Tafel denkt, und alles Übrige vernachlässigt in solchem Maße, dass man, wenn man mit ihm über noch so wichtige Angelegenheiten spricht, deutlich merkt, wie sein Geist abschweift, ohne dass dem Gesprächspartner die geringste Hoffnung auf irgendwelchen Nutzen bliebe.»[53]

Die viele Freizeit, über die Flavio Chigi unter diesen Umständen verfügte, widmete er nicht ausschließlich den Jagd- und Tafelfreuden, sondern auch einer ambitionierten Kunst- und Kulturförderung. So sammelte er mit Leidenschaft Kuriositäten aller Art, um sie in einer Kunst- und Wunderkammer von bemerkenswertem Umfang zusammenzutragen;[54] seine Gemäldesammlung entsprach dem, was man von einem Kardinalnepoten erwarten durfte, und seinen Wohn- und Dienstsitz ließ er für die beträchtliche Summe von mehr als 80 000 scudi von Bernini entwerfen und errichten.[55] Domenico Berninis Festellung, sein Vater «begann, und vollendete noch zu seinen Lebzeiten den Palazzo des Kardinal Chigi an der Piazza Santi Apostoli» findet ihre Bestätigung in den zahlreichen erhaltenen Dokumenten zu den Arbeiten am Palazzo. Aus ihnen geht hervor, dass die Arbeitsorganisation auch in diesem Fall einem bereits vielfach bewährten Muster folgte: Bernini, der die offizielle Leitung der Bauhütte innehatte, lieferte die Ideen, häufig in Form rasch hingeworfener Skizzen, die dann erst von seinen Mitarbeitern, in der Regel Carlo Fontana, zu detaillierten Bauzeichnungen ausgearbeitet wurden. Bis zum Ende des Jahres 1666 werden in den Rechnungsbüchern des Kardinals die Zahlungen an die am Bau beschäftigten Handwerker von Bernini selbst quittiert. Während Berninis Frankreichreise vertrat ihn sein Bruder Luigi in dieser Funktion, wie Eintragungen von Mai bis Dezember 1665 mit der ausdrücklichen Feststellung «Luigi Bernini per G. L. Bernini» belegen.

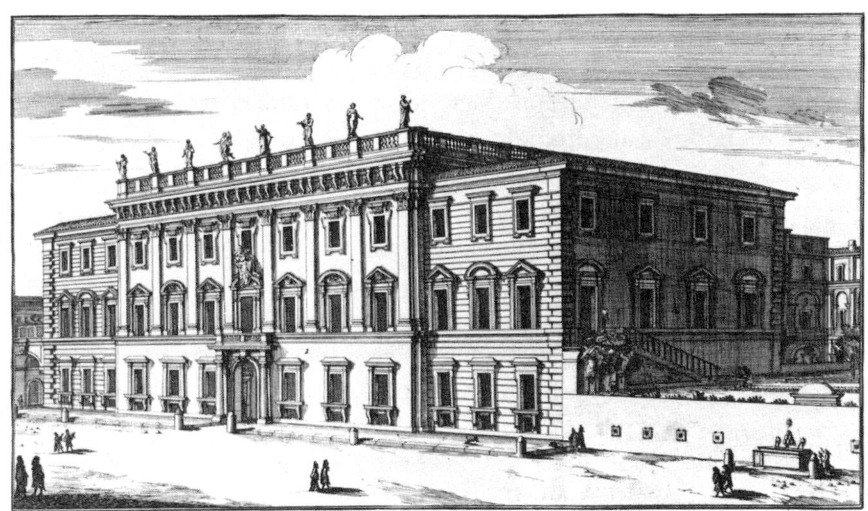

Abb. 43 Kupferstich des Palazzo Chigi, Piazza SS. Apostoli, Rom

Leider wurden die eleganten Proportionen der Fassade durch einen späteren Umbau zerstört, bei dem man ihre Länge kurzerhand verdoppelte. Das ändert jedoch nichts daran, dass Bernini mit dem Palast für Kardinal Chigi an der Piazza SS. Apostoli (Abb. 43) in den sechziger Jahren des 17. Jahrhunderts nicht nur den Idealtypus des hochbarocken römischen Stadtpalazzo schuf – er setzte mit diesem Bauwerk auch einmal mehr Maßstäbe, die weit über die Grenzen der Ewigen Stadt hinaus wirksam wurden.

Der Palast für den phlegmatischen Kardinalnepoten war das eine Projekt, ein anderes der prächtige Palazzo, den Bernini in diesen Jahren für das weltliche Oberhaupt des Hauses Chigi an der Piazza Colonna schuf; ein drittes der Umbau einer ganzen Kleinstadt, den er gleichzeitig im Auftrag des Papstes und seiner Angehörigen in die

Wege leitete. Wie es sich für einen Nepotenclan gehörte, verschafften sich auch die Chigi so rasch wie möglich aristokratisches Renommee, indem sie die finanziellen Mittel, die ihnen aus den päpstlichen Kassen und kirchlichen Ämtern zuflossen, in Grundbesitz transformierten. In ihrem Falle wurde bei diesem Bemühen der altadligen Baronalfamilie Savelli ihre chronische Finanzknappheit zum Verhängnis: für 358 000 scudi mussten sie ihr Lehen Ariccia, in den Colli Romani südlich der Ewigen Stadt gelegen, an die Parvenüs veräußern.[56] Die daraus resultierenden Einkünfte lagen bei gerade einmal 8600 scudi pro Jahr, was einer Rendite von kümmerlichen 2,4 Prozent entspricht. Aber es ging den Chigi ja auch gar nicht in erster Linie um finanzielles, sondern vielmehr um soziales Kapital, wie sich besonders deutlich an den Baumaßnahmen ablesen lässt, mit denen sie einmal mehr Gianlorenzo Bernini betrauten.

An das *feudum* Ariccia war der Titel eines Fürsten geknüpft und eine Vielzahl grundherrlicher Rechte, darunter das Privileg, eine eigene Miliztruppe zu unterhalten. Dass diese ganze Machtfülle auf dem Papier stand, reichte aber nicht aus, sollten doch die Zeitgenossen deutlich vor Augen geführt bekommen, wohin es die eben noch zum kleinen Patriziat der Provinzstadt Siena gehörigen Chigi gebracht hatten. Und so inszenierte denn Bernini in Ariccia nicht weniger als das idealtypische Herrschaftszentrum einer an sich bereits überständigen feudalen Machtvollkommenheit. Die alte Kollegiatskirche im Zentrum des Städtchens erwies sich praktischerweise als baufällig, so dass Bernini Gelegenheit bekam, *ex novo* zu schöpfen. Er tat es, indem er kurzerhand das ehrwürdigste aller antiken Bauwerke in das etwas gewöhnungsbedürftige Ambiente eines besseren Dorfmarktplatzes verpflanzte: Santa Maria dell'Assunzione, so der Name der neuen Kirche von Ariccia, zitiert in ihrem kreisrunden Grundriss, dem Portikus, der Kassettendecke und vielen Details unübersehbar das Pantheon (Abb. 44). Wie sehr dem Papst an diesem architekturgeschichtlichen Verweis gelegen war, verdeutlicht nicht zuletzt die Tatsache, dass er ihn in seiner Breve zur Grundsteinlegung ausdrücklich hervorhob. Das Zitat des berühmten Vorbildes hatte die Aufwertung der gesamten Ortschaft zum Ziel und so lautet die Stifterinschrift im Inneren der Kirche: «(…) TEMPLUM ELE-

GANTIUS LOCO NOBILIORE (...)», «durch eine formvollendetere Kirche ein ehrwürdigerer Ort».

Doch damit ließ man es nicht sein Bewenden haben, was die kunstvolle visuelle Inszenierung von Herrschaftsrechten angeht. Um den kleinen Zentralbau der Kirche herum errichtete Bernini

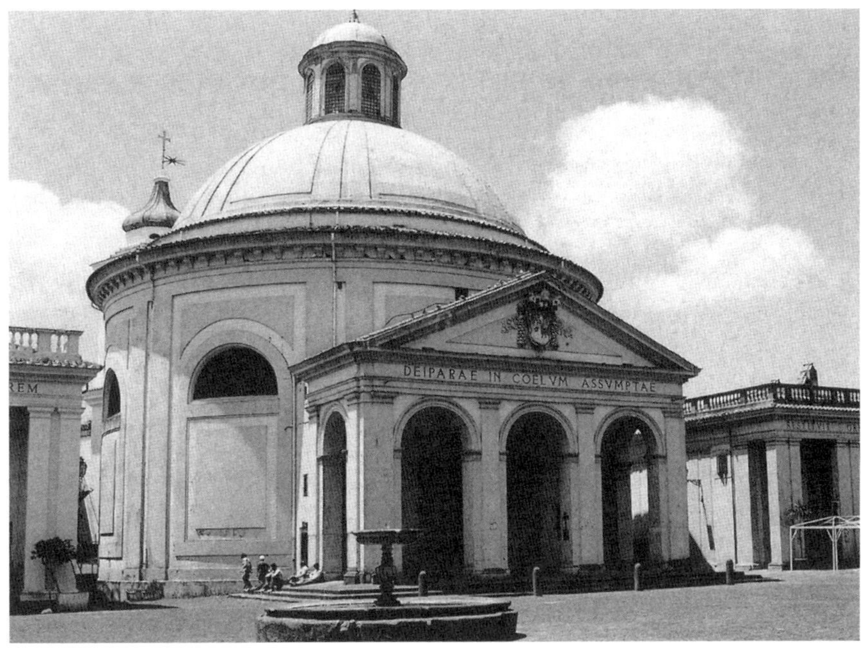

Abb. 44 S. Maria dell' Assunzione, Ariccia (1662–1664)

zwei niedrige, galerieartige Nebengebäude, die ihn auf beiden Seiten flankieren. In diesen von der Kirche durch schmale Gassen getrennten Bauten wurden jene Institutionen untergebracht, die für das quasi-souveräne Verständnis des Fürsten von grundlegender Bedeutung waren, nämlich ein Gerichtssaal als Ort der Jurisdiktion und das Gefängnis als Ort der Exekutive.

Damit war bereits ein sinnfälliges Ensemble entstanden, das seine Krönung durch den Umbau des Palastgebäudes auf der gegenüberliegenden Platzseite erfuhr. Erst gegen Ende des Pontifikates wurde hier mit den Arbeiten begonnen, und es ist nicht gesichert, dass sie nach Berninis Planungen ausgeführt wurden, doch liegt es nahe, den «in seiner Eindringlichkeit genialen Entwurf»[57] ihm zuzuschreiben, zumal er ja auch mit den übrigen Baumaßnahmen der Chigi in Ariccia betraut war.

Die Savelli als bisherige Besitzer Ariccias hatten bereits im ausgehenden 16. Jahrhundert grundlegende Umbaumaßnahmen am Palastgebäude vornehmen lassen. Die damals entstandenen Bauteile wurden nun aufgenommen, dabei aber so ergänzt, dass am Ende eine klassische Vierturm-Anlage mit Eckrisaliten entstand (Abb. 45). Dieser Bautypus wurde nicht aus ästhetischen Motiven oder gar zufällig gewählt, galt er doch geradezu als Symbol feudaler Selbstverteidigungsrechte und damit aristokratischer Autonomie gegenüber den Ansprüchen der sich entwickelnden Staatsgewalt auf das Gewaltmonopol. Nicht ohne Grund hatte Papst Pius V. Ghislieri (1566–1572) im Jahre 1567 im Kirchenstaat den Feudalherren einen Ausbau ihrer Lehnssitze zur militärischen Verteidigungsfähigkeit kategorisch verboten. Deswegen sahen sich die Chigi gehalten, in einer Bittschrift am 26. Januar 1667 um die Sondergenehmigung zu ersuchen, entgegen den geltenden Bestimmungen ihren Landsitz mit Bollwerken und Türmen wie bei einer Festung ausstatten zu dürfen. Und tatsächlich – der Familienpontifex Alexander VII. gab dieser Bitte statt. Mit seinen mächtigen, geböschten Mauern, den massiven Eckrisaliten, der abweisenden Außenfront und den Turmanlagen erweckt der Palast tatsächlich den Eindruck einer Festung, übrigens einer vollkommen anachronistischen, denn die modernen, funktionstüchtigen Festungsanlagen dieser Epoche sahen bereits vollkommen anders aus. Aber es ging schließlich auch nicht um tatsächliche militärische Ambitionen der Chigi. Zwar bekleidete das weltliche Oberhaupt des Hauses, der Papstbruder Don Mario Chigi, das wohlklingende Amt eines «Generals der Kirche», aber den spottlustigen Römern zufolge ist die einzige Waffe, die er in seinem Leben zu benutzen verstand, der Bratenspieß gewesen. Nicht um wirkliche Wehrfähigkeit ging es der Aufsteigerfamilie, sondern um die überzeugende Darstellung einer solchen, weil sie integraler Bestandteil aristokratischen Selbstverständnisses war.

Und in der Tat, mit dem Gebäudeensemble im Zentrum des Provinzstädtchens Ariccia inszenierte Bernini den Kernbestand feudaler Machtansprüche in kaum zu überbietender Konzentration: Patronatsrecht über die Kirche, rechtsprechende und exekutive Gewalt und schließlich militärische Autonomie bieten sich im Abstand nur

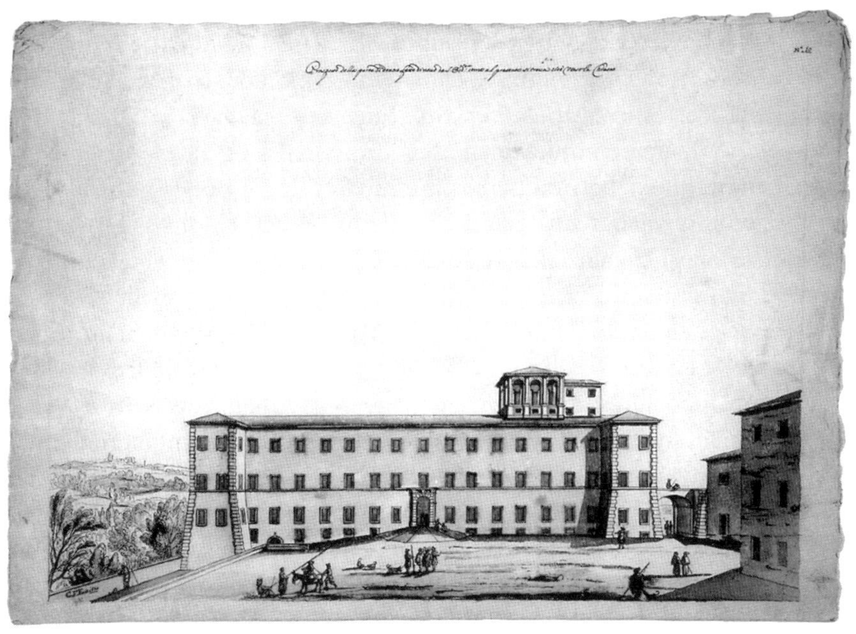

Abb. 45 Carlo Fontana, Ansicht des Palazzo Chigi in Ariccia (1670)

weniger Meter dem Betrachterblick in architektonisch sinnfälliger Form. Kein Wunder, wenn die neuen Feudalherren von ihren frisch erworbenen Rechten so ausgiebig Gebrauch machten, dass sie schon sehr bald mit der römischen Zentralgewalt, sprich: der Camera Apostolica, in Konflikt gerieten, die sich über die Machtanmaßungen der Chigi auf ihren Besitztümern beim Papst beschwerte. Woraufhin Alexander VII. ein Handschreiben verfasste, in dem er seinen Neffen ausdrücklich von allen Vorwürfen in dieser Hinsicht freisprach.

Berninis Wirken im Provinzstädtchen Ariccia wirft allerdings nicht nur ein erhellendes Schlaglicht auf die sozialen und politischen Strukturen des Kirchenstaates im 17. Jahrhundert. Es gewährt auch einen Einblick in die Existenz des Künstlers dieser Zeit, konkreter gesprochen, in die Gedankenwelt Berninis, doch ermöglicht das exzeptionelle Genie in diesem besonderen Fall einmal eine allgemeingültige Erkenntnis. Eben noch sahen wir Bernini in Paris an der Ludwigsbüste am Werk. Hier schuf der Bildhauer, gewissermaßen als Chefpropagandist des absolutistischen Herrscherideals, die künstlerisch überzeugende Darstellung des modernen Staatsgedankens: der Souverän als Verkörperung des Staatswesens steht gottgleich über allen Individuen und Gruppen. Fast gleichzeitig entwirft der Architekt Bernini darauf in der römischen Provinz ein Gebäudeensemble, das mit kaum zu überbietender Klarheit die diesem Staatsideal gerade oppositionelle, feudale Ideologie einer autonomen Aristokratie verkörpert; der Widerspruch ist evident. Doch wäre es zweifellos verfehlt, dem Künstler angesichts einer derartigen ideologischen Bandbreite seiner Produktion den Vorwurf skrupellosen Opportunismus' zu machen. Denn ein solcher Vorwurf wäre schlicht anachronistisch, geht er doch vom Bild des modernen oder auch postmodernen Künstlers aus, der in seinem Werk aus sich und für sich schafft. Demgegenüber sind die Künstler der frühen Neuzeit Auftragskünstler, deren Arbeit zunächst einmal in der Umsetzung eines Konzeptes besteht. Ihr Rang erweist sich darin, bis zu welchem Grad von gedanklicher Verdichtung dieses Konzeptes sie vordringen und schließlich, ob es ihnen am Ende sogar gelingt, über die Inszenierung der vorgegebenen Auftraggeberinteressen hinauszugelangen.

Schließlich eine Frage, bei deren Beantwortung wir unvermeidlich im Bereich der Vermutungen bleiben müssen und die dennoch von allzu großem Interesse ist, als dass sie an dieser Stelle unterdrückt werden soll – die Frage nämlich, wie bewusst dem Künstler der gedankliche Gehalt seiner Schöpfungen war. Es sind, soweit ich sehe, keinerlei Äußerungen Berninis staatstheoretischer oder allgemein philosophischer Art überliefert, ganz im Gegensatz zu kunsttheoretischen Bemerkungen. Deswegen spricht einiges dafür, dass die so wirksam verdichtete, suggestive Inszenierung von Herrschaftsansprüchen und ihnen zugrunde liegenden Rechtfertigungsmodellen von ihm geleistet wurde, ohne dass deren Inhalte das Stadium rationaler Reflexion erreichten. Es scheint, als habe der Künstler sie unter- oder vorbewusst erfasst, um ihnen mit den Mitteln des seiner Phantasie zur Verfügung stehenden Formenrepertoires Ausdruck zu verleihen. Mit anderen Worten: Bernini hätte vermutlich auf die Frage, ob er sich des Widerspruchs zwischen den Aussagen der Ludwigsbüste und denjenigen des Herrschaftsmittelpunktes Ariccia bewusst sei, mit blankem Unverständnis reagiert.

Posthume Siege

Mit besten moralischen Vorsätzen hatte Alexander VII. im Frühjahr 1655 seine Herrschaft begonnen: Keine Verwandtenförderung sollte es unter ihm geben, die Angehörigen im heimatlichen Siena bleiben und der wirtschaftliche Schaden des Nepotismus dadurch behoben werden. Was aus diesen Vorsätzen wurde, haben wir gesehen. Der Papst selbst litt in den letzten Monaten seines Lebens unter den unüberbrückbaren Gegensätzen zwischen Anspruch und Wirklichkeit zutiefst; auf dem Sterbebett soll ihn beim Gedanken an sein Seelenheil abgründige Verzweiflung gequält haben. Doch waren es nicht nur die Verwandten und ihr nicht gerade volkstümliches Betragen, die sein Sterben überschatteten. Beim Rückblick auf die Jahre seiner Herrschaft musste sich Alexander sagen, dass seine Herrschaft ein Pontifikat der Niederlagen und Demütigungen gewesen war und aller künstlerische Glanz, den Berninis Geniestreiche ersonnen hatte, nicht darüber hinwegtäuschen konnte, dass die politische Bedeutung des Papsttums in voller Auflösung begriffen war.

Es ist dieser Hintergrund eines politisch höchst unglücklich verlaufenen Pontifikates in Verbindung mit den persönlichen Skrupeln Alexanders, den vor Augen haben sollte, wer das Grabmal dieses Papstes in St. Peter betrachtet. Schon kurz nach seiner Wahl auf den Stuhl Petri hatte Alexander seinen Künstlerfavoriten mit den Planungen für ein Grabmonument beauftragt und dieselben in den folgenden Jahren aufmerksam verfolgt, ohne dass bei seinem Tode mit der Errichtung auch nur begonnen gewesen wäre. In den Jahren zwischen 1672 und 1678 schuf dann Bernini im Auftrag des ehemaligen Kardinalnepoten Flavio Chigi nach dem Erinnerungsmonument für Papst Urban VIII. sein zweites Papstgrabmal im Petersdom. Es stellt einen späten Höhepunkt seines Schaffens dar und einen, wenn nicht *den* Höhepunkt päpstlicher Sepulkralkunst zudem (Abb. 46).[58]

Schon bei der Wahl des Standortes bewährte sich einmal mehr das dramaturgische Talent des Künstlers. Statt der ursprünglich vorgesehenen Nische im südwestlichen Verbindungsraum von St. Peter, die durch ihre Lage zwischen der Cathedra Petri und dem Apostelgrab liturgisch besonders hochrangig war, entschied man sich für den Platz im südlichen Querschiff, weniger «wertvoll», aber dafür optisch ungleich reizvollere Möglichkeiten eröffnend.[59] Hier nun schuf Bernini durch die geschickte Anordnung von vier Tugendallegorien die Illusion eines ersten – und des einzigen – Freigrabmals in St. Peter; und verstand es zugleich, die Form des Nischengrabes zu wahren. Der leicht versetzten Anordnung der Tugendallegorien ist dabei die Illusion einer wesentlich tieferen Nische als tatsächlich vorhanden zu verdanken.

Die Apotheose, die Bernini Alexander VII. zuteil werden lässt, ist ohne Parallele. Denn die in distanzierende Demut versunkene Skulptur des Papstes ist nicht nur vom Kreis der sie umgebenden Tugenden getrennt, sondern selbst von der Figur des Todes, die Bernini in besonders origineller Weise inszenierte. Dieser Tod – oder ist es die Zeit? Stundenglas und Flügel als deren Attribute lassen auch in dieser Frage keine eindeutige Antwort zu[60] –, diese Verkörperung von Tod und Zeit muss sich mühevoll gegen den Widerstand eines mächtigen Marmortuches ihre Beachtung erkämpfen; wobei fraglich bleibt, ob ihr bei solchen Bemühungen Erfolg beschieden sein wird. Die demonstrative Geste, mit der das Stundenglas emporgehalten wird, hat jedenfalls etwas so Mühsames, allzu Nachdrückliches, dass man sich nicht sicher sein kann, ob dieses Skelett auf dem Weg nach oben ist – oder ob nicht Zeit und Tod vielmehr dazu bestimmt sind, im Angesicht des Papstes, *dieses* Papstes hilflos in die Unterwelt zurückzukehren. Und auch dieses ironisch-ambivalente

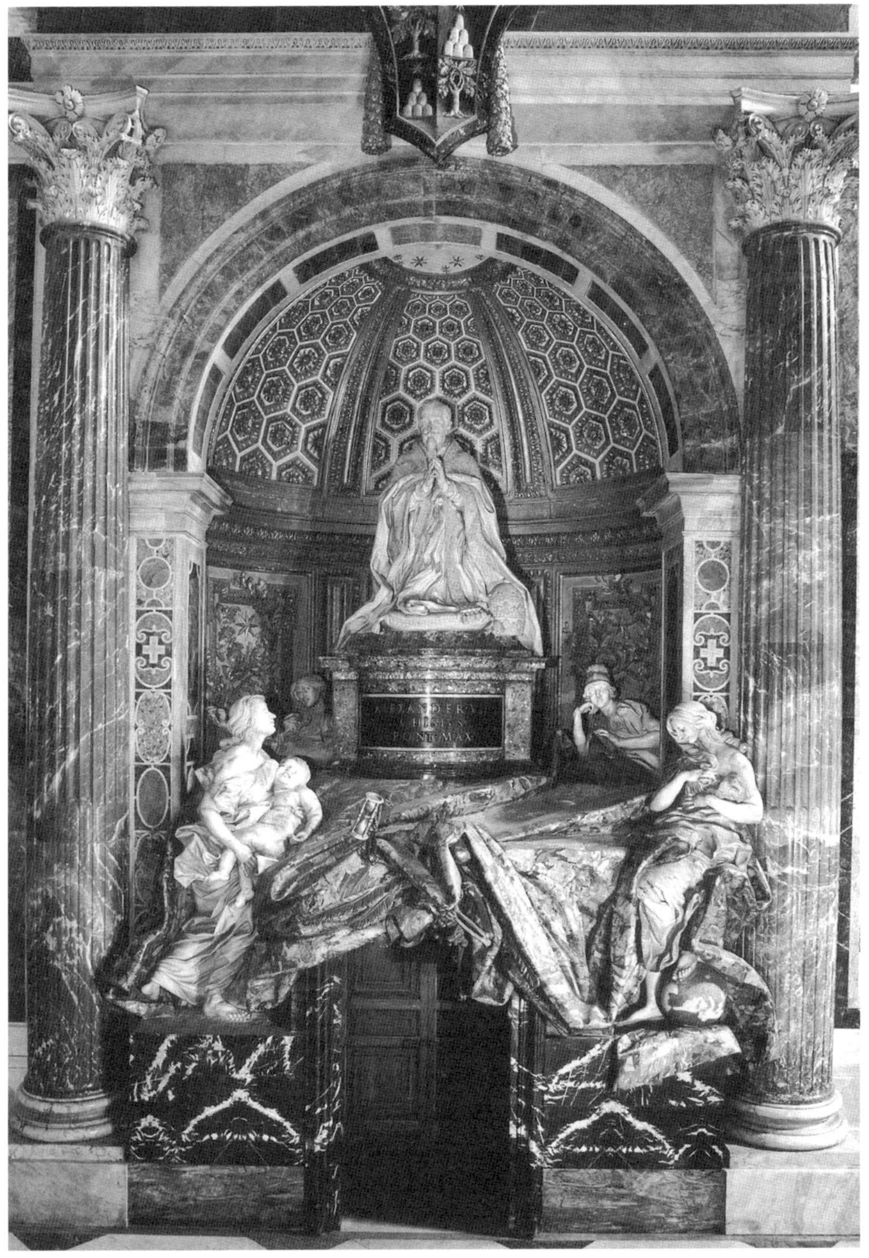

Abb. 46 Grabmal Alexanders VII., St. Peter, Rom (1672–1678)

Element von Chronos und Mors versteht Bernini noch zu steigern durch die Einbeziehung der Tür, die unterhalb des Grabmals den Weg ins Freie eröffnet. Wird sie geöffnet, so scheint das Skelett dem gleißenden Sonnenlicht zu entfliehen. Der Tod kommt aus dem Licht.

Sein Empfang in dieser Welt könnte im Übrigen nicht gelassener ausfallen. Die Figur des Papstes nimmt ihn ohnehin nicht zur Kenntnis, doch auch die Tugendallegorien haben anderes zu tun, als gerade ihm ihre Aufmerksamkeit zu widmen. Die Handlungsmöglichkeiten von *Prudentia* (Klugheit, links) und *Iustitia* (Gerechtigkeit, rechts) im Hintergrund sind freilich durch ihre Anordnung innerhalb des Grabmalensembles stark eingeschränkt; ihnen bleibt nichts als der versonnene Blick in die Weiten von St. Peter.

Umso eindrucksvoller agieren die beiden anderen Allegoriefiguren, wenn auch auf grundsätzlich unterschiedliche Art und Weise. Denn während *Caritas* (Nächstenliebe), ein leicht übergewichtiges Kind auf den Armen, in ausgeprägter Laufbewegung dem Papst entgegenzueilen scheint und dabei durch den zu ihm emporgerichteten Blick den einzigen Bezug zum stillen Beter herstellt, während also die Caritasfigur ein eindrucksvolles Beispiel der *vita activa* abgibt, sehen wir die *Veritas* (Wahrheit) zur Rechten, in sich gekehrt, den Blick keusch zu Boden gesenkt. Das muss einen hübschen Kontrast zur Nacktheit gebildet haben, in der sie ursprünglich an ihrem Platze stand, ehe der strenge Reformpapst Innozenz XI. Odescalchi (1676–1689), an einem ausgeglichenen Staatshaushalt weit mehr interessiert als an künstlerischer Ironie, schon bald nach Fertigstellung des Grabmals im Jahre 1678 befahl, die Blöße zu bedecken. Bernini selbst wurde mit dem Auftrag bedacht, ein geweißtes Bronzegewand für die Marmorskulptur zu schaffen.

Die Arbeit am Bronzegewand muss ihn umso mehr geschmerzt haben, als sie die Schlüsselfigur für das Verständnis des gesamten Grabensembles betraf. Die *Veritas* in ihrer ursprünglichen keuschen Nacktheit muss nicht nur weit stärker noch als heute die erste Aufmerksamkeit der Betrachter auf sich gezogen haben, sobald sie vor dem Kunstwerk standen. Durch ihren zu Boden gesenkten Blick ist sie zudem die einzige Figur des Monumentes, die Kontakt zur

Außenwelt herstellt. Über die Veritasallegorie wird die Aufmerksamkeit des Betrachters zur Beschäftigung mit den einzelnen Elementen des Grabmals angeleitet; das ist ihre zentrale kompositorische Funktion.

Zugleich kommt ihr jedoch eine ebenso fundamentale Bedeutung im Hinblick auf die inhaltliche Aussage zu. Dafür spricht allein schon ihre Identität, denn die *Veritas* ist für eine Grablege eine höchst ungewöhnliche Tugend. Genau genommen handelt es sich bei der Wahrheit überhaupt nicht um eine Tugend, vielmehr stellt sie sich als Ergebnis tugendhaften Handelns ein. Und an einem Papstgrabmal des Barock erscheint sie als ein Unikum. Im Gegensatz etwa zu *Caritas* und *Iustitia*, die im 16. und vor allem 17. Jahrhundert gleich serienweise ihren Auftritt an pontifikalen Ruhestätten zelebrieren, finden wir die nackte Wahrheit nur am Grabmal Alexanders VII. Ihre Wirkung gewinnt dadurch noch an Gewicht. Zudem hat sie, wie dem sie sorgsam in Augenschein nehmenden Betrachter kaum entgeht, ihren linken Fuß auf eine Erdkugel gestellt, Symbol für die weltumspannende Gültigkeit der Wahrheit, wenn sie ans Licht gekommen ist. Welche Wahrheit es ist, deren nacktes Hervortreten hier gefeiert wird, sollte dem Betrachter des Grabmals spätestens an diesem Punkte deutlich werden: diejenige von der auf geistlichen Grundlagen beruhenden Macht des Papsttums, über das Diesseits in heilsmächtiger Vergeistigung erhoben und ihm zugleich als verantwortungsbewusster Vater zugewandt, die göttliche Gnade im Dienste der guten Herrschaft, des *buon governo*, vermittelnd. Inhaltlich ist die hochgreifende Aussage vom Papst als vorbildlichem Herrscher, dessen persönliche Frömmigkeit den göttlichen Segen zum Nutzen der Untertanen erwirkt, nicht neu. Doch ihre suggestivste artistische Gestaltung erfährt sie in Berninis Meisterwerk für einen Papst, dessen Pontifikat von politischen Niederlagen und Krisen gebeutelt war wie kaum ein anderer: Ein weiteres Mal erweist das Alexandergrab Berninis unerreichte Meisterschaft im suggestiven Verklären von Widersprüchen.

Der Tod des Widersachers

Nur wenige Monate nach Papst Alexander VII. starb im Sommer 1667 auch Francesco Borromini, der große, kongeniale und so sehr viel weniger glückliche Konkurrent Berninis, auf dessen letzte Jahre noch ein Blick geworfen werden soll, nicht nur aus Sympathie mit seinem Schicksal und seiner Person, sondern auch, weil sie lehrreich sind für die Verhaltensregeln, die zu beachten waren, wenn man in der Gesellschaft der Frühen Neuzeit Erfolg haben wollte; Verhaltensregeln, an die sich Borromini nie recht gewöhnen konnte. Auch in den Jahren des Erfolges, als zu Beginn der Herrschaft Innozenz' X. der bis dahin übermächtige Konkurrent Bernini zeitweise in Ungnade gefallen war und Borromini an seine Stelle trat, gestaltete sich die Zusammenarbeit mit ihm alles andere als einfach. Und zwar für jedermann. Die einfachen Bauarbeiter klagten über seinen Genauigkeitswahn, die Kleinlichkeit, mit der er alles kontrollieren wollte, auch seine Unbestechlichkeit, mit der er Unterschlagungen und kleine Nachlässigkeiten verfolgte; Bernini, stets jovial im Umgang mit solcherlei Vorkommnissen, war ihnen allemal lieber.

Seine technischen Mitarbeiter hingegen trieb Borromini durch Präzision und Detailbesessenheit fast zur Verzweiflung, wovon seine erhaltenen Entwurfszeichnungen eine Vorstellung vermitteln. Sie zeugen von einer geradezu manischen Getriebenheit bei der Suche nach dem vollkommenen Entwurf, der perfekten Lösung. Kein Wunder, dass man ihm die Bauentwürfe geradezu mit Polizeigewalt aus der Hand winden musste, wie selbst sein Förderer Virgilio Spada zugab.[61] Die unvermeidliche Folge eines solchen Perfektionswahnes waren Verzögerungen und, damit verbunden, steigende Kosten: Borrominis Voranschläge machten in der Regel nicht die Hälfte, ja kaum ein Drittel der tatsächlich auftretenden Ausgaben aus. Was nun wiederum die Auftraggeber wenig begeisterte, die sich zudem vom Künstler oftmals in einer Art und Weise behandelt sahen, die den gesellschaftlichen Standesunterschieden keinerlei Rechnung trug. Borromini benahm sich seinen *padroni* gegenüber mitunter brüsk bis zum Beleidigenden, und es ist aufschlussreich, den psychologisch sensiblen Bericht Virgilio Spadas über die Hintergründe dieses seltsamen Betragens zu hören: «Er ist von solchem Temperament, dass er es einfach nicht erträgt, ungerecht behandelt zu werden, und deswegen überwirft er sich mit so vielen, aber wenn man ihm den Respekt entgegenbringt, den seine Zuneigung und seine Treue verdienen, ist er zahm wie ein Welpe.»[62]

In einer Gesellschaft, in der es zu den Grundvoraussetzungen der sozialen Selbstbehauptung gehörte, sich auf die Kunst der *dissimulazione*, der bis zur Verstellung gehenden Selbstbeherrschung zu verstehen, musste Borrominis geringe Kränkungstoleranz fast überall zu ablehnenden Reaktionen führen. Die wenigsten adligen Auftraggeber waren bereit, sich von einem Bürgerlichen, wenngleich einem solchen in gehobener Position und mit genialen Fähigkeiten, Unverschämtheiten sagen zu lassen, ganz abgesehen von den praktischen Problemen, die aus seinem Drang nach Perfektion resultierten, und den immensen Kosten, die seine Projekte verursachten. Bernini stellte hier ohne Zweifel eine Ausnahme dar, aber auch er konnte sich seine gelegentlichen Unverschämtheiten nur erlauben, weil er sie zu dosieren verstand und ein überaus sensibles Gespür dafür entwickelt hatte, was er sich erlauben konnte und was nicht mehr.

Eine derartiges Sensorium ging Borromini vollkommen ab, und so entwickelt sich das Jahr 1657 für ihn zum Katastrophenjahr. Schon zuvor hatte er sich, Virgilio Spadas Ausgleichsbemühungen zum Trotz, mit den Oratorianern, für die er ein neues Konventsgebäude gebaut hatte, überworfen. Daraufhin war er von ihnen entlassen worden. Nun wuchsen die Spannungen mit dem Bauherren von Sant'Agnese in Agone an der Piazza Navona, dem Fürsten Camillo Pamphili, der nach dem Tod seines päpstlichen Onkels Anfang 1655 die Bauprojekte der Familie weiterverfolgte. Pamphili war niemals ein besonderer Freund Borrominis gewesen. Wie berichtet, zog er beim Neubau von Sant'Andrea al Quirinale Bernini dem extravaganten Tessiner vor. Doch mit den Planungen für die Bauten an der Piazza Navona war Borromini noch zu Lebzeiten Innozenz' X. betraut worden, und so dauerte eine Weile, bis es zum Eklat kam. Der Fürst klagte, Borromini informiere ihn nicht über das, was er vorhabe – als wenn nicht er, [Pamphili] der *padrone* sei. Borromini seinerseits reagierte auf die drohende Entlassung mit aller Energie, indem er sich an Virgilio Spada wandte, der seinerseits ein Gespräch mit seinem einflussreichen Bruder, dem Kardinal Bernardino, vermittelte. In dessen Verlauf schlug Borromini kurzerhand vor, Spada möge doch beim regierenden Papst dahingehend intervenieren, dem Fürsten Pamphili die Aufsicht über die Baustelle von Sant'Agnese zu entziehen und sie dessen Mutter oder aber seinem Schwager, dem Fürsten Giustiniani übertragen – die seien ihm wohl gesinnt.[63] Doch auch den in den römischen Intrigenwelten erfahrenen Spada-Brüdern gelang es nicht, das Blatt zu wenden. Borromini verlor seine Stelle als leitender Architekt an der Piazza Navona, was natürlich für erhebliches Aufsehen sorgte.

Es scheint, als habe er sich von diesem Schlag nicht mehr erholt. Sein Ruf war angeschlagen, und zu seiner wachsenden Verbitterung muss beigetragen haben, dass sein alter Widersacher Bernini in den Jahren der Herrschaft Alexanders VII. Chigi (1655–1667) von Triumph zu Triumph eilte. Während es Borromini an Auftraggebern für auch nur halbwegs anspruchsvolle Projekte fehlte, machte sich sein Konkurrent an Planungen für die größte Platzanlage der Welt, die den Neubau der Peterskirche abschließen und krönen sollte.

Gegen Ende seines Lebens vereinsamte Borromini immer mehr. 1662 starb Virgilio Spada, der wohl einzige Mensch, der das Genie des Architekten zu dessen Lebzeiten wirklich verstanden und ihm die Treue gehalten hatte. Mit diesem sensibel-verständnisvollen Protektor verlor Borromini zugleich seine letzte stabile Verbindung zur römischen guten Gesellschaft. In der Folgezeit ließ sein Gesundheitszustand immer mehr zu wünschen übrig, zu den Eigentümlichkeiten seines Benehmens kamen körperliche Beschwerden. Eine Karikatur von der Hand des Bernini-Schülers Carlo Fontana lässt etwas von der melancholischen Einsamkeit des kränklichen Borromini ahnen (Abb. 47). So musste er die Arbeit an den wenigen Aufträgen, die ihm noch verblieben waren, immer wieder unterbrechen. Im heißen Hochsommer des Jahres 1667 verordnete sein Arzt schließlich strikte Bettruhe.[64] Borromini wollte sein Testament ändern und befahl seinem Diener deswegen in tiefer Nacht, Licht zu machen. Der weigerte sich: der Arzt habe es verboten. Es war nicht mehr als diese kleine Szene, die den lange angestauten Hass, die Verzweiflung des Vereinsamten zum Ausbruch kommen ließ. Borromini riss seinen Degen von der Wand und stieß ihn sich in die Brust. Er starb wenige Tage später, am 3. August 1667.

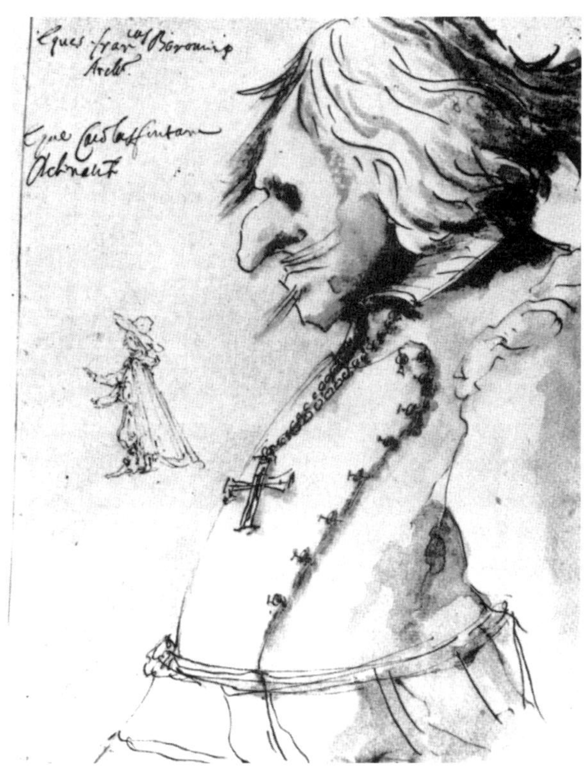

Abb. 47 Carlo Fontana, Karikatur Francesco Borrominis (um 1666)

Dem Ende entgegen

Der Rospigliosi-Pontifikat

Kurz zuvor war im Juni 1667 Clemens IX. Rospigliosi auf den verstorbenen Alexander VII. gefolgt. «Es ist kaum zu glauben, wie sehr sich der Cavaliere über dessen Wahl auf den Stuhl Petri freute und wie viele Beweise der Achtung und Zuneigung er durch diesen Papst erfuhr»,[1] kommentierte Domenico Bernini dieses Ereignis. Giulio Rospigliosi, so der bürgerliche Name des neuen Pontifex, hatte seine Karriere am Papsthof zur Zeit der Herrschaft Urbans VIII. begonnen und kannte von daher den Künstler seit fast einem halben Jahrhundert. Die beiden Männer verbanden über die persönliche Wertschätzung hinaus berufliche Berührungspunkte, denn Rospigliosi profilierte sich am Hof der Barberini nicht nur als tüchtiger Verwaltungsfachmann, sondern vor allem aufgrund seiner schriftstellerischen Talente: Als sehr produktiver Autor von Opernlibretti versorgte er das glanzvolle Barberini-Theater mit geistlichen wie weltlichen Opern, bei deren Inszenierung sich Berninis Vielfachbegabung stets aufs Neue bewährt hatte.

Kein Wunder, dass der Künstler allen Grund hatte, mit der Wahl dieses Papstes zufrieden zu sein. Bereits am Tag der Wahl erhielt er seinen ersten Auftrag. Der neue Pontifex, seit langem schon an Schlafstörungen leidend, fand nämlich nur Ruhe, wenn er das Geräusch plätschernden Wassers hörte – doch von seinem neuen Schlafgemach im Vatikan aus ließ sich kein Brunnen vernehmen. Bernini gab vor, in aller Eile eine Brunnenanlage im Innenhof zu improvisieren, ersann aber tatsächlich eine ingeniöse Maschine, bei der ein Rad, an dem Pappstreifen befestigt waren, in Bewegung gesetzt wurde, so dass die Streifen an Metallstäbe schlugen und auf diese Weise das Geräusch plätschernden Wassers imitierten. Als der Papst am nächsten Morgen die Maschine entdeckte, sagte er erheitert: «Wir hätten nicht gedacht, Cavaliere Bernini, von Euch schon am ersten Tag unseres Pontifikates betrogen zu werden.» Der Künstler seinerseits kommentierte die Episode dem Sohn zufolge in einer Weise, die abermals das Geheimnis seiner Persönlichkeitswirkung und, mittelbar, seines Erfolges aufblitzen lässt, nämlich die Fähigkeit zur Konzentration, der Zwang zur Intensität: «Ganz gleich, welche Aufgabe ihm übertragen wurde, wie unbedeutend sie immer scheinen mochte, er setzte seinen ganzen Eifer an ihre Lösung und wandte ebenso viel Sorgfalt an die Zeichnung einer Lampe wie eines gewaltigen Architekturentwurfs, denn er pflegte zu sagen, was die Perfektion angehe, seien alle Dinge gleich wichtig.»[2]

In den zweieinhalb Jahren des Rospigliosi-Pontifikates bekam Bernini Gelegenheit, diesen Grundsatz auf vielen Gebieten zur Geltung zu bringen. Besonders waren seine Talente als Bühnenbildner und Regisseur gefragt, denn es war die Zeit einer letzten, kurzen, aber umso glanzvolleren Blüte des römischen Theaters, der Feste, der Musik.[3] Man wäre fast versucht, Clemens IX. als den Theaterpapst zu bezeichnen, wenn dieser Begriff nicht eine vergnügliche Oberflächlichkeit als Assoziation nahelegen würde, die ganz und gar unangebracht wäre. Denn dem Pontifex war es mit seiner Vorstellung von Religiosität in Form des Festes, der theatralischen Inszenierung sehr ernst, auch wenn sich dieser Ernst in heiter-gefälliger Form äußerte. Deutlich wird dieser Sachverhalt, wenn man erfährt, dass Clemens den Besuch der vielen Theateraufführungen, die Rom in diesen Jahren zu bieten hatte, nicht zuletzt als erzieherische Maßnahme für seine Verwandten ansah, wie aus einem *avviso di Roma* vom 9. März 1669 hervorgeht: «Mehr um Seiner Heiligkeit zu gefallen als aus Wertschätzung für Ihre Majestät gehen diverse Kardinäle zu den Komödien [im Theater] der Königin von Schweden. Kardinal Azzolini besucht nicht nur selbst diese Komödien, sondern hat sogar, um den Wünschen des Papstes zu entsprechen, dessen Verwandte mitgeschleppt, besonders den Kardinalnepoten».[4]

Neben den zahlreichen Opern- und Theaterinszenierungen tritt die Bedeutung der Bauten, die Clemens IX. in Auftrag gab, zurück. Doch trotz der immer schwierigeren Finanzlage wurden die wichtigsten der unter Alexander VII. begonnenen Bauprojekte weitergeführt, vor allem die Kolonnaden des Petersplatzes. Daneben kommt einem anderen Vorhaben zentrale Bedeutung zu: der Neugestaltung der Engelsbrücke,[5] die seit der Antike den Tiber auf Höhe der Engelsburg überquerte und das Nadelöhr bildete, durch das die Pilger aus der Ewigen Stadt gehen mussten, wollten sie ihre Andacht in der Peterskirche verrichten. Auf diese Weise spielt sie die Rolle einer Scharnierstelle auf dem «idealen» Weg zum Grab des Heiligen Petrus; und dieser Weg ist ein von Anfang bis Ende von Bernini geprägter Heils-Parcours (Abb. 48). Bei ihrer Ankunft betraten die Gläubigen, von Norden kommend, die Ewige Stadt durch die Porta del Popolo, vom Cavaliere aus Anlass der Ankunft der Königin Christina von Schweden neu gestaltet; über die Piazza del Popolo, wo sie die Zwillingskirchen Santa Maria di Montesanto und Santa Maria dei Miracoli nach den Plänen des Bernini-Schülers Carlo Fontana begrüßten, gingen sie die Via della Ripetta bis zur Engelsbrücke, überquerten sie und gelangten so zum Borgo Nuovo, jener engen Verbindungsgasse zu St. Peter, durch deren schmalen Sichtkanal sie von Ferne die Scala Regia erblickten. Erst nach dem Verlassen des dunklen Borgo Nuovo bot sich ihnen, wie bereits geschildert, das überwältigende Bild des weiten, eleganten Petersplatzes. Doch die Folge von suggestiven Wahrnehmungseindrücken nimmt ihren Fortgang, ja, erfährt eine nochmalige Steigerung, wenn der Betrachter den Platz überquert, die Eingangshalle durchmessen hat und schließlich den Innenraum der Peterskirche erblickt, nach Berninis Entwürfen dekoriert und mit dem gewaltigen Bronzebaldachin als Mittelpunkt. Hat man auch diesen erreicht, so wird schließlich der Blick frei auf den Schluss- und Höhepunkt der Inszenierung, jene Cathedra Petri, die durch die bronzenen Skulpturen von vier Kirchenvätern gestützt wird und über der die Taube des Heiligen Geistes in einer Lichtaureole niederfährt.

Auf diesem Heilsweg für die Scharen der gläubigen Pilger also kam der Engelsbrücke besondere Bedeutung zu, und dementsprechend aufwendig sollte ihre neue Ausstattung ausfallen. Schon drei Monate nach Regierungsbeginn Clemens' IX. setzten die Zahlungen ein, und trotz des Haushaltslochs erreichten sie schwindelerregende Höhen. Zehn überlebensgroße Skulpturen will Bernini errichten lassen, auf beiden Balustraden fünf, welche die *arma Christi*, die

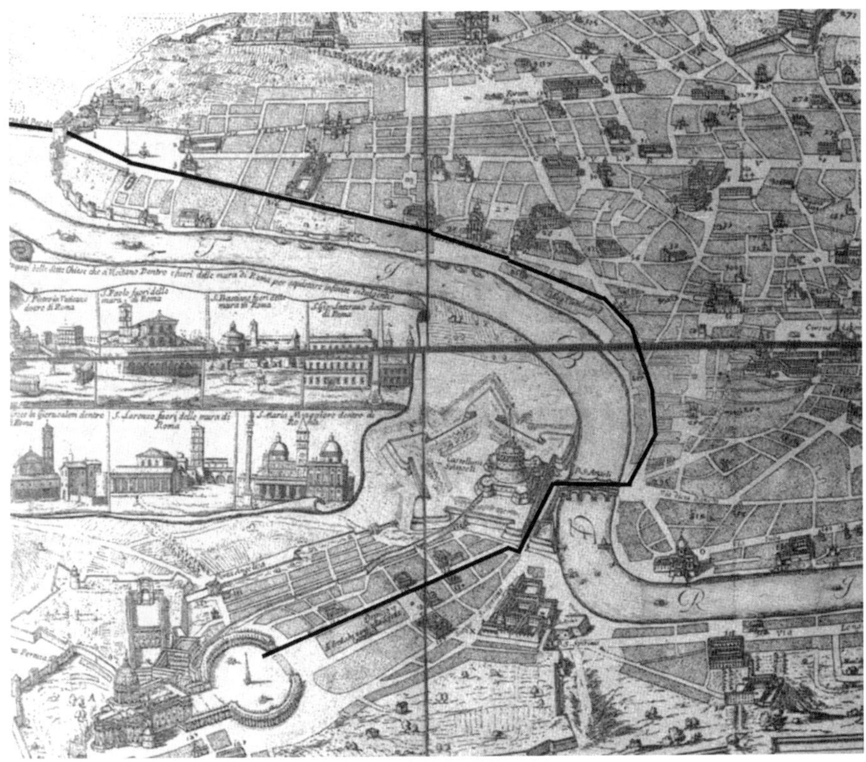

Abb. 48 Giulio Testone, Pianta di Roma, Ausschnitt mit Pilgerweg zu St. Peter (1665)

Marterwerkzeuge Christi, vorführen. Ein solcher Auftrag ist selbst für die gut organisierte Bernini-Werkstatt nicht im Alleingang zu bewältigen, und so finden wir unter den Autoren der Engelsskulpturen auch jene Bildhauer wieder, die sich in diesen Jahren noch eine Art Teilselbständigkeit bewahrt haben: Ercole Ferrata etwa, der den Engel mit dem Kreuz gestaltet, oder Domenico Guidi, dessen

Engelsskulptur die Lanze des Heiligen Longinus präsentiert. Daneben Schüler und Gehilfen des Meisters, der es sich nicht nehmen lässt, zwei Figuren selbst zu gestalten. Diese beiden Arbeiten begeistern den Papst so sehr, dass er befiehlt, Duplikate anfertigen zu lassen – die Originale könne man nicht Wind und Wetter aussetzen.

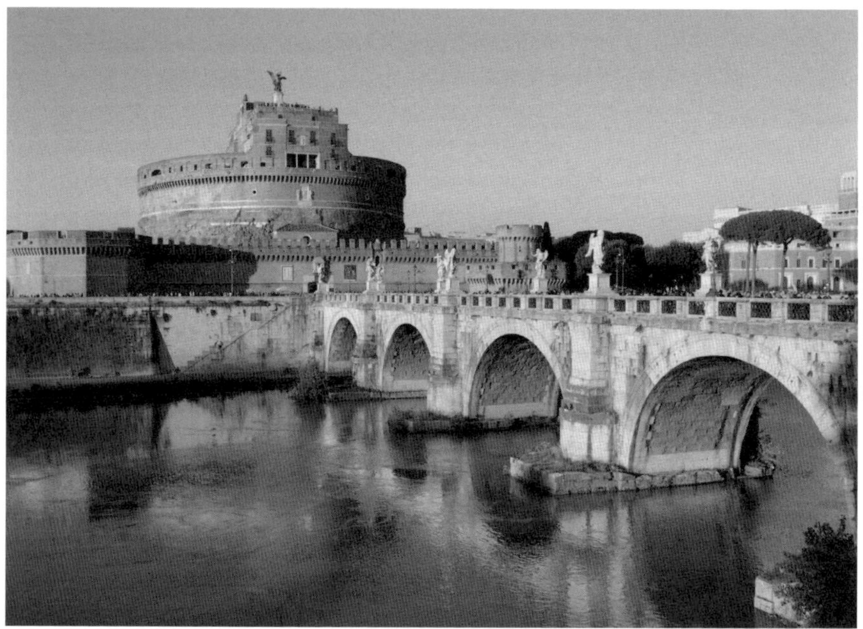

Abb. 49 Engelsbrücke, Blick zur Engelsburg

Das Gesamtensemble macht aus der Engelsbrücke eine «Via Crucis» (Abb. 49), und wie sehr Clemens IX. diese Inszenierung am Herzen liegt, zeigt die Geschwindigkeit, mit der sie entsteht. Im September 1667 werden zehn gewaltige Marmorblöcke im toskanischen Carrara geordert, und zwar, so die ausdrückliche Anweisung Berninis, von allerbester Qualität. Die werden dann auch geliefert, und zwar, so der Händler Filippo Frugoni, «ohne Rücksicht auf die Kosten», die denn auch «exorbitant und ungewöhnlich» ausfallen.[6] Es ist nicht die einzige Aufgabe, die Bernini in diesen Jahren übertragen wird, für die er vom Papst einen Blankoscheck ausgestellt bekommt. Kein Wunder, dass sich beim Tod des beim Volk sehr beliebten Clemens IX. am 9. Dezember 1669 die kirchenstaatlichen Kassen in einem noch bedenklicheren Zustand befinden als bei seinem Regierungsantritt.

Der alte Mann und die Macht

Die wirtschaftliche Lage war ernst, das wussten alle 65 Kardinäle, die am 20. Dezember 1669 das Konklave bezogen. In den vergangenen Jahren hatte sich, neben den traditionellen Gruppen der Anhänger Frankreichs und Spaniens sowie den Kreaturen des verstorbenen Pontifex, an der Kurie eine neue Faktion herausgebildet, die in mancherlei Hinsicht quer zu den etablierten Parteiungen stand: Die so genannten *zelanti*, Eiferer, hielten angesichts wachsender Schwierigkeiten die Zeit für gekommen, grundsätzliche Reformen in Angriff zu nehmen. Nicht nur im wirtschaftlichen Bereich, ganz im Gegenteil. Eine Sanierung der päpstlichen Kassen war überfällig, aber sie sollte lediglich das Nebenresultat einer an Haupt und Gliedern reformierten Kirche werden. Und am Haupt sollten die Reformen ansetzen, an der Kurie selbst, die endlich von der schändlichen Abhängigkeit befreit werden sollte, in die sie gegenüber den Großmächten geraten war. Ein Papst und ein Kardinalskollegium müssten endlich wieder an ihrer Spitze stehen, die nicht länger politischen Rücksichtnahmen, sondern allein ihrem Gewissen verpflichtet wären. Ein Ende des exzessiven Nepotismus wäre die erste Folge einer solchen Führung aus dem Geiste Christi – und zugleich der erste Schritt zu einer Gesundung der desaströsen Finanzlage.

Wie zu allen Zeiten hatten es auch im Kardinalskollegium des späten 17. Jahrhunderts die Radikalreformer schwer und leicht zugleich. Schwer insofern, als ihre Forderungen vom Establishment zunächst mit vehementer Gegenwehr bekämpft wurden und sie von den inneren Kreisen der Macht ausgeschlossen blieben. Leicht jedoch, weil sie gerade dadurch die Reinheit ihrer Ideale wahren und in plakativ-wirksamer Form verkünden konnten. Moralisch begründete Maximalforderungen klingen prachtvoll und verschaffen das gute Gewissen, auf der Seite der Guten zu stehen – bis man in die erfreuliche und zugleich enttäuschende Situation gerät, sie in der rauen Realität der widerständigen Alltagspolitik umsetzen zu sollen. Die damit verbundene Desillusionierung blieb den *zelanti* des Jahres 1670 noch erspart. Nach einem schier endlosen Konklave von mehr als vier Monaten Dauer einigte man sich am Ende auf den Kompromisskandidaten Emilio Altieri, der alles mitbrachte, was man von einem Kompromisskandidaten erwarten durfte: wenig politisches Profil, eine unanstößige Mittelmaß-Karriere, bei der er sich keine mächtigen Feinde gemacht hatte, ein mildes Naturell und vor allem das biblische Alter von 80 Jahren, was ein baldiges neues Konklave erwarten ließ. In diesem Punkt jedoch enttäuschte Clemens X., wie sich der neue Pontifex aus Dankbarkeit gegenüber dem Vorgänger nannte, die Kalkulationen seiner Wähler: mehr als sechs Jahre sollte seine Herrschaft dauern. Sechs Jahre, in denen sich die Probleme der Kurie munter weiter auftürmten.

Denn obwohl von robuster körperlicher Verfassung, bedurfte der alte Mann auf dem Stuhl Petri unbedingt einer zuverlässigen Vertrauensperson, die ihn bei seinen vielfältigen Aufgaben unterstützte. Clemens X. berief gleich nach seiner Wahl den Kardinal Paluzzo Paluzzi degli Albertoni zum Kardinalnepoten, auch wenn die Verwandtschaft nur eine adoptive war – der Pontifex besaß lediglich eine Nichte, Laura Altieri, die mit dem Neffen des Kardinals verheiratet wurde, und zwar unter der Bedingung, dass der ganze Familienzweig den Namen Altieri annähme, um dessen Aussterben zu verhindern. Für den Weiterbestand des ehrwürdigen Familiennamens war durch diese Maßnahme einstweilen Sorge getragen; für die Politik von Kirchenstaat und Papsttum hingegen sollte sich das Führungsgespann Clemens X. / Paluzzo degli Albertoni-Altieri als weniger glücklich erweisen. Schon bald war offensichtlich, dass der greise Pontifex im Grunde nichts zu sagen hatte: «In Rom heißt es, dass Segnen und Heiligsprechen dem Papst obliegt, das Regieren jedoch dem Kardinal», so eine lakonische und noch zurückhaltende Äußerung der Zeit.[7] Angesichts der rücksichtslosen Bereicherungspraktiken Paluzzo Albertoni-Altieris hagelte es sehr bald harsche

Polemiken von allen Seiten. Auch in der großen Politik agierte der letzte tonangebende Kardinalnepot in der Papstgeschichte zumindest unglücklich, wenn nicht tölpelhaft. Das unter Clemens IX. mühsam verbesserte Verhältnis zum Frankreich Ludwigs XIV. wurde neuerlichen Belastungsproben ausgesetzt und kühlte merklich ab. Beim Tod des sechsundachtzigjährigen Papstes ging ein Aufatmen durch Rom.

Zuvor jedoch entstand pünktlich zum Heiligen Jahr 1675 eine prächtige Familienkapelle der Albertoni-Altieri in San Francesco a Ripa, gebaut nach den Plänen Berninis, der hier eines seiner letzten großen Kunstensembles schuf.[8] Bemerkenswert ist die Cappella Albertoni, die zu Ehren der selig gesprochenen Nonne Ludovica Albertoni errichtet wurde, freilich nicht nur durch die Qualität ihrer Ausstattung, sondern ebenso durch ihre Vorgeschichte.

Die beginnt im Jahre 1670, und ihr Protagonist ist zunächst Berninis Bruder Luigi, derselbe Luigi, der Gianlorenzo einst die geliebte Costanza Bonarelli ausgespannt hatte. Ob die auf diese Affäre folgenden Ereignisse traumatisch auf ihn gewirkt haben, wissen wir nicht; geheiratet hatte er jedenfalls nie und mit der Zeit scheinen sich seine sexuellen Präferenzen verändert zu haben. Jedenfalls wurde er Ende 1670 *in flagranti* mit einem Knaben erwischt, eine andere Quelle spricht von einem Schaf. Ob Knabe oder Schaf, in jedem Fall war nach zeitgenössischen Begriffen der Tatbestand der Sodomie, der damals die Päderastie einschloss, erfüllt, und darauf stand die Todesstrafe. Zumindest, wenn man nicht über einflussreiche Fürsprecher verfügte, denn die volle Schärfe des Gesetzes hat bekanntlich noch stets lediglich diejenigen getroffen, die keinen Zugang zu jenen haben, welche die Gesetze machen. Luigi Bernini jedoch konnte auf die Intervention seines Bruders vertrauen, und so kam er mit einer Strafmilderung davon: Exil nebst Konfiskation seines Besitzes, so lautete der immer noch harte Urteilsspruch.

Knapp drei Jahre später fügten es glückliche Umstände und die völlig unterschiedlich motivierten Interessen von vier Protagonisten, dass Luigi Bernini in die Ewige Stadt zurückkehren konnte: Ein Papst, der den Pilgern im Heiligen Jahr ein eindrucksvolles neues religiöses Kunstwerk bieten wollte; ein Kardinalnepot, dessen angeschlagenes Prestige von der publikumswirksamen Inszenierung einer seligen Ahnin nur profitieren konnte; Christina von Schweden, die etwas für Bernini, und schließlich Bernini selbst, der etwas für seinen Bruder tun wollte, diese Konstellation führte zur Errichtung der Kapelle in San Francesco a Ripa. Denn 1671 hatte Clemens X. Ludovica Albertoni, eine Nonne, die im späten 15. und frühen 16. Jahrhundert gelebt hatte, selig gesprochen. Bei der Frage nach einer angemessen ausgestatteten Kapelle zu ihrer Verehrung legte der Kardinalnepot Paluzzo degli Albertoni besonderes Engagement an den Tag. Handelte es sich doch um eine Familienangehörige, aus deren Ruhm er selbst Nutzen ziehen konnte. Angesichts der stadtbekannten Habgier des Papstneffen scheint der Königin Christina von Schweden die Idee zu einem etwas ungewöhnlichen Geschäft gekommen zu sein, nach dem Motto: «Verherrlichst Du meine Urgroßtante, begnadige ich Deinen Bruder.» Christina vermittelte zwischen ihrem Künstlerfavoriten und dem mächtigen Nepoten, und schließlich erklärte sich der fünfundsiebzigjährige Bernini bereit, den Kapellenentwurf sowie die Statue der Seligen Ludovica kostenlos zu schaffen – im Gegenzug durfte sein Bruder nach Rom zurückkehren.

Die ungewöhnlichen Entstehungsumstände wirkten sich freilich nicht negativ auf die Qualität der Arbeit aus. Mit der Statue der Seligen Ludovica (Abb. 50) schuf Bernini ein ergreifendes Zeugnis seiner Religiosität, bereits vom nahenden Ende seines Lebens berührt. Kein Zweifel, dass die Skulptur eine Schwester im Geiste der Heiligen Teresa in der Cornaro-Kapelle ist. Auch ihre Figur wird von äußerstem Pathos geprägt, doch zeigt die extreme Intensität des dargestellten Augenblicks nicht denjenigen der Extase, sondern der Agonie. In den letzten Jahren seines Lebens beschäftigte sich der Künstler in wachsendem Maße mit der Endlichkeit seiner Existenz. Der Tod seiner Frau Caterina am 12. Juli 1673, nach über dreißigjähriger Ehe, traf ihn schwer. In vielen seiner Werke hatte er den Tod inszeniert, mitunter so prominent wie an den Grablegen für Urban VIII. und Alexander VII., doch stets als theatralische Figur des Knochenmanns, der als fremdes Wesen von außen kommt, ohne Bezug zur inneren Essenz der übrigen Figuren. Hier, in der Cappella

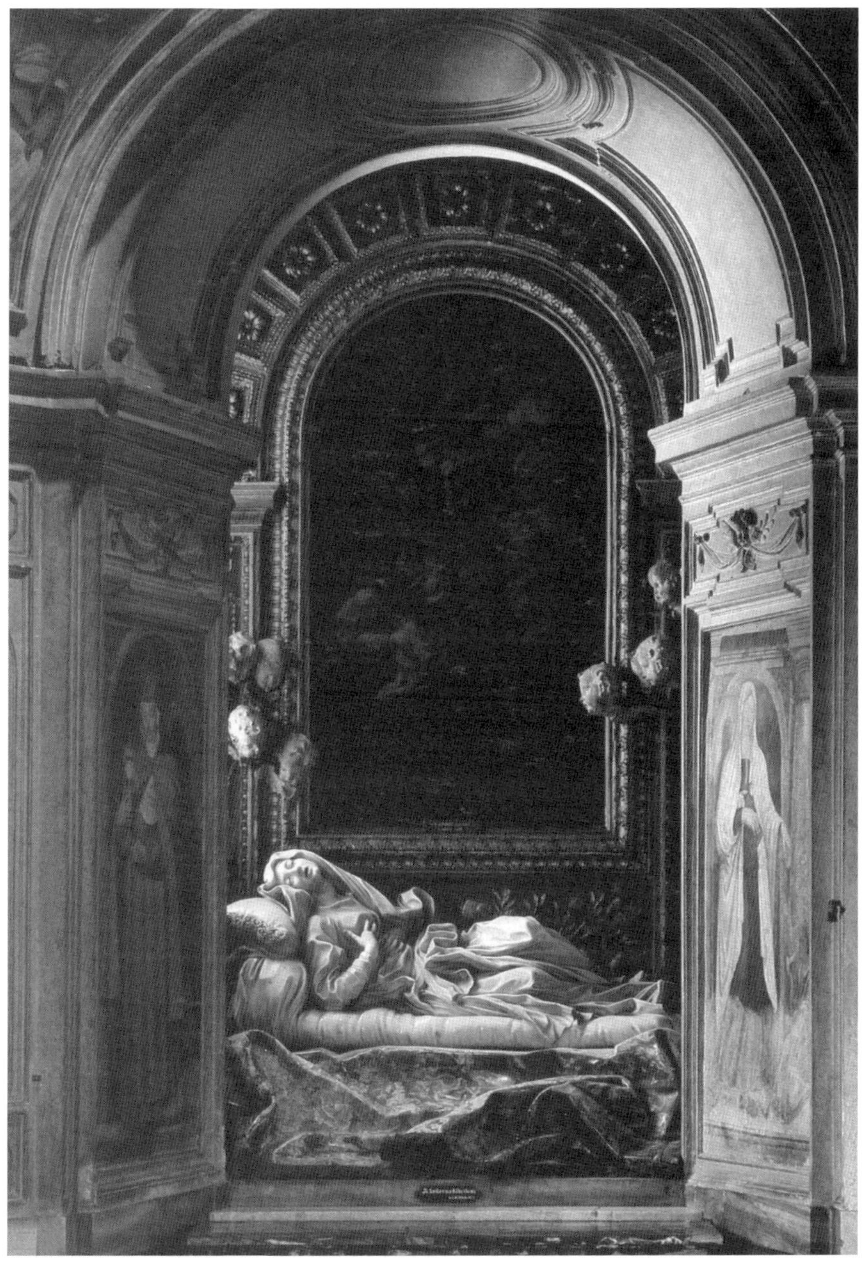

Abb. 50 Cappella Albertoni, San Francesco a Ripa, Rom (1671–1674)

Albertoni wird das anders, führt Bernini zum ersten und einzigen Mal in seinem Lebenswerk den Tod nicht als den Fremden, den Anderen vor Augen, sondern den Akt des Sterbens selbst – und damit das eigene Schicksal.

Der Sanierer

Mochten sich auch die trüben Stunden im Leben des Gianlorenzo Bernini zum Ende hin häufiger einstellen, so konnte er sich doch unter der Herrschaft des senilen Altieri-Papstes nicht über einen Mangel an Aufträgen und Anerkennung beklagen. Das sollte sich unter dem Nachfolger Clemens' X. ändern.

Die Ausgangssituation im Konklave des Jahres 1676 glich derjenigen bei der vorangegangenen Wahl zum Verwechseln, sieht man einmal davon ab, dass weitere sechs Jahre Misswirtschaft und exzessiver Verwandtenförderung die Haushaltslage abermals verschärft hatten. Dementsprechend prallten die Vorstellungen der Traditionalisten, geführt vom einstmals so phlegmatischen Ex-Nepoten Flavio Chigi, und der *zelanti*, der eifrigen Reformer, mit gesteigerter Wucht aufeinander.[9] Für Chigi waren die *zelanti* «la gente più pazza del mondo», schlechterdings verrückt, würde doch die Umsetzung ihrer Reformvorstellungen unweigerlich zu einer radikalen Umwälzung der päpstlichen Herrschaftsorganisation führen, ja, nachgerade zur Umwertung aller Werte. Denn durch die Abschaffung des Nepotismus wären schließlich all jene Vorgängerpäpste ins Unrecht gesetzt, die dem Gebot der *pietas* nach Unterstützung der Verwandten nachgekommen waren. Doch als am 21. September 1676 weißer Rauch aus dem Konklave aufstieg und der Stadt und dem Erdkreis das feierliche «Habemus Papam» verkündet wurde, war das Unfassbare geschehen: die Kardinäle hatten mit Benedetto Odescalchi den radikalsten der Reformer gewählt.[10] Einen Mann zudem, der durch seinen familiären Hintergrund – er entstammte einer Kaufmannsfamilie aus dem norditalienischen Como – und persönlichen Werdegang – zum Zeitpunkt der Wahl war er bereits seit 31 Jahren Kardinal – hervorragende Voraussetzungen mitbrachte, die längst überfälligen Reformen nicht nur einzuklagen, sondern auch tatsächlich umzusetzen.

Innozenz XI., so der Name des neuen Pontifex, machte sich sogleich an die Arbeit und begann bei sich selbst. Die päpstliche Hofhaltung wurde rigorosen Sparmaßnahmen unterworfen, der Aufwand für Repräsentation und Zeremoniell auf ein Minimum zurückgestutzt. Mochte diese Maßnahme vor allem symbolischer und psychologischer Art sein, der nächste Punkt von Innozenz' Agenda traf tatsächlich den Wesenskern des Systems Rom: kein Nepotismus, keine Berufung der Verwandten in die inneren Zirkel der Macht. In die wurden hingegen ausgewiesene Fachleute berufen, vor allem solche für Wirtschafts- und Finanzfragen. Die Bürokraten machten sich ans Werk, also an die Trockenlegung der römischen Finanzsümpfe, eine nach vielen Jahrzehnten der Misswirtschaft wahrlich herkulische Aufgabe, die jedoch in überraschend kurzer Frist zu Ergebnissen führte. Die waren im Befund so ernüchternd wie die daraufhin eingeleiteten Gegenmaßnahmen radikal ausfielen. Der Pontifex reduzierte in einem riskanten Kraftakt kurzerhand die Zinsen auf die römischen Staatsanleihen, im Vertrauen darauf, dass die grundsätzlich zuverlässige Zahlungsmoral der päpstlichen Schuldner die Gläubiger dazu veranlassen würde, diese Maßnahme trotz allen unvermeidlichen Skandalgeschreis letztlich zu akzeptieren. Und diese gewagte Spekulation ging auf. Eine Vielzahl flankierender Maßnahmen begleiteten den Hauptcoup der Finanzreformen, eine Reihe von überdurchschnittlichen Getreideernten mag man unter der Rubrik «Glück des Tüchtigen» verbuchen, insofern der wahrlich tüchtige Papst aus der glücklichen Konjunktur etwas zu machen verstand. Statt die reiche Ernte dazu zu benutzen, den Römern einige Jahre schlaraffenlandähnliche Brotpreise zu spendieren, ließ Innozenz die staatliche Brotbehörde das Getreide zu recht hohen, wenn auch erschwinglichen Preisen an die Bäcker verkaufen und benutzte die erwirtschafteten Überschüsse zur Haushaltssanierung. «Würden Politiker unserer Tage eine solche Operation wagen, sie würden diese wohl sozial ausgewogen nennen – und flugs abgewählt werden.»[11] Am Ende seiner Herrschaft konnte die komplizierte Operation als tatsächlich erfolgreich gelten, waren die Staatsschulden um bemerkenswerte 5 Millionen scudi gesenkt, wies das Haushaltsbudget des Kirchenstaates sogar wieder ein Plus aus.

Zugleich jedoch war die Erschöpfung ob der Reformzumutungen so groß, dass bei der Wahl von Innozenz' Nachfolger im Jahre 1689 das Pendel wieder zurückschlug und mit Alexander VIII. Ottoboni ein Mann auf den Stuhl Petri gewählt wurde, den man zwar zum Kreis der *zelanti* gerechnet hatte, der nun aber, im Zentrum der Macht angelangt, noch einmal die Verwandtenförderung im großen Stil aufleben ließ. Bernini erlebte das nicht mehr mit. Was er hingegen am eigenen Leib noch sehr spürbar erfuhr, waren die Folgen des Sparkurses Innozenz' XI. im Bereich der Kunst- und Kulturförderung. Wie leicht vorzustellen, wirkten sie sich desaströs aus. Allenfalls Restaurierungsmaßnahmen bescheidenen Ausmaßes wurden noch finanziert, alle Großprojekte dagegen eingestellt – was dazu führte, dass der Petersplatz letztlich unvollendet blieb – und neue Bauten nicht mehr in Angriff genommen. Schlechte Zeiten für Künstler, die mit einem Schlag nicht mehr gefragt waren. Der einzige Auftrag, den Bernini vom neuen Papst erhielt, bestand bezeichnenderweise darin, die nackte *Veritas* am Grabmal für Alexander VII. zu verhüllen. Eine geistlose Prüderie, durch die das ironische Konzept des Kunstwerkes um einen guten Teil seiner Wirkung gebracht wurde, so mag der greise Großmeister diese Anweisung empfunden haben. Er machte seiner Wut über den energischen Reformpapst mit so geringem Kunstsinn in seiner zweifellos bösartigsten Karikatur Luft (Abb. 15, S. 85), auf der Innozenz XI. entschieden einem gefräßigen Insekt gleicht. Abermals, ein letztes Mal, blitzt der anarchische Jähzorn auf, das andere, hassverzerrte Gesicht des meist so beherrscht-eleganten Hofkünstlers. Doch anders als früher so oft war es nur mehr ein ohnmächtiger Hass.

«And my ending is despair»

Die große Zeit Berninis war endgültig vorbei, und er lernte in seinen letzten Jahren das Gefühl kennen, sich selbst überlebt zu haben. Über Jahrzehnte hin hatte er im Mittelpunkt der römischen Gesellschaft gestanden, von der Aristokratie gefeiert, von Königen hofiert, von Päpsten mit Auszeichnungen und Gunstbeweisen aller Art überschüttet. Am Ende seines Lebens, da es begann, still um ihn zu werden, sehen wir den einst Unermüdlichen seinerseits die Stille suchen und Antwort auf jene Fragen, die er Zeit seines Lebens durch hektische Aktivität abgedrängt hatte, dorthin, wo sie ihre lähmende Wirkung nicht tun konnten. Sein Sohn berichtet davon, dass er sich oftmals in einer Sänfte zu Sant'Andrea al Quirinale tragen ließ, der kleinen Jesuitenkirche, die er in den fünfziger Jahren für Fürst Camillo Pamphili entworfen hatte. Dort verbrachte er dann Stunde um Stunde, versunken in die Betrachtung der Architektur, und auf die Frage des Sohnes, was ihn dazu veranlasse, gab er die müde-resignierte Antwort: «Von allen meinen architektonischen Werken ist dieses dasjenige, das mir am wenigsten misslungen ist.»[12] Die Sorge um sein Seelenheil erfüllte ihn; nicht weniger diejenige um das Nachleben seines Werkes, und beim Gedanken daran quälten ihn dunkle Vorahnungen – der Glanz und Ruhm, die ihm zu Lebzeiten zuteil wurden, seien Blendwerk gewesen, von dem er sich nicht mehr täuschen lasse. Nach seinem Tode, da sei er sicher, werde er sehr schnell vergessen werden und mit ihm sein Werk.[13] Und wie eine erste Andeutung der Schatten, die sich über sein Werk legen würden, musste es ihm erscheinen, dass kurz vor Ende seiner Tage das Gerücht, er habe durch den Umbau der Vierung von St. Peter die Kuppel ruiniert, wieder auflebte; und zwar so machtvoll, dass sich der Papst veranlasst sah, eine Expertenkommission zur Überprüfung der Vorwürfe einzusetzen.[14]

Dennoch blieb er bis fast ganz zum Schluss tätig. Seine letzte Skulptur, die Büste des richtenden Christus (Abb. 51), bezeugt die Auseinandersetzung mit dem nahenden Tod besonders eindrücklich.[15] Bis zur Erschöpfung seiner schwindenden Kräfte arbeitete er an diesem Werk und wollte es am Ende seiner großen Förderin

Christina von Schweden schenken. Die jedoch lehnte das großzügige Angebot ab: Ein Geschenk von solchem Wert könne sie niemals angemessen beantworten,[16] äußerte sie, und verlieh damit dem Grundprinzip der sozial stabilisierenden Funktion des Geschenkaustausches emblematischen Ausdruck. Kann ein *padrone* das Geschenk eines Klienten nicht durch ein entsprechendes, und das heißt: wertvolleres Geschenk erwidern, so verschwindet das soziale Gefälle zwischen den beiden. Gerade weil die Königin Berninis Salvator-Büste so sehr schätzte, wurde ihr deren Annahme als Geschenk unmöglich. Umso mehr wird sie zufrieden gewesen sein, als ihr die Skulptur in Berninis Testament zugesprochen wurde.

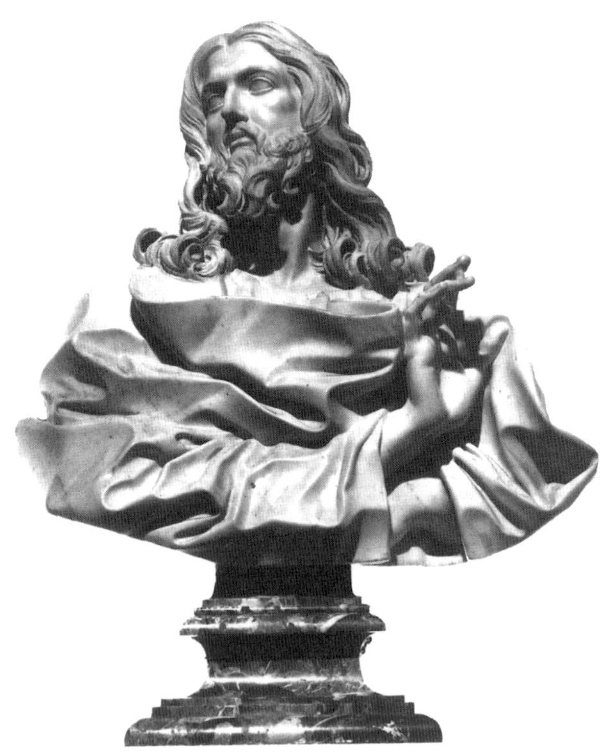

Abb. 51 Christusbüste, Kloster San Sebastiano fuori le Mura, Rom (1679)

Der Tod kam nach kurzer, zweiwöchiger Krankheit, während der er, ein frommer Katholik zeit seines Lebens, am Fußende seines Bettes einen Altar aufbauen ließ und sich, soweit es seine Kräfte zuließen, mit Priestern über den Tod unterhielt; seit langer Zeit schon hatte er gute Beziehungen zu den Jesuiten gepflegt, mit deren amtierendem Ordensgeneral, dem Padre Gian Paolo Oliva, er auf freundschaftlichem Fuß stand. Seinen schlagfertigen Witz verlor er nicht bis zuletzt. Nachdem ein Schlaganfall seinen rechten Arm gelähmt hatte, kommentierte er: «Das ist sehr vernünftig, dass diese Hand vor dem Tod noch ein wenig ausruht, nachdem sie im Leben so viel gearbeitet hat.»[17] Am 28. November 1680, wenige Tage vor seinem 82. Geburtstag, starb Gianlorenzo Bernini.

Die Beisetzung in der Familiengruft zu Santa Maria Maggiore wurde mit «jenem Pomp begangen, wie er der Bedeutung des Menschen und den Möglichkeiten und der Liebe seiner Kinder entsprach», so Berninis zeitgenössischer Biograph Filippo Baldinucci.[18] Was zunächst großartig klingt, erscheint auf den zweiten Blick entlarvend: denn die Kernpassage lautet ja «den Möglichkeiten einer bürgerlichen Familie entsprechend», und die waren weit entfernt von jenem herrscherlichen Glanz, in dem sich Bernini in den Zeiten seines Erfolges gesonnt hatte. Wenn in Baldinuccis Darstellung sogleich die Versicherung folgt, die gesamte Aristokratie der Stadt sei bei den Exequien zugegen gewesen, wird man vermuten müssen, sie habe den Sarg mit dem Gefühl begleitet, dass hier das Relikt einer vergangenen Epoche in die Gruft sinke. Eine schlichte Marmorplatte mit dem Familienwappen bedeckt das Grab des bedeutendsten Künstlers, den Rom im 17. Jahrhundert hervorbrachte. Der heutige Besucher hat Mühe, sie zu finden.

Anmerkungen

Der Schöpfer des barocken Rom

1 Giovanni Battista Passeri, Vite de' Pittori, Scultori ed Architetti dall' anno 1641 sino all'anno 1673, hgg. von Jacob Hess, Leipzig und Wien 1934 (Neudruck 1995), S. 236; vgl. Ann Sutherland Harris, La dittatura di Bernini, in: Marcello Fagiolo (Hg.), Gianlorenzo Bernini e le arti visive, Rom 1987, 43–58.

2 Domenico Bernini, Vita del Cavaliere Gianlorenzo Bernini, Rom 1713, 27.

3 So etwa von dem Literaten und zeitweiligen Gesandten des Herzogs von Modena am päpstlichen Hof Fulvio Testi: «(...) il cavaliere Bernino, (...) ch'è il Michelangelo del nostro secolo tanto nel dipingere quanto nello scolpire e che non cede a nissuno degli antichi nell'eccellenza dell'arte.» Zit. nach: Fulvio Testi, Lettere, hgg. von Maria Luisa Doglio, 3 Bde., Bari 1967, Bd. I, Nr. 403, Brief an den Conte Francesco Fontana, Modena, Rom, 29. Januar 1633.

4 Vgl. hierzu die anregenden Überlegungen von Bernd Roeck, Das Auge des Historikers. Kunstwerke als Zeugen ihrer Zeit, Göttingen 2004.

5 Domenico Bernini, Historia di tutte le heresie, Rom 1705.

6 Filippo Baldinucci, Vita del Cavaliere Gianlorenzo Bernini, Florenz 1682; deutsche kommentierte Übersetzung: Alois Riegl (Hg.), Filippo Baldinuccis Vita des Giovanni Lorenzo Bernini, Wien 1912.

7 Zum Verhältnis der Viten von Domenico Bernini und Filippo Baldinucci vgl. die grundlegende Studie von Cesare D'Onofrio, Le biografie di Gianlorenzo Bernini, Rom 1967.

8 Paul Fréart de Chantelou, Journal de Voyage du Cavalier Bernin en France; seit kurzem liegt erstmals eine sorgfältig edierte und kommentierte deutsche Übersetzung dieser in vielerlei Hinsicht bemerkenswerten kulturgeschichtlichen Quelle vor: Pablo Schneider und Philipp Zitzlsper-

GER (Hgg.), Das Tagebuch des Herrn Paul Fréart von Chantelou, Berlin 2006.

9 Von besonderer Bedeutung sind die Funde, die STANISLAO FRASCHETTI, Il Bernini, Mailand 1900 und CESARE D'ONOFRIO, Roma vista da Roma, Rom 1967 veröffentlicht haben. Des Weiteren schöpft die vorliegende Biographie auch aus den Tagebuchaufzeichnungen des römischen Bürgers GIACINTO GIGLI, Diario romano, hgg. von MANLIO BARBERITO, 2 Bde., Rom 1994.

10 Vgl. hierzu etwa die Zusammenstellung bei CHARLES AVERY, Bernini, München 1998, 276f.

Anfänge: Die Jahre unter Paul V. und Gregor XV. (1605–1623)

1 Die Anekdote ist überliefert bei D. BERNINI, Vita, 1713, 8. Bernini selbst erzählte sie auch während seiner Frankreichreise mehrfach Chantelou, vgl. Chantelou, 5. August 1665 und 6. Oktober 1665.

2 Die Biographien von Domenico Bernini und Baldinucci betonen die früh hervortretende Begabung immer wieder. Sie sind alles andere als einer hagiographischen Tendenz unverdächtig, worauf in der kunstgeschichtlichen Forschung wiederholt hingewiesen wurde, vgl. besonders D'ONOFRIO, Roma vista da Roma, Rom 1967, 89-115, 176f., der auch einige Datierungen der frühen Marmorskulpturen als eindeutig falsch nachweist. Dennoch kann über die ungewöhnlich früh entwickelte Kunstfertigkeit Berninis kein ernsthafter Zweifel bestehen. Auch wenn sich die Zeichnungen und Studien seiner Jugend nicht erhalten haben, spricht die reife Meisterschaft, welche die ersten sicher datierbaren Marmorskulpturen ab 1612 kennzeichnet, dafür, dass der Künstler bereits wesentlich früher Erstaunliches im Umgang mit dem Meißel und zumal dem Zeichenstift zu leisten verstand.

3 D. BERNINI, Vita, 1713, 14. Bernini selbst berichtete auf seiner Frankreichreise, schon in sehr jungen Jahren eifrig Antikenstudien betrieben zu haben, vgl. CHANTELOU, 5. September.

4 NORBERT ELIAS, Mozart. Zur Soziogenese des Genies, Frankfurt a. Main 1993.

5 CHANTELOU, 6. Juni.

6 Vgl. den anregenden Sammelband von GIANVITTORIO SIGNOROTTO und MARIA ANTONIETTA VISCEGLIA (Hgg.), La Corte di Roma tra Cinque e Seicento. «Teatro» della politica europea, Rom 1998. Zur Visualisierung sozialer Normen und Konflikte auf dieser europaweit beachteten römischen Bühne vgl. die Beiträge des Sammelbandes: Normen und Symbole im päpstlichen Rom der frühen Neuzeit, hgg. von GÜNTHER WASSILOWSKY und HUBERT WOLF, Münster 2005.

7 Zum Kardinalskollegium in der Frühen Neuzeit und seiner Zusammensetzung anhand einer Reihe von biographischen Skizzen vgl. Arne Karsten (Hg.), Jagd nach dem roten Hut. Kardinalskarrieren im barocken Rom, Göttingen 2004 sowie Christoph Weber, Senatus Divinus. Verborgene Strukturen im Kardinalskollegium der frühen Neuzeit (1500–1800), Frankfurt a. Main 1996.

8 Zum Begriff vgl. Wolfgang Reinhard, Freunde und Kreaturen. «Verflechtung» als Konzept zur Erforschung historischer Führungsgruppen, Römische Oligarchie um 1600, München 1979 sowie ders., Amici e Creature. Politische Mikrogeschichte der römischen Kurie im 17. Jahrhundert, in: QFIAB 76 (1996), 308–333.

9 Zit. nach: Maurizio Fagiolo dell'Arco, L'immagine al potere. Vita di Giovan Lorenzo Bernini, Rom/Bari 2001, 32.

10 Zur Cappella Paolina vgl. zuletzt Michail Chatzidakis, «Imagines pietatis Burghesianae». Die Papstgrabmäler Pauls V. und Clemens VIII. in der Cappella Paolina in Maria Maggiore, in: Bredekamp/Reinhardt (Hgg.), Totenkult und Wille zur Macht. Die unruhigen Ruhestätten der Päpste in St. Peter, Darmstadt 2004, 159–178.

11 Dies vermutet mit guten Argumenten Sebastian Schütze, San Lorenzo, in: Bernini scultore. La nascita del Barocco in casa Borghese, hgg. von Anna Coliva und Sebastian Schütze, Rom 1998, 62–77, hier: 74.

12 Zit. nach Schütze, San Lorenzo, ebd., 68.

13 Zum posttridentinischen Heiligenkult zuletzt umfassend und anregend Peter Burschel, Sterben und Unsterblichkeit. Zur Kultur des Martyriums in der frühen Neuzeit, München 2004.

14 Vergil, Aeneis, hgg. von Johannes Götte, Düsseldorf/Zürich 1983, III, 158, 102.

15 Volker Reinhardt, Rom. Kunst und Geschichte 1480–1650, Würzburg/Freiburg i. Br. 1992, 104. Zum zeitgenössischen Lob der «Pietas Burghesiana» des Kardinals vgl. D'Onofrio, Roma 1967, 232–234.

16 Sie sollen im Folgenden nicht alle angesprochen werden, eine zusammenfassende Darstellung mit weiterführenden Literaturhinweisen findet sich bei Rudolf Preimesberger, Zu Berninis Borghese-Skulpturen, in: Herbert Beck und Sabine Schulze (Hgg.), Antikenrezeption im Hochbarock, Berlin 1989, 109–127, der meine Interpretation der Aeneas-Gruppe in den wesentlichen Punkten folgt.

17 Vgl. etwa noch die Ansicht von Victoria v. Flemming, «Ozio con dignità?» – Die Villenbibliothek Kardinal Scipione Borgheses, in: Röm. Quart. 1990, 179–224.

18 Vgl. Birgit Emich, Bürokratie und Nepotismus unter Paul V. Studien zur frühneuzeitlichen Mikropolitik in Rom, Stuttgart 2001, 168, Anm. 304.

19 Vgl. Emich, Bürokratie, Kapitel V. 3. c: Freie Bahn dem Eigennutz: Die

Interventionen des Nepoten in eigener Sache, 381–393 sowie die minutiöse Darstellung in: Dies., Territoriale Integration in der Frühen Neuzeit. Ferrara und der Kirchenstaat, Köln u. a. 2005.

20 Zit. nach Michael Hill, The patronage of a disenfranchised nephew: cardinal Scipione Borghese and the restauration of San Crisogono in Rome 1618–1628, in: Journal of the society of Arch. Historians 60 (2001), 432–449, hier: 447: «Pari il desiderio d'acquistare, e dell'havere, ma nell'uno per ambizione, nell'altro per imbecillità (...).» [ASV, Arch. Boncompagni-Ludovisi, 895/6, o. P.] Ähnlich urteilte der geistreiche Fulvio Testi anlässlich eines der zahllosen Konflikte zwischen Borghese und seinem Nachfolger Kardinal Ludovico Ludovisi: «Ludovisi hat mehr Freunde, Borghese mehr Geld; Ersterer verlässt sich auf sein Gehirn, Letzterer auf seinen Geldbeutel.» Testi, Lettere, Bd. I, Nr. 125, Brief an Francesco I. d'Este, Rom, 13. Oktober 1627.

21 Vgl. Reinhard, Amici e Creature, 1996, 309–333.

22 Zit. nach: Baldinucci, Vita, 74.

23 Abgedruckt bei: D'Onofrio, Roma,1967, 283, Anm. 18.

24 Bereits Alois Riegl konstatierte in seinen Kommentaren zu Baldinuccis Bernini-Vita: «Daß Gregor XV. besonders eifersüchtig auf die Dienste Berninis gewesen wäre, läßt sich nicht behaupten. Er hat ihm keinen monumentalen Auftrag zukommen lassen, nur die drei Porträte (...).»

25 Vgl. den bei D'Onofrio, Roma, 1967, 307f. abgedruckten zeitgenössischen Bericht.

26 Zit. nach Carolyn H. Wood, The Indian Summer of Bolognese Painting: Gregory XV (1621–1623) and Ludovisi art patronage in Rome, Ann Arbor 1988, 16: «Io non consentirò mai che alcuno me superi in volontà e prontezza.»

27 Zur ebenso aktiven wie erfolgreichen Deutschlandpolitik in dieser frühen Phase des Dreißigjährigen Krieges nach wie vor grundlegend: Dieter Albrecht, Die deutsche Politik Papst Gregors XV. 1621–1623. Die Einwirkung der päpstlichen Diplomatie auf die Politik der Häuser Habsburg und Wittelsbach, München 1956. Zur Person Ludovisis und seinen vielfältigen Initiativen in diesen Jahren vgl. die hellsichtige Untersuchung von Daniel Büchel, «Raffe und regiere!» Überlegungen zur Herrschaftsfunktion römischer Kardinalnepoten (1590–1655), in: Historische Anstöße. Festschrift für Wolfgang Reinhard, hgg. von Peter Burschel u. a., Berlin 2002, 197–234.

28 Ovid, Metamorphosen V, 391–395.

29 Worauf schon Preimesberger, Zu Berninis Borghese-Skulpturen, 1989, 109–127, hingewiesen hat, dem die Interpretation der Proserpina-Gruppe in wesentlichen Punkten folgt.

30 Das Rechnungsdokument ist abgedruckt bei: Marina Minozzi, Appendice

documentaria: le opere di Bernini nella collezione di Scipione Borghese, in: Bernini Scultore, 1998, Dok. Nr. 40, 433.

31 Zur Kunstförderung Ludovico Ludovisis vgl. zuletzt zusammenfassend: Arne Karsten, Künstler und Kardinäle. Vom Mäzenatentum römischer Kardinalnepoten im 17. Jahrhundert, Köln u. a. 2003, 39–79.

32 Der Brief Ludovisis an Borghese vom 18. April 1621, zit. nach Hill, The patronage, 2001, 447.

33 Zu den genannten Kardinälen vgl. die Angaben unter www.requiem-project.de, Datenbank, s. v.

34 Zu den «Terroraktionen» Ludovisis gegen seinen Vorgänger Borghese vgl. die materialreiche Darstellung bei D'Onofrio, Roma, 1967, 286–312.

35 Zumindest legt dies der Umstand nahe, dass die erste erhaltene Rechnung für den David vom 18. Juli 1623 stammt; Gregor XV. war am 8. Juli nach längerer Krankheit nicht eben unerwartet gestorben. Preimesberger, David, in: Bernini Scultore, 1998, 209 fasst die Entstehungsgeschichte des «David» in der knappestmöglichen Form zusammen; ob die Skulptur tatsächlich erst nach dem Tod Gregors XV. in Auftrag gegeben wurde, ist nicht mit letzter Sicherheit zu rekonstruieren. Ich folge in diesem Punkt der Argumentation D'Onofrios, Roma, 1967, 308.

36 Vgl. etwa den *avviso di Roma* vom 6. August 1644, in: ASV, Segr. Stato, Fondo Avvisi 96, fol. 207r.

37 Gigli, Diario, 1994, 77.

38 BAV, Urb. Lat. 1058, Avvisi dell'anno 1590, fol. 466r, *avviso di Roma* vom 12. September 1590.

39 Gigli, Diario, 1994, 76 berichtet: «Ma Borghese quando vi entrò (in das Konklave von 1623), disse che lui era risoluto di uscirne prima con i piedi avanti, che non far un Papa conforme all'animo suo.» Aufschlussreich weiterhin der Konklavebericht des venezianischen Kammerklerikers und späteren Kardinals Federico Cornaro in: BAV, Boncompagni c. 20, fol. 341r–357v.

40 Der venezianische Botschafter Renier Zeno wertete diese Patt-Situation als beachtlichen Erfolg Ludovisis (dem Zeno alles andere als wohlgesinnt war): «Quanto egli [Ludovisi] valesse, lo dimostrò anche nella creatione del Pontefice [Urban VIII.], nella quale non punto impaurito per il potere del suo emulo [Scipione Borghese], con un mediocre seguito deluse tutti i disegni di quello, et lo ridusse a termine d'abbandonare il conclave per l'infermità sopravenutali, et ripudiati tutti i soggetti da Borghese desiderati, diede in Barberino, sopra cui, non potendo havere una sua creatura, haveva sin da principio fissato l'occhio.» Zit. nach Nicola Barozzi und Guglielmo Berchet (Hgg.), Relazioni della Corte di Roma lette al Senato dagli Ambasciatori Veneziani, 2 Bde., Venedig 1877/88, Bd. I, 160.

41 Auch Giacinto Gigli erwähnt in seinem Tagebuch die zahlreichen Erkran-

kungen während des Konklaves sowie die Vermutung Urbans VIII., vergiftet worden zu sein, vgl. Gigli, Diario, 1994, 78.

Im Glanz des Barberini-Hofes. Bernini und Urban VIII. (1623–1644)

1 Theodor Ameyden, zit. nach Paolo Prodi, Il sovrano pontefice. Un corpo e due anime: La monarchia papale nella prima età moderna, Bologna 1982, 125.

2 Zum Pontifikat Urbans VIII. vgl. von Georg Lutz, Urbano VIII, in: Enciclopedia dei Papi, 3 Bde., Rom 2000, s. v. sowie die profunde Studie von Ulrich Köchli, Urban VIII. und die Barberini. Nepotismus als Strukturmerkmal päpstlicher Herrschaftsorganisation in der Vormoderne, Stuttgart 2017.

3 D. Bernini, Vita, 1713, 24.

4 Baldinucci, Vita, ed. Riegl, 1912, 80, der daneben auch von Architekturstudien des bisher nur als Bildhauer hervorgetretenen Bernini berichtet. Zur (Selbst-)Stilisierung Berninis als «Michelangelo seines Jahrhunderts» vgl. D'Onofrio, Roma, 1967, 165–195. Zu Berninis Entwicklung und Bedeutung als Maler vgl. zuletzt grundlegend die Beiträge in: Bernini pittore, hgg. von Tommaso Montanari, Ausst.Kat. Rom 2007.

5 Testi, Lettere, 1967, Bd. I, 433, Nr. 403, Brief an den Grafen Francesco Fontana, Rom, 29. Januar 1633.

6 So etwa der Kardinal Lanfranco Margotti auf seinem Grabmal in San Pietro in Vincoli, auf dessen Inschrift sich der Hinweis findet, der spätere Kardinal habe als Chef des Brevensekretariats unter zwei Päpsten, nämlich Clemens VIII. und Paul V., die Korrespondenz CUM ORBIS PRINCIPIBUS geführt, und zwar nicht bloß SUMMA PRUDENTIA, sondern auch STILOQUE APTISSIMO. Zu Margotti als langjährigem Mitarbeiter des päpstlichen Staatssekretariats vgl. Emich, Bürokratie und Nepotismus, 2001, passim.

7 Zur Stellung Borgheses im Rahmen der kurialen Herrschaftsorganisation vgl. grundlegend Emich, Bürokratie und Nepotismus, 2001, passim.

8 So nahm Antonio Barberini d. Ä. während der Abwesenheit Francesco Barberinis 1625/26 (Legationsreisen nach Paris und Madrid) die Funktionen des Kardinalnepoten wahr. Im November 1626 begab er sich nach Senigallia mit dem klaren Auftrag des Papstes, von dort aus die Entwicklungen in Urbino zu beobachten und bei Bedarf im Sinne der Kurie einzuwirken, vgl. die «Ricordi che Nostro Signore ha commandato, che si dieno à V.Ill. ma signor Cardinal di Santo Honofrio in occasione della sua andata à Sinigaglia», in: BAV, Chigi I.III.83, fol. 345r–348r. Der Briefwechsel Antonios mit dem Kardinalnepoten und mit seinem Bruder Carlo Barberini ist gesammelt in:

BAV, Barb. lat. 8695 und 8696. Die beiden Bände beinhalten zahlreiche Lagebeurteilungen, Einschätzungen und Vorschläge des Kardinal Sant'Onofrio, welche seine politischen Aktivitäten dokumentieren. Antonio kehrte im Mai 1628 nach Rom zurück, trat aber in politischen Fragen nicht mehr in Erscheinung. Ich danke Ulrich Köchli herzlich für diesen Hinweis.

9 BAV, Urb. lat. 1100, fol. 164v, *avviso di Roma* vom 16. März 1630: «Scrivono di Bologna, che nella Chiesa di San Petronio erano state fatte superbissime esequie al morto Signor Don Carlo Barberino generale di Santa Chiesa con Cattafalco bellissimo nel qual'erano accesi più di 1000 torcie, nelle quale esequie v'intervennero li Signori Cardinali Antonio [Barberini] Legato, Magalotti, Sacchetti, et Spada (…).»

10 ASVe, Senato, Ambasciatori, Dispacci di Roma, filza 102, 5r, 2. März 1639: «(…) il Papa perde fratello amato, et stimato, e che reggeva, et disponeva grandemente l'animo suo; l'interesse publico non perde forse, perche il signor D. Carlo non hà aspirato, che al proprio interesse (…)» (Freundlicher Hinweis von Ulrich Köchli).

11 Zur Kulturpatronage Francesco Barberinis vgl. die materialreiche und umfassende Studie von Ingo Herklotz, Cassiano dal Pozzo und die Archäologie des 17. Jahrhunderts, München 1999. Zu den politischen Implikationen dieser Kunstpatronage zuletzt konzis Birgit Emich, Kardinal Francesco Barberini. Ein Papstneffe zwischen Kunst und Politik, in: Lorenza Mochi-Onori u. a. (Hgg.), I Barberini e la cultura europea del Seicento, Rom 2007, 111–116.

12 Eine ebenso quellengesättigte wie psychologisch sensible Studie zu Magalotti liegt vor von: Ulrich Köchli, Verflossener Ruhm – verwechselte Gebeine. Der vergessene Staatssekretär Lorenzo Magalotti (1583–1637), in: Arne Karsten (Hg.), Jagd nach dem roten Hut. Kardinalskarrieren im barocken Rom, Göttingen 2004, 140–155.

13 Zu Karriere und Person des Kardinals Antonio Santacroce vgl. www.requiem-projekt.de, Datenbank, Prosopographie, s. v. Santacroce, Antonio.

14 Zu Giulio Sacchetti vgl. Irene Fosi, All'ombra dei Barberini. Fedeltà e servizio nella Roma barocca, Rom 1997. Zu Bernardino Spada: Arne Karsten, Kardinal Bernardino Spada. Eine Karriere im barocken Rom, Göttingen 2001.

15 Preimesberger, Zu Berninis Borghese-Skulpturen, 1989, 122f., dem meine Darstellung in wesentlichen Punkten folgt.

16 Zum Verlauf des Konklaves von 1621 und den Fehlern Borgheses vgl. Klaus Jaitner, Die Hauptinstruktionen Gregors XV. für die Nuntien und Gesandten an den europäischen Fürstenhöfen 1621–1623, 2 Bde., Tübingen 1997, Bd. 1, 82–85, sowie Maria Antonietta Visceglia, Fazioni e lotta politica nel Sacro Collegio nella prima metà del Seicento, in: Signorotto/Visceglia, La corte di Roma, 1998, 37–91, hier: 75f.

17 Zur Entstehungsgeschichte des Baldachins vgl. die Angaben bei Oskar Pollak, Die Kunsttätigkeit unter Urban VIII., 2 Bde., Wien 1928, Bd. II, 334–340. Zuletzt grundlegend William Chandler Kirwin, Powers matchless. The pontificate of Urban VIII, the Baldachin, and Gian Lorenzo Bernini, New York 1997.

18 Peter Prange, La Principessa, München 2002.

19 Virgilio Spada über Francesco Borromini im Jahre 1657, zit. nach: Joseph Connors, Virgilio Spada's defence of Borromini, in: Burlington Magazine 131 (1989), 76–90.

20 Vgl. Pollak, Kunsttätigkeit, Bd. II, 421, Nr. 1599.

21 Vgl. Helga Tratz, Werkstatt und Arbeitsweise Bernini, in: Römisches Jahrbuch für Kunstgeschichte, 23/24 (1988), 337–374.

22 Zu Giuliano Finelli und seinem Verhältnis zu Bernini vgl. Damian Dombrowski, Giuliano Finelli, Frankfurt a. Main u. a. 1997, dort, 44–46, auch zu den Hintergründen des Bruches zwischen Finelli und Bernini.

23 So schreibt der mit Borromini befreundete, dennoch in diesem Punkt zuverlässige Virgilio Spada um 1657: «Quando il Cavaliere Bernino hebbe a servire la M. d'Urbano VIII per statuario desiderando di occupare anche il posto d'architetto, nel che non haveva forse fatto studio sufficiente, tirò a se questo giovine [i. e. Borromini], che haveva sotto la schola di Carlo Maderno suo zio mostrato gran spirito (…).» Zit. nach Connors, Virgilio Spada's defence, 1989, 87.

24 Zit. nach Sabine Burbaum, Die Rivalität zwischen Francesco Borromini und Gianlorenzo Bernini, Oberhausen 1999, 94.

25 Der große Anteil Borrominis an den Planungen dieser Jahre wird im Falle des zeitgleich entstehenden Palazzo Barberini auch von Virgilio Spada bestätigt: «L'Emminentissimo [Kardinal Francesco] Barberino mi disse pochi giorni sono che la fabrica Barberina alle 4 Fontane fu in gran parte disegno del Borromino (…).» Zit. nach Connors, Virgilio Spada's defence, 1989, 87.

26 Zit. nach Burbaum, Die Rivalität, 1999, S 113.

27 So etwa Paolo Portoghesi, Francesco Borromini, Mailand 1984, 39.

28 Eine knappe, aber präzise und hellsichtige Analyse der päpstlichen Außenpolitik, ihrer Aporien, aber auch der diplomatischen Fehler und Unzulänglichkeiten der Kurie bietet Andreas Kraus, Die auswärtige Politik Urbans VIII. Grundzüge und Wendepunkte, in: Mélanges Eugène Tisserant, Bd. 4: Archives Vaticanes – Histoire Ecclésiastique, 1. Teil, Città del Vaticano 1964, 407–426. Zur Borgia-Krise zuletzt Daniel Büchel und Arne Karsten, Die «Borgia-Krise» des Jahres 1632: Rom, das Reichslehen Piombino und Europa, in: Zeitschrift für Historische Forschung 30 (2003), 389–411.

29 Vgl. hierzu Georg Lutz, Rom und Europa während des Pontifikates Ur-

bans VIII., in: Reinhard Elze u.a. (Hgg.), Rom in der Neuzeit. Politische, kirchliche und kulturelle Aspekte, Wien/Rom 1976, 72–167, hier: 89.

30 Vor diesem Hintergrund ist die von Lutz, Rom und Europa, 1976, 89 geäußerte Ansicht, Urban VIII. habe schlechterdings keine Alternative zu seiner politischen Anlehnung an Frankreich gehabt, mit Skepsis zu beurteilen.

31 Und hatte indirekt auch in Wien für Verstimmung gesorgt. Fulvio Testi stellt in seinem Brief aus Wien an Francesco I. d'Este vom 31. März 1632 lakonisch fest: «Il Papa in questa corte è riverito come capo della Chiesa, ma per altro non è in buonissimo concetto.» Testi, Lettere, I, Nr. 323.

32 So der venezianische Gesandte Contarini, in: Barozzi/Berchet, Relazioni, 1877/78, Bd. I, 379; schon am 18. März ließ der Papst Kardinal Ludovisi auffordern, in den nächsten Tagen Rom zu verlassen, widrigenfalls man ihn dazu zwingen werde, Pastor, Papsttum, XIII/1, 439. Ludovisi verließ am 27. März 1632 tatsächlich die Ewige Stadt und begab sich an seinen Erzbistumssitz Bologna. Zur Borgia-Krise weiterhin Visceglia, Fazioni, 1998, 83f.

33 Vgl. den in dieser Hinsicht aufschlussreichen Brief Scipione Borgheses an Philipp IV. von Spanien, zit. bei Auguste Leman, Urbain VIII et la rivalité de la France et de la maison d'Autriche de 1631 à 1635, Lille/Paris 1920, 129.

34 Testi an Francesco I. d'Este, Rom, 24. Dezember 1632: Der gut informierte Monsignore Scannaroli habe ihm gesagt: «Cavaliere [Testi], bisogna compatire questi Signori [Barberini] perché se sapeste quanto sono angustiati per la venuta de' nuovi ambasciatori spagnoli, per l'indisposizione del Papa et anche per la poca concordia che passa tra loro, voi stupireste.» Zit. nach: Testi, Lettere, I, Nr. 499.

35 Sowohl Domenico Bernini als auch Baldinucci datierten die Borghese-Büste auf die Zeit des Pontifikats Pauls V., vermutlich, weil zu ihrer Zeit die politischen Begleitumstände des Jahres 1632 kaum mehr bekannt gewesen sein dürften. Erst Fraschetti, Il Bernini, 1900, publizierte einen *avviso* aus dem Archiv der D'Este vom 8. Juni 1633. Dort heißt es: «Il Cavaliere Bernini di commissione del Papa ha fatto in marmo la testa del Cardinal Borghese che le ha dato in ricompensa 500 zecchini et un diamante di 150 scudi.» Zur «Werbefunktion» der Büste vgl. die luzide Analyse von Philipp Zitzlsperger, Die Papst- und Herrscherporträts des Gianlorenzo Bernini, München 2002, 80–87.

36 Zit. nach Fraschetti, Bernini, 1900, 261.

37 Vgl. hierzu Vittore Branca, Fulvio Testi en la corte de Urbano VIII y Felipe IV, o. O. 1969.

38 Testi, Lettere, Bd I, Nr. 403, Brief an den Conte Francesco Fontana, Modena, Rom, 29. Januar 1633.

39 Zum Kohlestab, mit dem er seine Idee aufzeichnete vgl. Chantelou,

6. Juni. Ebda., 15. Juli, die bezeichnende Aussage Berninis, Ruhe falle ihm schwerer als alles andere, da kämpfe man gegen sein eigenes Naturell.

40 Vgl. Testi, Lettere, Bd. II, Nr. 725, an Francesco I. d'Este, Rom 17. April 1634. Zu Berninis satirischer Ader grundlegend Irving Lavin, High and low before their time. Bernini and the art of social satire, in: Ders., Visible spirit. The art of Gian Lorenzo Bernini, 3 Bde., Bd. 1, London 2007, 397–468.

41 Testi, Lettere, Bd. II, Nr. 725, an Francesco I. d'Este, Rom 17. April 1634: «Il Papa non pensa ad altro che ad ingrandire la sua casa e detratti i suoi nipoti, non vuol bene a nissuno. Barberino non ha la testa per una macchina così grande: non si fida d'alcuno, presume ogni cosa di se stesso e confondendosi nell'indigesta materia delle sue irrisoluzioni, avviluppa i negozi et ingarbuglia i ministri. Antonio ha più spirito, ma non applica, intento solo a darsi bel tempo. Il Papa l'ama, ma egli non sa servirsi di questo affetto, tremando del fratello che lo tien basso a tutto suo potere. (...) In pochissime righe V. A. ha la sostanza di questa corte.»

42 Zu diesen Auseinandersetzungen im Einzelnen vgl. Karsten, Künstler und Kardinäle, 2003, Kap. 3.9: Stellvertreterkriege: Pietro da Cortona gegen Andrea Sacchi, 132–137.

43 «A little before my Coming to the City Cavaliero Bernini, Sculptor, Architect, Painter and Poet (...) gave a Publique Opera (...) where in he painted the seanes, cut the Statues, invented the engines, composed the Musique, writ the Comedy and build the Theater himself», zit. nach: Effigies and Ecstasies. Roman baroque sculpture and design in the age of Bernini, Ausst.Kat. Edinburgh 1998, 7. Zu Berninis Theatertätigkeiten vgl. jetzt ausführlich und die ältere Forschung zusammenfassend Elena Tamburini, Gian Lorenzo Bernini e il teatro dell'arte, Florenz 2012.

44 Zur Musikpatronage der Barberini vgl. die grundlegende Studie von Frederick Hammond, Music and Spectacle in baroque Rome: Barberini Patronage under Urban VIII, New Haven 1994.

45 Baldinucci, ed. Riegl, 1912, 94.

46 Ein entsprechender Beschwerdebrief Mochis ist abgedruckt bei Pollak, Die Kunsttätigkeit unter Urban VIII., Bd. II, 449f.

47 Passeri, ed. Hess, 1934, 109.

48 Vgl. hierzu Fagiolo, L'immagine, 2001, 109f.

49 Die Anekdote ist überliefert bei Baldinucci, ed. Riegl, 1912, 96.

50 Vgl. die Angaben bei Pollak, Kunsttätigkeit, Bd. II, 442ff., 454ff., 461ff.; sowie Sutherland Harris, La dittatura, 1987, 48.

51 Zit. nach D'Onofrio, Roma, 1967, 131; dort 130–138 auch die übrigen Quellen. Zu Costanza Bonarelli-Piccolomini liegt mit der Studie von Sarah McPhee, Bernini's beloved. A portrait of Costanza Piccolomini, New Haven 2012 seit kurzem eine auf zuvor unbekanntem Archivmaterial

beruhende Arbeit vor, die ein vollkommen neues Licht auf die Person Costanza Bonarelli-Piccolominis wirft und der meine Darstellung folgt.

52 D'Onofrio, Roma, 1967, 133.

53 Zur juristischen Bedeutung der Befreiung gewalttätiger Künstler von ihrer Strafe durch den Souverän in der frühen Neuzeit vgl. Horst Bredekamp, Bernini als translegale Sonne, in: Summa. Dieter Simon zum 70. Geburtstag, hgg. von Rainer Maria Kiesow, Regina Ogorek und Spiros Simitis, Frankfurt a. M. 2005, 47–57.

54 D. Bernini, Vita, 1713, 51; Baldinucci, ed. Riegl, 1912, 99.

55 «(...) professa di volerla trattare isquisitamente, s'ella saprà incontrare il suo genio che non è punto facile ne ordinario.» Zit. nach Fraschetti, Il Bernini, 1900, 104, dort auch der weitere Bericht des estensischen Gesandten.

56 Allein von seinem Vater schuf Bernini in jungen Jahren ein Porträtbild und auch eine Büste.

57 So Gregorio Leti, Il Cardinalismo della Santa Chiesa, 3 Bde., Rom 1668, Bd. II, 148f.

58 Vgl. Testi, Lettere, Bd. I, Nr. 357, an Francesco I. d'Este, Rom, 1. Januar 1632.

59 Zum Gesundheitszustand Urbans VIII. in der zweiten Pontifikatshälfte vgl. den zusammenfassenden Abriss von Lutz, Urbano VIII, 2000, 314.

60 Testi, Lettere, Bd. II, Nr. 725, an Francesco I d'Este, Rom 17. April 1634.

61 Andreas Kraus, Der Kardinal-Nepote Francesco Barberini und das Staatssekretariat Urbans VIII., in: Römische Quartalsschrift 64 (1969), 191–208, hier: 205.

62 Im Hinblick auf die päpstliche Politik im Kontext des Dreißigjährigen Krieges urteilt Lutz, Roma, 1998, 438: «Si ha l'impressione che la curia romana, dal 1635 in avanti, non avesse più alcun progetto né tantomeno un programma politico da perseguire e di realizzare di fronte al conflitto sempre più devastante in Germania e che, invece, si reagisse a Roma quasi meccanicamente, e secondo vecchi schemi, al corso degli avvenimenti.» Vgl. weiterhin Kraus, Die auswärtige Politik Urbans VIII., 1964, 407–426.

63 ASR, Fondo Spada Veralli (FSV) 463, Kap. 21, fol. 1r: «Non si ritrovò mai la città di Roma in maggiore pericolo doppo il Pontficato di Clem(ente) VII. che nel Pontficato d'Urbano VIII., il quale pericolo fù tanto più scandaloso, quanto che procedeva da un Prencipe così inferiore alla grandezza d'un Carlo V°, come è un Vasallo al suo supremo signore.» Zum Castro-Krieg detailliert Giacinto Demaria, La guerra di Castro e la spedizione de' presidi, in: Misceallanea di Storia italiana, Bd. IV, Turin 1898, 193–256. Zuletzt Giampiero Brunelli, Soldati del Papa. Politica militare e nobiltà nello Stato dell Chiesa (1560–1644), Roma 2003, 241–271.

64 ASR, FSV 463, Kap. 21, fol. 2r: «forse per timore universale del troppo ingrandimento del dominio temporale della Chiesa (...).»

65 Claudio Costantini, Fazione urbana. Sbandamento e ricomposizione di una grande clientela a metà Seicento, in: www.quaderni.net (2001), Sezione urbana, Fine del pontificato, 1e, Anm. 7; vgl. auch Pastor Geschichte des Papsttums, Bd. XIII/2, 870f.
66 Chantelou, 7. Juni.
67 Costantini, Fazione urbana, 2001, Fine del Pontificato, 1g.
68 Costantini, Fazione urbana, 2001, Fine del Pontificato, 1i.
69 Costantini, Fazione urbana, 2001, Fine del Pontificato, 1m, Anm. 12.

Schwierige Zeiten. Die Herrschaft Innozenz' X. (1644–1655)

1 Vgl. etwa den *avviso di Roma* vom 6. August 1644, in: ASV, Segr. Stato, Fondo Avvisi 96, fol. 207r.
2 ASV, Segr. Stato, Fondo Avvisi 96, fol. 227r, *avviso di Roma* vom 27. August 1644.
3 Vgl. etwa BAV, Barb. lat. 4673, über das Konklave von 1644; Beschreibung der einzelnen Kardinäle, fol. 80r: «Colonna dovrebbe essere incensato dai Barbarini, li quali nella morte del Papa, senza rispetto di quella casa si sarebbero bene avviati dell' esecutioni che potevano uscire da una Città giustamente sdegnata.»
4 Pastor, Papsttum, XIV/1, 15.
5 Pastor, Papsttum, XIV/1, 18; zur auffälligen Unzuverlässigkeit vieler Barberini-Kreaturen vgl. auch Lutz, Urbano VIII, 2001, 309.
6 Vgl. Christoph Weber, Senatus divinus. Verborgene Strukturen im Kardinalskollegium der frühen Neuzeit (1500–1800), Frankfurt a. Main 1996, 157.
7 Vgl. ASV, Segr. Stato, Fondo Avvisi 96, fol. 319v: «In questo giorno [26. November 1644] Nostro Signore invitato dalla serenità di questo giorno ne passò in Carozza alla sua vigna fuori di Porta San Pancrazio accompagnato dall'Eminentissimi Barberini, e Pamphilij.»
8 Ein zeitgenössischer Bericht spricht von einer Forderung über 1,5 Mio. scudi, die von der Camera Apostolica gegenüber den Barberini erhoben wurde, «i (...) quali essi o havevano per se ritenuti o malamente consumati nella Guerra», BAV, Urb. lat. 1650, fol. 90r–115v: «Memorie di Papa Innocenzo X°», hier: fol. 91r.
9 ASV, Segr. Stato, Fondo Avvisi 99, *avviso di Roma* vom 10. Januar 1646: «Francesco [Barberini] fù all'Udienza del Papa nel Concistorio di Lunedì. Sua Beatitudine si pose in somma maestà col volto nel vederlo approssimare, ne mai lo guardò in faccia. Il Cardinale fece mille humiliazioni, et si conosceva che implorava la misericordia battendosi il petto, et inchinandosi sino in terra. Nostro Signore fece due alzate di spalle in forma di meravigliarsi; non li diede risposta alcuna; et lo licenzio con una miserabil benedizione.

Et bisogna certo che partisse confuso, et mortificato, perche nell'uscire di Concistorio haveva aspetto di morte, et di huomo insensato.»

10 Vgl. den *avviso di Roma* vom 13. Januar 1646 in: ASV, Segr. Stato, Fondo Avvisi 99, fol. 7r: «Grimaldi nel Consistorio di lunedì parlò al Papa per li Barberini (…). Si alterò fieramente Nostro Signore, et li rispose: (…). Noi però siamo risolutissimi di fare la Giustizia senza risguardo alcuno, et in caso di guerra, habbiamo tanta fede in Dio, et nei nostri amici, che speriamo di poterci difender, ne temiamo cosa alcuna. Il Papa fece questo discorso in forma tanto concitata, et vehemente, che fu osservato da tutti; e l'istesso Grimaldi sudò come se fosse stato di mezz'estate, essendosi pentito di esser entrato nella materia.»

11 Zur Flucht der Barberini-Brüder vgl. den Bericht bei Gigli, Diario, 1994, Bd. 2, 462f.

12 Fraschetti, Bernini, 1900, 268.

13 Fraschetti, Bernini, 1900, 270.

14 Zur Planungsgeschichte von St. Peter vgl. Horst Bredekamp, St. Peter in Rom und das Prinzip der produktiven Zerstörung. Bau und Abbau von Bramante bis Bernini, Berlin 2000.

15 Schon Maderno hatte nach der Fertigstellung der Fassade mit der Errichtung der Glockentürme begonnen, doch waren die Arbeiten nach dem Tod Pauls V. 1621 eingestellt worden, vgl. Howard Hibbard, Carlo Maderno and Roman Architecture 1580–1630, London 1971, 161–174.

16 Vgl. Sarah McPhee, Bernini's bell towers for St. Peter's and the politics of architecture at the Vatican, New Haven 1997, dort auch eine detaillierte Aufarbeitung der Ereignisse und ihrer Hintergründe.

17 Eine Zusammenstellung von verschiedenen Gutachten, die zu dieser Frage erstellt wurden bei Burbaum, Die Rivalität, 1999, 287–312.

18 Fraschetti, Il Bernini, 1900, 167, Anm. 1: Bericht des estensischen Gesandten vom 26. Mai 1646: «Il Cavaliere Bernini per assicurare che il campanile di San Pietro non fosse levato, donò mille Doble a Donna Olimpia; et un Diamante di seimila scudi a [Kardinal Camillo] Panfilio (…).»

19 Zur Person und Karriere Angelo Gioris vgl. Carolin Behrmann, Kleiner Mann mit Geltungsdrang. Kardinal Angelo Giori (1586–1662) und die feinen Unterschiede innerhalb des Kardinalskollegiums, in: Karsten (Hg.), Jagd nach dem roten Hut, 2004, 172–185.

20 Zit. nach: Carolin Behrmann, Reanimation eines Papstes im Grabe. Das Grabmal Urbans VIII., in: Arne Karsten und Philipp Zitzlsperger (Hgg.), Tod und Verklärung. Grabmalskultur in der Frühen Neuzeit, Köln 2004, 49–67, hier: 61.

21 Im Folgenden stütze ich mich auf Carolin Behrmann, Die Rückkehr des lebenden Toten. Berninis Grabmal Urbans VIII. Barberini (1623–1644), in: Horst Bredekamp und Volker Reinhardt (Hgg.), Totenkult und Wille

zur Macht. Die unruhigen Ruhestätten der Päpste in St. Peter, Darmstadt 2004, 179–196.

22 Vgl. die Darstellung bei Fagiolo, L'Immagine, 2001, 99 und 311. Ein Vergleich der Porträt-Büste mit dem Antlitz der Allegorie-Figur gibt zwar keinen definitiven Aufschluss. Die Ähnlichkeit ist deutlich, freilich nicht «fotografisch». Doch ist zu bedenken, dass die Züge einer auf Fernsicht berechneten Monumentalskulptur anderen Gestaltungsprinzipien unterliegen als diejenigen einer vergleichsweise kleinen Porträtbüste.

23 Fagiolo, L'Immagine, 2001, 311.

24 Grundlegend zu Grabstätten und Reliquien in ihrer identitäts- und legitimitätsstiftenden Funktion Olaf B. Rader, Grab und Herrschaft. Politischer Totenkult von Alexander d. Gr. bis Lenin, München 2003. Zur römischen Erinnerungskultur aus sozialgeschichtlicher Perspektive die Beiträge in Arne Karsten und Philipp Zitzlsperger (Hgg.), Vom Nachleben der Kardinäle. Römische Kardinalsgrabmäler der Frühen Neuzeit, Berlin 2010.

25 D. Bernini, Vita, 1713, 74.

26 Zit. nach Behrmann, Reanimation, 2004, 65.

27 Behrmann, Reanimation, 2004, 63.

28 Zu Person und Karriere Federico Cornaros sowie seiner Auftraggeberschaft für die Cornaro-Kapelle vgl. die exzellente Studie von William Barcham, Grand in design. The Life and Career of Federico Cornaro, Prince of the Church, Patriarch of Venice and Patron of the Arts, Venedig 2001.

29 ASVe, Dispacci degli ambasciatori veneti al Senato, Roma, filza 104, fol. 4r/v, Roma, 1. maggio 1631: «Il Cavalier Bernino eccitato propriamente di trasferirisi à Venetia per un' opera insigne per la Chiesa votiva si è mostrato obligato all'honore dell'eccitamento, mà che impossibile gli sia partir di Roma, vivendo il Pontefice, con il quale tiene obligationi continue di molte opere. Si è offerto per far la Statua, di poterla far facile alla condotta per un modo usato da lui di far'il sasso voto, mostrando, che si possa haver la fattura finita presto, perche hà diversi aiutanti buoni nell'arte. VV. EE. commanderanno mà temo, che l'opere ò non saranno sue, ò riusciranno tarde.» (Freundlicher Hinweis von Ulrich Köchli).

30 Zit. nach William Barcham, Verwandtschafts- und Selbstrepräsentation in der Cornaro-Kapelle, Rom, in: Karsten/Zitzlsperger, Tod und Verklärung, 2004, 205–218, hier: 207.

31 Zur Vorgeschichte der Cornaro-Kapelle im Einzelnen Barcham, Grand in design, 2001, 330–359, dem meine Darstellung in den wesentlichen Zügen folgt.

32 Grundlegend zur Cappella Cornaro im Hinblick auf ihre Konzeption und Berninis Kunstauffassung bleibt die bahnbrechende Studie von Irving Lavin, Bernini and the unity of visual arts, New York/London 1980.

33 Zu Jacob Burckhardts vernichtendem Urteil über die Hl. Teresa vgl. Baldinucci, ed. Riegl, 1912, 144.

34 Vgl. Karsten, Kardinal Bernardino Spada, 2001, 226.
35 Fagiolo, L'Immagine, 2001, 165; insgesamt ließ sich Cornaro dic Kapelle an die 13.000 scudi kosten, Barcham, Grand in design, 2001, 352.
36 Zur Gestaltung der Piazza Navona als einem «forum pamphiliarum» unter Innozenz X. vgl. die profunde Untersuchung von Gerhard Eimer, La Fabbrica di Agnese in Navona. Römische Architektur, Bauherren und Handwerker im Zeitalter des Nepotismus, 2 Bde., Stockholm 1970.
37 D. Bernini, Vita, 1713, 86f.
38 Baldinucci, ed. Riegl, 1912, 148f.
39 In einem *avviso di Roma* vom 6. November 1649 heißt es, der Tramontana drohe den Obelisken des Vier-Ströme-Brunnens umzustürzen, Rom, Achivio Odescalchi Ic F2, «Notizie di Roma 1649–1698», fol. 157.
40 Vgl. hierzu die eingehende Analyse von Rudolf Preimesberger, Obeliscus Pamphilius. Beiträge zur Vorgeschichte und Ikonographie des Vierströmebrunnens auf der Piazza Navona, in: Münchner Jahrbuch der bildenden Kunst 25 (1974), 77–162.
41 D. Bernini, Vita, 1713, 90f.
42 Zur Hungersnot von 1647/48 und ihren Hintergründen vgl. Volker Reinhardt, Blut, Brot und Stein, in: Arne Karsten und Volker Reinhardt, Kardinäle, Künstler, Kurtisanen. Wahre Geschichten aus dem päpstlichen Rom, Darmstadt 2004, 176–186.
43 «È effetivamente la più nobile e straordinaria fontana che fino hora sia stata vista in Italia», zit. nach Fagiolo, L'immagine, 2001, 180.
44 Vgl. hierzu den eindrücklichen Bericht in: BAV, Vat. lat. 13658, Giustizie seguite nella Città di Roma, fol. 33r–39v, «Esecuzione di Giustizia ordinata da Papa Innocenzo Decimo contro il Duca di Valenze Ambasciatore del Re Christianesimo, e come fosse eseguita nel suo Palazzo».
45 Gigli, Diario, 1994, Bd. 2, 682.
46 Zit. nach Zitzlsperger, Die Papst- und Herrscherporträts, 2002, 98, dessen geistreicher Interpretation der Büste des Francesco I. d'Este ich im Weiteren folge. Zu den Verhandlungen des Kardinals Rinaldo d'Este mit den Bildhauern Algardi und Bernini vgl. Irving Lavin, Bernini e l'immagine del principe cristiano ideale, Modena 1998.
47 Vgl. auch die Interpretation bei Jennifer Montagu, Alessandro Algardi, 2 Bde., London 1985, Bd. 1, 160 sowie Irving Lavin, Bernini e l'immagine del principe cristiano, Modena 1998, 22–24.
48 Die genaue Datierung der Innozenz-Büste ist in den Quellen nicht überliefert. Ich folge in diesem Punkt der Argumentation bei Zitzlsperger, Die Papst- und Herrscherporträts, 2002, 171f.
49 Vgl. hierzu Zitzlsperger, Die Papst- und Herrscherporträts, 2002, 48–88.
50 So Gigli, Diario, 1994, Bd. 2, 729.

51 Zu den Hintergründen dieser Feindschaft Karsten, Kardinal Bernardino Spada, 2001, 242–246.

52 Vgl. hierzu die exzellente Studie von Richard Krautheimer, Roma di Alessandro VII, Rom 1987 sowie zuletzt Dorothy Metzger Habel, The urban development of Rome in the age of Alexander VII, Cambridge 2002.

Höhe des Lebens? Die Jahre der Herrschaft Alexanders VII. (1655–1667)

1 Chantelou, 15. Juli.

2 Chantelou, 7. Juni: «In all seinen Gesprächen zitiert er fortwährend Urban VIII. zu den verschiedensten Themen, sei es um dessen Persönlichkeit zu charakterisieren, der er ungewöhnliche Lebhaftigkeit und Feinheit nachrühmt, sei es um den ungeheuer familiären Umgang anzudeuten, den er mit ihm pflegte.»

3 D. Bernini, Vita, 1713, 95: «[Alexander VII.] Volle, che assistesse alla sua tavola in compagnia di altri qualificati personaggi, che con virtuosi discorsi empievano l'orecchia allora del Principe, et era solito dire del Bernini, ‹Rimaner stupito, come a sola forza d'ingegno potesse in qualunque materia di discorso giungere, dove altri con lungo studio appena erano pervenuti.›»

4 Chantelou, 6. Juni.

5 D. Bernini, Vita, 1713, 97.

6 Zu diesen Arbeiten vgl. Alessandro Angelini, Gianlorenzo Bernini e i Chigi tra Roma e Siena, Siena 1998.

7 Chantelou, 15. Juli.

8 Vgl. Krautheimer, Roma, 1987, 77.

9 Zu Palottas Person und Karriere vgl. www.requiem-project.de, Datenbank, s. v. Palotta; zu seiner Rolle bei der Diskussion um den Petersplatz krautheimer, Roma, 1987, 176, Anm. 19.

10 Zum Folgenden vgl. die Studie von Massimo Birindelli, Ortsbindung. Eine architekturgeschichtliche Entdeckung: Der Petersplatz des Gianlorenzo Bernini, Wiesbaden 1987.

11 Eine faszinierende analytische Rekonstruktion von Berninis Überlegungen und den bei der Gestaltung des Petersplatzes angewandten optischen und technischen Kunstgriffen bietet Birindelli, Ortsbindung, 1987.

12 Es gilt zu bedenken, dass die Gestaltung des Petersplatzes in Zeiten einer schweren wirtschaftlichen Krise der Papstfinanz erfolgte, vgl. hierzu Krautheimer, Roma di Alessandro VII, 1987, 77–80 und 135–139.

13 Zum Folgenden vgl. die detaillierte Untersuchung von Erwin Panofsky, Die Scala Regia im Vatikan und die Kunstanschauungen Berninis, in: Jahrbuch der preußischen Kunstsammlungen 40 (1928), 241–278.

14 D. Bernini, Vita, 1713, 101.

15 Zur bewegten Lebensgeschichte Christina von Schwedens liegen inzwischen zahlreiche Biographien vor, die in der überwiegenden Mehrzahl wissenschaftlichen Ansprüchen nicht genügen und es dabei belassen, dem Publikum das Klischee einer Vorform der emanzipierten Frauenrechtlerin zu präsentieren. Eine gründliche wissenschaftliche Auseinandersetzung mit der Königin bietet Tomaso Montanari, Bernini e Cristina di Svezia, in: Alessandro Angelini, Giovanni Lorenzo Bernini ed i Chigi tra Roma e Siena, Siena 1998, 331–478.

16 Zu Kardinal Azzolini, einer der profiliertesten Gestalten im Kardinalskollegium dieser Jahre, vgl. vor allem G. de Caro, s. v. Azzolini, Decio, in: Dizionario Biografico degli Italiani, Bd. 4 (1962); zu seiner Tätigkeit als Berater Christinas von Schweden in Kunstfragen Tomaso Montanari, Il cardinale Decio Azzolini e le collezioni d'arte di Cristina di Svezia, in: Studi secenteschi 38 (1997), 185–264.

17 Vgl. Montanari, Bernini e Cristina di Svezia, 1998.

18 Chantelou, 13. August .

19 Zum Palazzo Colonna, seiner Galerie und dem Umbau durch Gianlorenzo Bernini vgl. Eduard A. Safarik, Galleria Colonna, Rom 1998; Christina Strunck, Lorenzo Onofrio Colonna, der römische Sonnenkönig, in: Zeitschrift für Kunstgeschichte 61 (1998), 568–577 sowie dies., Die Konkurrenz der Paläste. Alter Adel versus Nepoten im Rom des Seicento, in: Daniel Büchel und Volker Reinhardt (Hgg.), Die Kreise der Nepoten. Neue Forschungen zu alten und neuen Eliten Roms in der frühen Neuzeit, Bern u. a. 2001, 203–221; zuletzt umfassend mit glänzender Synthese Dies., Berninis unbekanntes Meisterwerk. Die Galleria Colonna in Rom und die Kunstpatronage des römischen Uradels, München 2007.

20 Strunck, Die Konkurrenz, 2001, 210f.

21 Zur Bau(vor)geschichte von Andrea al Quirinale vgl. die instruktive Studie von Pieter-Matthijs Gijsbers, Resurgit Pamphilij in Templo Pamphiliana Domus: Camillo Pamphilij's Patronage of the Church of Sant'Andrea al Qurinale, in: Medelingen van het Nederlands Instituut te Rome 55 (1996), 292–335; zuletzt Johannes Terhalle, Sant'Andrea al Quirinale von Gian Lorenzo Bernini. Von den Anfängen bis zur Grundsteinlegung, Weimar 2011.

22 Gijsbers, Resurgit, 1996, 317.

23 Zit. nach Francis Haskell, Maler und Auftraggeber. Kunst und Gesellschaft im italienischen Barock, Köln 1996, 133; tatsächlich verursachte die Finanzierung der reichen Innenausstattung zwischen 1662 und 1665 dem Fürsten ernsthafte finanzielle Sorgen, vgl. Tod A. Marder, Gian Lorenzo Bernini, 1998, 200.

24 Vgl. Gijsbers, Resurgit, 1996, 333, Anm. 63.

25 Don Camillo hatte sich im Vertrag mit dem Jesuitenkapitel über den Neubau von Sant'Andrea (vom 9. September 1658) ausdrücklich das Recht zusichern lassen, Wappen, Name und Inschriften wo immer er wolle anbringen zu lassen, vgl. Gijsbers, Resurgit, 1996, 306.

26 Zu den bis in die Zeit vor dem Pontifikat Urbans VIII. zurückreichenden Versuchen, Bernini nach Frankreich zu holen, vgl. Dietrich Erben, Paris und Rom, Die staatlich gelenkten Kunstbeziehungen unter Ludwig XIV., Berlin 2004, 52–62.

27 Eine detaillierte Darstellung und Analyse der Korsenaffäre bietet Arne Karsten, «Nepotismum discussurus» – Die Korsenaffäre 1662 und ihre Auswirkungen auf die Nepotismus-Diskussion an der Kurie, in: Historische Anstöße. Festschrift für Wolfgang Reinhard, hgg. von Peter Burschel u. a., Berlin 2002, 263–290.

28 So der Bericht des venezianischen Botschafters in Rom, Pietro Basadonna, vom 2. September 1662, ASVe, Ambasciatori, Dispacci al Senato, Roma, filza 154, fol. 6r: «(…) mentre il Duca [di Créqui] o per non si ritrovare all' occasione sprovisto, o per dar' ad intendere, che non si sentiva dell'insolenza de Corsi sicuro, andava sempre facendo raccolta d'amici et anco a' popolani della città qualche denaro esborsando per haverli alla sua dispositione parati.»

29 «(…) continuando l'opinione, che lui [Kardinal Imperiali] e D. Mario siano stati gl'autori del male, e che sopra di loro habbi anco a cadere la penitenza.» ASVe, Ambasciatori, Dispacci al Senato, Roma, filza 154, fol. 76v, Pietro Basadonna am 16. September 1662.

30 Der Vertrag ist vielfach überliefert, eine offizielle, am 23. April 1664 von Alexander VII. in Auftrag gegebene Kopie in: ASV, Segreteria di Stato, Soldati 33, fol. 405r–410r.

31 Zur Geschichte und Bedeutung dieser «Schandpyramide» vgl. Dietrich Erben, Die Pyramide Ludwigs XIV. in Rom. Ein Schandmal im Dienst diplomatischer Vorherrschaft, in: Römisches Jahrbuch für Kunstgeschichte 31 (1996), 427–458.

32 D. Bernini, Vita, 1713, 116.

33 Vgl. die bei D. Bernini, Vita, 1713, abgedruckten Schreiben Ludwigs XIV. an den Papst vom 18. April 1665 (119f.) und Gianlorenzo Bernini vom 11. April 1665 (121).

34 Zur Frankreichreise Berninis vgl. neben Schneider/Zitzlsperger, Das Tagebuch, 2006, auch Cecil Gould, Bernini in France. An episode in Seventeenth-Century History, London 1981, sowie Armando Schiavo, Il viaggio del Bernini in Francia nei documenti dell'Archivio Segreto Vaticano, in: Bollettino del centro di Studi per la storia d'architettura 10 (1956), 23–80; weiterhin Erben, Paris und Rom, 2004, 51–135.

35 Chantelou, 19. August.

36 Bernini, Vita, 1713, 28: «(…) per lo più si dilettava di caricare l'effigie de'-Principi, e Personaggi grandi, per lo gusto, che essi poi ne ricevono in rimirarsi que'medesimi, pur d'essi, e non essi, ammirando eglino in un tempo l' ingegno grande dell'artefice, e sollazzandosi con sì fatto trattenimento.»
37 Philippe de Béthune (1561–1649), Graf von Selles und Charost, war von 1601 bis 1624 französischer Botschafter am Papsthof gewesen.
38 Chantelou, 22. Juli.
39 Chantelou, 2. August.
40 Chantelou, 15. Juli.
41 Robert Nanteuil (ca. 1633–1678), Graphiker, Pastellmaler und Zeichner. Berühmt sind seine Kupferstich-Porträtserien der Französischen Hofgesellschaft.
42 Chantelou, 25. September.
43 Chantelou, 18. Oktober.
44 Chantelou, 18. Oktober.
45 D. Bernini, Vita, 1713, 57.
46 Chantelou, 19. Juli.
47 Im Folgenden stütze ich mich auf Zitzlsperger, Die Papst- und Herrscherporträts, 2002, 114–123.
48 D. Bernini, Vita, 1713, 135.
49 Chantelou, 26. September.
50 Zum Folgenden vgl. Horst Bredekamp, Thomas Hobbes. Visuelle Strategien. Der Leviathan: Urbild des modernen Staates und seine Gegenbilder, Berlin 2003.
51 Zitzlsperger, Die Papst- und Herrscherporträts, 2002, 114.
52 Zur Kritik des Begriffs «Absolutismus» und den ihm zugundeliegenden Vorstellungen vgl. vor allem Nicolas Henshall, The Myth of Absolutism. Change and Continuity in Early Modern European Monarchy, London/New York 1992; dazu die Rezension von Heinz Duchhardt, Absolutismus – Abschied von einem Epochenbegriff?, in: HZ 258 (1994), 113–122; des Weiteren Ernst Hinrichs, Abschied vom Absolutismus?, in: Ronald G. Asch und Heinz Duchhardt (Hgg.), Der Absolutismus – ein Mythos?, Köln u. a. 1996, 353–371; weiterhin Wolfgang Reinhard, Geschichte der Staatsgewalt. Eine vergleichende Verfassungsgeschichte von den Anfängen bis zur Gegenwart, München 1999, der das Ergebnis der wissenschaftlichen Debatten wohl zutreffend zusammenfasst: «Das historiographische Konstrukt «Absolutismus» ist heute in nicht rekonstruktionsfähiger Weise dekonstruiert, so dass man auf den Begriff verzichten sollte» (51).
53 Barozzi/Berchet, Bd. II, Relazione Basadonna, 265.
54 Zur Kunst- und Wunderkammer Kardinal Flavio Chigis vgl. zuletzt Karsten, Künstler und Kardinäle, 2003, 217–222.

55 Zur Baugeschichte des Palazzo Chigi an der Piazza SS. Apostoli vgl. Elisabeth Sladek, Der Palazzo Chigi-Odescalchi an der Piazza SS. Apostoli. Studien und Materialien zu den frühen Bauphasen des 16. und 17. Jahrhunderts, in: Röm. Hist. Mitteil. 27 (1985), 439–504.

56 Zum Kaufpreis wie zum Folgenden Axel C. Gampp, Der Baron als Bauherr. Konkurrenz zwischen Aristokraten und Nepoten?, in: Büchel/Reinhardt, Die Kreise der Nepoten, 2001, 135–148.

57 Gampp, Der Baron, 2001, 142.

58 Zum Alexandergrabmal vgl. Kaspar Zollikofer, Berninis Grabmal für Alexander VII. Fiktion und Repräsentation. Worms 1994, sowie Arne Karsten, Triumph und Trauma. Das Grabmal für Alexander VII. Chigi (1655–1667), in: Bredekamp/Reinhardt, Totenkult, 2004, 211–224.

59 Vgl. hierzu Zollikofer, Berninis Grabmal, 1994, 67.

60 Die Figur des Sensenmannes ist seit dem Mittelalter als Allegorie von Zeit und Tod konnotiert, vgl. hier im Zusammenhang mit dem Alexandergrabmal: Erwin Panofsky, Mors vitae testimonium. The positive aspect of death in Renaissance and Baroque iconography. In: Studien zur toskanischen Kunst. Festschrift für Heinrich Heydenreich, München 1964, 221–236.

61 Krautheimer, Roma, 1987, 49.

62 ASR, Fondo Spada-Veralli 545, zit. nach Connors, Virgilio Spada's defence, 1989, 76–90, hier: 88.

63 Klaus Güthlein, Borromini und Virgilio Spada nell' «anno nero» 1657, in: Francesco Borromini. Atti del convegno internazionale, Roma, 13–15 gennaio 2000, hgg. von Christoph Luitpold Frommel und Elisabeth Sladek, Mailand 2000, 130–133, hier: 133.

64 Vgl. zum Folgenden Giuseppe Bonaccorso, L'abitazione di Francesco Borromini al vicolo dell'Agnello: ambiente, oggetti e personaggi, in: Frommel/Sladek, Francesco Borromini, 2000, 171–180, hier: 176f.

Dem Ende entgegen

1 D. Bernini, Vita, 1713, 156.

2 D. Bernini, Vita, 1713, 158.

3 Sebastiano Roberto, Gianlorenzo Bernini e Clemente IX Rospigliosi. Arte e architettura a Roma e in Toscana nel Seicento, Rom 2004, 73:«I due anni di pontificato di Giulio Rospigliosi si ricordano come un momento d'oro, seppur breve, per le feste, il teatro, la musica e le arti in generale.»

4 «Piu per incontrare il gusto di Santità che per soddisfare a Sua Maestà vanno diversi Cardinali alle Commedie della Regina di Svezia (...) Il cardinale Azzolini per aderire al genio del Nostro Signore non solo vi si porta a vedere le commedie, mà anco vi ha sviati li Congunti et in specie il Cardi-

nale Nipote quale non pretermette una.» Zit. nach: Roberto, Gianlorenzo Bernini, 2004, 76.

5 Zur Gestaltung der Engelsbrücke nach den Plänen Berninis vgl. vor allem Cesare D'Onofrio, Gian Lorenzo Bernini e gli angeli di Ponte Angelo. Storia di un ponte, Rom 1981.

6 Das Frugoni-Zitat nach Fagiolo, L'Imagine, 2001, 256.

7 Barozzi/Berchet, Bd. II, Gesandtschaftsbericht Mocenigo, 1676, 282.

8 Zur Statue der Seligen Ludovica Albertoni vgl. Shelley Karen Perlove, Bernini and the idealization of death: the blessed Ludovica Albertoni and the Altieri Chapel, University Park 1990.

9 Vgl. Gianvittorio Signorotto, *Lo squadrone volante*. I cardinali «liberi» e la politica europea nella seconda metà del XVII secolo, in: Signorotto/Visceglia, La corte di Roma, 1998, 93–138 sowie Marie Louise Rodén, Cardinal Decio Azzolini and the Problem of Papal Nepotism, in: Archivium Historiae Pontificiae 34 (1996), 127–157.

10 Zum Folgenden Volker Reinhardt: Der Sanierer, in: Karsten/Reinhardt, Kardinäle, 2004, 37–47.

11 Reinhardt, Der Sanierer, 2004, 44.

12 D. Bernini, Vita, 1713, 108f.

13 So hatte Bernini während seiner Frankreichreise seinem Begleiter Chantelou gesagt, «(...) sein Ruhm stehe und falle mit seinem Stern, der ihm auf Lebenszeit eine gewisse Achtung sichere. Sobald er tot sei, höre diese Aszendenz auf. Dann werde sein Ansehen sinken oder gar plötzlich ins Gegenteil umschlagen.» Chantelou, 23. Juli.

14 Die sorgfältige Widerlegung der Vorwürfe bei Baldinucci, ed. Riegl, 1912, 157, belegt, wie ernst zu nehmen die diesbezüglichen Kritiken waren.

15 Zu dieser Skulptur zuletzt Francesco Petrucci, Il ritrovato busto del Salvatore di Gianlorenzo Bernini, in: Bollettino d'Arte 88 (2003), 53–66.

16 D. Bernini, Vita, 1713, 167.

17 D. Bernini, Vita, 1713, 174. Zu Sterben und Tod Berninis ausführlich Irving Lavin, Bernini's death, in: Ders., Visible spirit. The art of Gian Lorenzo Bernini, 3 Bde., Bd. 1, London 2007, 287–353. Zur Person des Jesuiten-Generals Oliva vgl. Franco Mormando, Gian Paolo Oliva. The forgotten celebrity of baroque Rome, in: The holy name. Art of the Gesù. Bernini and his age, hgg. von Linda Wolk-Simon, Philadelphia 2018, 185–224.

18 Baldinucci, ed. Riegl, 1912, 232.

Italien im Jahre 1640

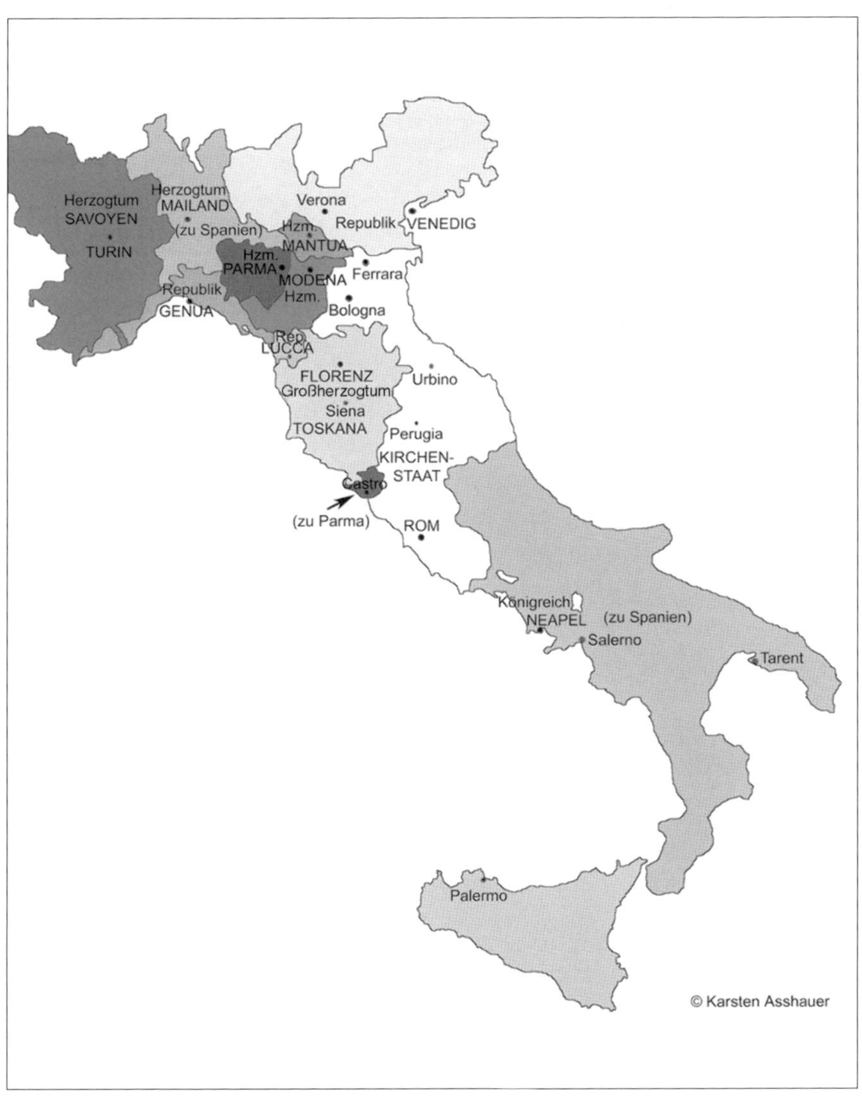

Zeittafel

1598 Gianlorenzo Bernini wird am 7. Dezember als Sohn des Bildhauers Pietro Bernini und seiner Frau Angelica Galante in Neapel geboren.
1605 Am 3. März stirbt Papst Clemens VIII. Aldobrandini. Sein Nachfolger, Leo XI. de'Medici, regiert nur vom 1. bis 27. April. Am 16. Mai wird der Kardinal Camillo Borghese auf den Stuhl Petri erhoben und nimmt den Namen Paul V. an.
1606 Pietro Bernini zieht mit seiner Familie nach Rom. In den folgenden Jahren arbeitet er im Auftrag des Papstes für die Grabkapelle Pauls V. in Santa Maria Maggiore. Schon bald hilft Gianlorenzo, dessen Begabung früh zu Tage tritt, in der Werkstatt des Vaters.
1612 Gianlorenzo Bernini skulptiert seine erste erhaltene Porträtbüste für das Grabmal des Bischofs Giovanni Battista Santori in Santa Prassede auf dem Esquilin-Hügel.
1616/17 In kurzer Zeit entstehen die Statuen des Hl. Laurentius und des Hl. Sebastian, letztere wohl für den Kardinal Maffeo Barberini, der später als Urban VIII. Berninis wichtigster Förderer wird.
1618–1648 Dreißigjähriger Krieg.
1618 Mit der Skulpturengruppe ‚Aeneas-und-Anchises' für die Villa des regierenden Kardinalnepoten Scipione Borghese gelingt Bernini der Durchbruch in der römischen Kunstszene.
1621 Am 28. Januar 1621 stirbt Paul V. Bernini entwirft den Katafalk für den verstorbenen Pontifex. Nach nur zweitägigem Konklave wird am 9. Februar Kardinal Alessandro Ludovisi als Gregor XV. zum Papst gewählt.

1622 Bernini arbeitet am ‚Raub der Proserpina' für Scipione Borghese, der die Skulptur schon bald nach ihrer Fertigstellung dem neuen Kardinalnepoten Ludovico Ludovisi schenkt. Für die neue Papstfamilie fertigt Bernini lediglich einige Porträtbüsten des Pontifex an. Gleichzeitig arbeitet er an einer Reihe von Büsten für Prälaten und Kardinäle.

1623 Tod Gregors XV. am 8. Juli. Nach dramatischem Konklave folgt am 6. August Kardinal Maffeo Barberini als Urban VIII. auf den Stuhl Petri. Bernini skulptiert für Scipione Borghese den ‚David' und ein erstes von zahlreichen Porträts des neuen Papstes.

1624 Der Kardinalnepot Francesco Barberini reist als Sonderlegat erfolglos nach Paris und Madrid, um zwischen Spanien und Frankreich zu vermitteln. Die Bedeutung des Papsttums in der europäischen Politik nimmt sichtbar ab. Bernini wird ein erstes architektonisches Projekt übertragen, der Neubau der Kirche Santa Bibiana, für die er auch eine Statue der Heiligen schafft. Er erhält zudem den Auftrag zur Gestaltung des Baldachin von St. Peter.

1625 Bernini vollendet die letzte der «Borghese-Skulpturen», die mythologische Figurengruppe ‚Apoll-und-Daphne'. Zusammenarbeit mit Francesco Borromini am Baldachin für St. Peter.

1628 Beginn der Arbeiten am Palazzo Barberini bei Quattro Fontane, dem neuen Hauptwohnsitz der Papstfamilie. Bernini ist zusammen mit Carlo Maderno und Francesco Borromini an den Planungen beteiligt.

1629 Nach dem Tod des bisherigen Architekten der Bauhütte von St. Peter, Carlo Maderno, wird das prestigeträchtige Amt Bernini übertragen. Beginn der Arbeiten für die Gestaltung der Vierung von St. Peter. Tod des Pietro Bernini am 29. August.

1631 Am 28. April stirbt Francesco Maria della Rovere, Herzog von Urbino. Damit fällt das mittelitalienische Lehen zurück an den Kirchenstaat. Wenige Monate zuvor hat der Siegeszug König Gustav II. Adolfs von Schweden im Reich begonnen.

1632 Borgia-Krise. Am 8. März kritisiert der spanische Kardinal Gaspare Borgia im Konsistorium die frankreichfreundliche Politik Urbans VIII., die indirekt den Protestanten zugute komme. Die Folge ist eine schwere Krise der Barberini-Herrschaft. Bernini erhält den Auftrag für Porträtbüsten Urbans VIII. und Kardinal Scipione Borgheses; im folgenden Jahr beginnt er mit den Arbeiten für ein Grabmal der Gräfin Mathilde von Tuszien in St. Peter.

1636 Nach einem Porträt Anthony van Dycks führt Bernini eine Marmorbüste König Karls I. von England aus. Das Porträt ist nicht zuletzt als politische Geste zur Verbesserung der Beziehungen zwischen England und dem Papsttum gedacht und trägt Bernini einen Diamanten im Wert von 6000 scudi ein.

1638 Porträtbüste der Costanza Bonarelli. Die Geliebte Berninis betrügt ihn mit seinem Bruder, worauf Bernini mit Gewaltexzessen reagiert. Vom Papst zunächst zu einer hohen Geldstrafe verurteilt, wird er kurz darauf begnadigt.

1639 Bernini heiratet am 15. Mai Caterina Tezio. Aus der Ehe gehen elf Kinder hervor.

1640 Bernini fertigt eine Marmorbüste des französischen Premierministers Kardinal Richelieu, die in Paris wenig Anklang findet. In San Pietro in Montorio entsteht nach Berninis Plänen die Grabkapelle der Familie Raimondi.

1642 Beginn des Castro-Kriegs zwischen dem Kirchenstaat und einer Liga italienischer Staaten unter Führung von Odoardo II. Farnese, Herzog von Parma und Piacenza, um das kleine Herzogtum Castro (s. Karte Italien, S. 251). Nach bitteren Niederlagen der päpstlichen Truppen endet der Krieg im Frühjahr 1644 mit der Wiederherstellung des status quo ante.

1644 Tod Urbans VIII. am 29. Juli 1644, auf den schwere Unruhen in Rom folgen. Am 15. September wird der Römer Giambattista Pamphili zum Papst gewählt und nimmt den Namen Innozenz X. an. Der neue Papst vertritt eine entschieden spanienfreundliche Politik. Zusammen mit seinen Förderern aus dem Hause Barberini fällt auch Bernini unter dem neuen Pontifex in Ungnade.

1646 Die Nepoten Urbans VIII., Kardinal Francesco und Fürst Taddeo Barberini, flüchten ins Exil nach Frankreich. Innozenz X. beschließt, die Arbeiten an den von Bernini konstruierten Glockentürmen für St. Peter einzustellen und die bisher aufgeführten Teile abtragen zu lassen. Bernini arbeitet an der Veritas-Skulptur sowie am Grabmal für Urban VIII. in St. Peter.

1647 Enthüllung des Urban-Grabmals am 1. März, das sich als aufsehenerregender Erfolg für den Künstler wie seine Auftraggeber herausstellt. Bernini erhält von Kardinal Federico Cornaro den Auftrag für eine Familienkapelle in Santa Maria della Vittoria, an der er bis 1652 arbeitet.
1648 Bernini gelingt es, die Gunst Innozenz X. zu gewinnen, der ihn mit der Gestaltung des Vier-Ströme-Brunnens auf der Piazza Navona beauftragt. Bernini inszeniert ihn als apotheotische Verklärung des päpstlichen Herrschaftsanspruchs, während in Münster und Osnabrück der Westfälische Friede zur Beendigung des Dreißigjährigen Krieges gegen den Protest der römischen Diplomaten geschlossen wird. Hungersnot in Rom.
1650 Porträtbüsten für Francesco I. d'Este, Herzog von Modena, sowie für Innozenz X. Bernini wird mit Festinszenierungen anlässlich des Heiligen Jahres beauftragt.
1654 Bernini entwirft das Grabmal für den spanischen Kardinal Domenico Pimentel in Santa Maria sopra Minerva.
1655 Innozenz X. stirbt am 7. Januar. Nach einem langen Konklave besteigt Fabio Chigi als Alexander VII. den Papstthron. Der neue Pontifex kennt Bernini seit der Zeit ihrer gemeinsamen Anfänge am Hof der Barberini und erteilt dem Künstler sogleich eine Reihe von Aufträgen, darunter die Neugestaltung der Chigi-Kapelle in Santa Maria del Popolo. Am 23. Dezember erfolgt der Einzug der Königin Christina von Schweden in die Ewige Stadt.
1656 Beginn der ersten Planungen für die Gestaltung des Petersplatzes.
1657 Grundsteinlegung für den Petersplatz; Beginn der Arbeiten für die Cathedra Petri. Geburt des jüngsten Sohnes und späteren Biographen Domenico Bernini am 3. August.
1658 Baubeginn von Sant'Andrea al Quirinale, im Auftrag des Fürsten Camillo Pamphili.
1662 Am 20. August kommt es zu Unruhen zwischen der Korsengarde und dem Hofstaat des französischen Botschafters in Rom. Die sich im Anschluss daran entwickelnde «Korsenaffäre» gipfelt in Kriegsdrohungen Ludwigs XIV. für den Fall, dass der Papst seinen Forderungen nach Genugtuung nicht nachkomme. Bernini arbeitet

unter anderem am Stadtpalast für den Kardinalnepoten Flavio Chigi, am Petersplatz und S. Maria dell'Assunzione in Ariccia.

1664 Der Vertrag von Pisa beendet am 12. Februar die Korsenaffäre. Zu den schwerwiegenden Zugeständnissen, die der gedemütigte Papst machen muss, gehört, seinem Künstlerfavoriten die Reise an den französischen Königshof zu gestatten.

1665 Reise Berninis nach Paris, wo er den Umbau des Louvre planen und leiten soll. Nach triumphaler Reise und Ankunft kühlt sich das Verhältnis zwischen dem Italiener und der französischen Hofgesellschaft schnell ab. Bernini skulptiert eine Porträtbüste des Königs. Er verlässt die französische Metropole nach knapp einem halben Jahr am 20. Oktober. Von seinen Louvre-Planungen wird nichts umgesetzt.

1666 Bernini erhält von Alexander VII. den Auftrag, einen im Jahr zuvor gefundenen Obelisken auf der Piazza vor S. Maria sopra Minerva zu errichten. Auf dem Rücken einer Elefantenskulptur als Symbol für Weisheit und Beständigkeit entsteht ein Meisterwerk der Herrscherpanegyrik.

1667 Tod Alexanders VII. am 22. Mai. Sein Nachfolger, Clemens IX., wird am 20. Juni gewählt; als Giulio Rospigliosi hatte der neue Papst seine Karriere als Kleriker und Opernlibrettist am Hof der Barberini begonnen. Letzte Hochblüte der Theaterkultur in Rom. Am 3. August stirbt Francesco Borromini.

1668 Arbeiten an der Engelsbrücke, die mit Monumentalskulpturen nach Berninis Entwürfen ausgestattet wird.

1669 Bernini entwirft im Auftrag des Papstes eine grandiose Neugestaltung für die Apsis von Santa Maria Maggiore, die jedoch nicht zur Ausführung kommt. Am 9. Dezember stirbt Clemens IX.

1670 Am 29. April wird der achtzigjährige Kardinal Emilio Altieri zum Papst gewählt und nimmt den Namen Clemens X. an. Die Regierungsgeschäfte liegen während seines Pontifikates weitgehend in den Händen des Kardinalnepoten Paluzzo Altieri degli Albertoni.

1671 Beginn der Planungen für die Cappella Albertoni in San Francesco a Ripa. Die Arbeiten an der Kapelle dauern bis zum Heiligen Jahr 1675.

1672 In St. Peter wird unter der Leitung Berninis mit den Arbeiten für das Grabmal Alexanders VII. begonnen, die bis 1678 andauern.

1673 Am 12. Juli stirbt Caterina Bernini im Wohnsitz der Familie in der Via delle Mercede.

1676 Tod Clemens' X. am 22. Juli. Kardinal Benedetto Odescalchi besteigt am 21. September als Innozenz XI. den Papstthron. Der neue Pontifex nimmt sogleich eine Reihe von wirtschaftlichen Reformmaßnahmen in Angriff. Zugunsten einer Sanierung der päpstlichen Kassen wird nicht zuletzt an Kunstaufträgen gespart.

1678 Bernini arbeitet an seiner letzten Skulptur, dem richtenden Christus.

1680 Bernini stirbt am 28. November und wird «beim Schein von vier Kerzen» in der Familiengruft in Santa Maria Maggiore beigesetzt.

Bibliographie

Quellen

Bibliotheken:

ASR – Archivio di Stato di Roma
ASV – Archivio Segreto Vaticano
ASVe – Archivio di Stato di Venezia
BAV – Biblioteca Apostolica Vaticana

Editionen:

Aronberg-Lavin, Marylin: Seventeenth-Century Barberini Documents and Inventories of Art, New York 1975

Baldinucci, Filippo: Vita del Cavaliere Gianlorenzo Bernini, Florenz 1682 (Deutsche Übersetzung: Filippo Baldinuccis Vita des Giovanni Lorenzo Bernini, mit Übersetzung und Kommentar von Alois Riegl aus seinem Nachlasse, hgg. von Arthur Burda und Oskar Pollak, Wien 1912)

Barozzi, Nicola und Berchet, Guglielmo (Hgg.): Relazioni della Corte di Roma lette al Senato dagli Ambasciatori Veneziani, 2 Bde., Venedig 1877/88

Bernini, Domenico: Vita del Cavaliere Gianlorenzo Bernini, Rom 1713

Chantelou, Paul Fréart Sieur de: Das Tagebuch des Herrn Paul Fréart von Chantelou, hgg. von Pablo Schneider und Philipp Zitzlsperger, Berlin 2006

Gigli, Giacinto: Diario romano, hgg. von Manlio Barberito, 2 Bde., Rom 1994

Jaitner, Klaus: Die Hauptinstruktionen Gregors XV. für die Nuntien und Gesandten an den europäischen Fürstenhöfen 1621–1623, 2 Bde., Tübingen 1997

Leti, Gregorio: Il Cardinalismo della Santa Chiesa, 3 Bde., Rom 1668

Passeri, Giovanni Battista: Vite de' Pittori, Scultori ed Architetti dall'anno 1641 sino all'anno 1673, hgg. von J. Hess, Leipzig-Wien 1934 (Neudruck 1995)

Pollak, Oskar: Die Kunsttätigkeit in Rom unter Urban VIII., 2 Bde., Wien 1928/31

Testi, Fulvio: Lettere, hgg. von Maria Luisa Doglio, 3 Bde., Bari 1967

Literatur

Ago, Renata: Carriere e clientele nella Roma barocca, Rom 1990

Angellini, Alessandro: Gianlorenzo Bernini e i Chigi tra Roma e Siena, Siena 1998

L'Ariccia del Bernini, hgg. von Francesco Petrucci, Ausst.Kat. Ariccia 1998

Avery, Charles: Bernini, München 1998

Bacchi, Andrea und Pierguidi, Stefano: Bernini e gli allievi. Giuliano Finelli, Andrea Bolgi, Francesco Mochi, François Duquesnoy, Ercole Ferrata, Antonio Raggi, Giuseppe Mazzuoli, Florenz 2008

Barcham, William L.: Grand in design. The life and career of Federico Cornaro, prince of the church, patriarch of Venice and patron of the arts, Venedig 2001

Ders.: Verwandtschafts- und Selbstrepräsentation in der Cornaro Kapelle, Rom, in: Arne Karsten und Philipp Zitzlsperger (Hgg.), Tod und Verklärung. Grabmalskultur in der Frühen Neuzeit, Köln u. a. 2004, S. 205–218

Behrmann, Carolin: Die Rückkehr des lebenden Toten. Berninis Grabmal Urbans VIII. Barberini (1623–1644), in: Horst Bredekamp und Volker Reinhardt (Hgg.), Totenkult und Wille zur Macht, Darmstadt 2004, S. 179–196

Dies.: Kleiner Mann mit Geltungsdrang. Kardinal Angelo Giori (1586–1662) und die feinen Unterschiede im Kardinalskollegium, in: Arne Karsten (Hg.), Jagd nach dem roten Hut, Göttingen 2004, S. 172–185

Dies.: Reanimation eines Papstes im Grabe. Das Grabmal Urbans VIII., in: Arne Karsten und Philipp Zitzlsperger (Hgg.), Tod und Verklärung, Köln u. a. 2004, S. 49–67

Bernardini, Maria Grazia: Bernini. Catalogo delle sculture, 2 Bde., Turin 2021

Bernasconi, Marzio: Il cuore irrequieto dei Papi. Percezione e valutazione ideologica del nepotismo sulla base dei dibattiti curiali del XVII secolo, Bern u. a. 2004

Bernini. Der Erfinder des barocken Rom, hgg. von Hans-Werner Schmidt u. a., Ausst.Kat. Leipzig 2014

Bernini Scultore. La nascita del barocco in Casa Borghese, hgg. von Anna Coliva und Sebastian Schütze, Ausst.Kat. Rom 1998

Bernini pittore, hgg. von Tommaso Montanari, Ausst.Kat. Rom 2007

Biagioli, Mario: Galilei der Höfling. Entdeckungen und Etikette – vom Aufstieg der neuen Wissenschaften, Frankfurt a. M. 1999

Biermann, Veronica: Von der Kunst abzudanken. Die Repräsentationsstrategien Königin Christina von Schwedens, Wien u. a. 2012

Birindelli, Massimo: Ortsbindung. Eine architekturkritische Entdeckung: Der Petersplatz des Gianlorenzo Bernini, Braunschweig 1987

Bourdieu, Pierre: Ökonomisches Kapital, kulturelles Kapital, soziales Kapital, in: Reinhard Kreckel (Hg.), Soziale Ungleichheiten, Göttingen 1983, S. 183–190 (Neuabdruck in: P. Bourdieu, Die verborgenen Mechanismen der Macht, hgg. von M. Steinrücke, Hamburg 1997, S. 49–80)

Bredekamp, Horst: Bernini als translegale Sonne, in: Summa. Dieter Simon zum 70. Geburtstag, hgg. von Rainer Maria Kiesow, Regina Ogorek und Spiros Simitis, Frankfurt a. M. 2005, S. 47–57

Ders.: St. Peter in Rom und das Prinzip der produktiven Zerstörung. Auf- und Abbau von Bramante bis Bernini, Berlin 2000

Ders. und Reinhardt, Volker (Hgg.): Totenkult und Wille zur Macht. Die unruhigen Ruhestätten der Päpste in St. Peter, Darmstadt 2004

Ders. u. a.: Vom Nutzen des Todes für Zeit und Ewigkeit. Anmerkungen zu den römischen Papst- und Kardinalsgrabmälern der frühen Neuzeit, in: Kritische Berichte 29 (2001), S. 7–20

Brunelli, Giampiero: Soldati del Papa. Politica militare e nobiltà nello Stato della Chiesa (1560–1644), Rom 2003

Büchel, Daniel und Karsten, Arne: Die «Borgia-Krise» des Jahres 1632: Rom, das Reichslehen Piombino und Europa, in: Zeitschrift für Historische Forschung 30 (2003), S. 389–411

Ders. und Reinhardt, Volker (Hgg.): Die Kreise der Nepoten. Neue Forschungen zu alten und neuen Eliten Roms in der frühen Neuzeit, Bern u. a. 2001

Ders. und Reinhardt, Volker (Hgg.): Modell Rom? Der Kirchenstaat und Italien in der Frühen Neuzeit, Köln u. a. 2003

Ders.: Raffe und regiere! Überlegungen zur Herrschaftsfunktion römischer Kardinalnepoten (1590–1655), in: Historische Anstöße. Festschrift für Wolfgang Reinhard, hgg. von Peter Burschel u. a., Berlin 2002, S. 197–234

Burbaum, Sabine: Die Rivalität zwischen Francesco Borromini und Gianlorenzo Bernini, Oberhausen 1999

Burschel, Peter u. a. (Hgg.): Historische Anstöße. Festschrift für Wolfgang Reinhard zum 65. Geburtstag, Berlin 2002

Caravaggio & Bernini. Entdeckung der Gefühle, hgg. von Gudrun Swoboda und Stefan Weppelmann, Ausst.Kat. Wien 2019

Chiomenti-Vasalli, Donata: Donna Olimpia, o del Nepotismo del Seicento, Mailand 1979

Connors, Joseph: Virgilio Spada's defence of Borromini, in: Burlington Magazine 131 (1989), S. 76–90

Costantini, Claudio: Fazione urbana. Sbandamento e ricomposizione di una grande clientela a metà Seicento, in: www.quaderni.net (2001)

Dombrowski, Damian: Giuliano Finelli, Frankfurt a. M. u. a. 1997

D'Onofrio, Cesare: Gian Lorenzo Bernini e gli angeli di Ponte S. Angelo. Storia di un ponte, Rom 1981

Ders.: Roma vista da Roma, Rom 1967

Effigies and Ecstasies. Roman baroque sculpture and design in the age of Bernini, hgg. von Aidan Weston-Lewis, Ausst.Kat. Edinburgh 1998

Eimer, Gerhard: La Fabbrica di S. Agnese in Navona. Römische Architektur, Bauherren und Handwerker im Zeitalter des Nepotismus, 2 Bde., Stockholm 1970

Elias, Norbert: Die höfische Gesellschaft. Untersuchungen zur Soziologie des Königtums und der höfischen Aristokratie, Frankfurt a. M. 1997 (1. Aufl. 1969)

Ders.: Über den Prozeß der Zivilisation. Soziogenetische und psychogenetische Untersuchungen, 2 Bde., Frankfurt 1997 (1. Aufl. 1939)

Emich, Birgit: Bürokratie und Nepotismus unter Paul V. Studien zur frühneuzeitlichen Mikropolitik in Rom, Stuttgart 2001

Dies.: Kardinal Francesco Barberini. Ein Papstneffe zwischen Kunst und Politik, in: Lorenza Mochi-Onori u. a. (Hgg.): I Barberini e la cultura europea del Seicento, Rom 2007, S. 111–116

Dies.: Territoriale Integration in der Frühen Neuzeit. Ferrara und der Kirchenstaat, Köln u. a. 2005

Dies. und Wieland, Christian (Hgg.): Kulturgeschichte des Papsttums in der Frühen Neuzeit, Berlin 2013

Erben, Dietrich: Die Kunst des Barock, München 2008

Ders.: Die Pyramide Ludwigs XIV. in Rom. Ein Schandmal im Dienst diplomatischer Vorherrschaft, in: Römisches Jahrbuch für Kunstgeschichte 31 (1996), S. 427–458

Ders.: Paris und Rom. Die staatlich gelenkten Kunstbeziehungen unter Ludwig XIV., Berlin 2004

Fagiolo dell'Arco, Marcello und Fagiolo dell'Arco, Maurizio: Bernini. Una introduzione al gran teatro del barocco, Rom 1967

Fagiolo dell'Arco, Maurizio: La Festa barocca, Rom 1997

Ders. (Hg.): Gianlorenzo Bernini e le arti visive, Rom 1987

Ders.: L'immagine al potere. Vita di Giovan Lorenzo Bernini, Rom-Bari 2001

Fosi, Irene: All'Ombra dei Barberini. Fedeltà e servizio nella Roma barocca, Rom 1997

Dies.: Fabio Chigi und der Hof der Barberini – Beiträge zu einer vernetzten Lebensgeschichte, in: Historische Anstöße, hgg. von Peter Burschel u. a., Berlin 2002, S. 179–195

Fraschetti, Stanislao: Il Bernini, Mailand 1900

Gampp, Axel C.: Der Baron als Bauherr: Konkurrenz zwischen Aristokraten und

Nepoten? In: Daniel Büchel und Volker Reinhardt (Hgg.), Die Kreise der Nepoten, Bern 2001, S. 135–160

Gianlorenzo Bernini. Regista del Barocco, hgg. von Maria Grazia Bernardini und Maurizio Fagiolo dell'Arco, Ausst.Kat. Rom 1999

Gijsbers, Pieter-Matthijs: Resurgit Pamphilij in Templo Pamphiliana Domus: Camillo Pamphilij's Patronage of the Church of Sant'Andrea al Quirinale, in: Medelingen van het Nederlands Instituut te Rome 55 (1996), S. 292–335

Hammond, Frederick: Music and Spectacle in Baroque Rome: Barberini Patronage under Urban VIII., New Haven 1994

Haskell, Francis: Maler und Auftraggeber. Kunst und Gesellschaft im italienischen Barock, Köln 1996 (1. Aufl. London 1963)

Herklotz, Ingo: Cassiano dal Pozzo und die Archäologie des 17. Jahrhunderts, München 1999

I marmi vivi. Bernini e la nascita del ritratto barocco, hgg. von Andrea Bacchi u. a., Ausst.Kat. Florenz 2009

Karsten, Arne (Hg.): Jagd nach dem roten Hut. Kardinalskarrieren im barocken Rom, Göttingen 2004

Ders. und Reinhardt, Volker: Kardinäle, Künstler, Kurtisanen. Wahre Geschichten aus dem päpstlichen Rom, Darmstadt 2004

Ders.: Kardinal Bernardino Spada. Eine Karriere im barocken Rom, Göttingen 2001

Ders.: Künstler und Kardinäle. Vom Mäzenatentum römischer Kardinalnepoten im 17. Jahrhundert, Köln u. a. 2003

Ders.: «Nepotismum discussurus» – Die Korsenaffäre 1662 und ihre Auswirkungen auf die Nepotismus-Diskussion an der Kurie, in: Historische Anstöße. Festschrift für Wolfgang Reinhard, hgg. von Peter Burschel u.a., Berlin 2002, S. 263-290

Ders. und Zitzlsperger, Philipp (Hgg.): Tod und Verklärung. Grabmalskultur in der Frühen Neuzeit, Köln u.a. 2004

Ders.: Triumph und Trauma. Das Grabmal für Alexander VII. Chigi (1655–1667), in: Horst Bredekamp und Volker Reinhardt (Hgg.), Totenkult und Wille zur Macht, Darmstadt 2004, S. 211–224

Ders. und Zitzlsperger, Philipp (Hgg.): Vom Nachleben der Kardinäle. Römische Kardinalsgrabmäler der frühen Neuzeit, Berlin 2010

Kessler, Hans-Ulrich: Pietro Bernini (1562–1629). Mit einem Katalog der Zeichnungen, München 2005

Kirwin, William Chandler: Powers matchless. The pontificate of Urban VIII, the baldachin and Gian Lorenzo Bernini, New York 1997

Köchli, Ulrich: Die Krise nach dem Papsttod: Die Barberini zwischen Rom und Frankreich 1644–1654, in: Daniel Büchel und Volker Reinhardt (Hgg.), Modell Rom?, Köln u. a. 2003, S. 63–80

DERS.: Urban VIII. und die Barberini. Nepotismus als Strukturmerkmal päpstlicher Herrschaftsorganisation in der Vormoderne, Stuttgart 2017

DERS.: Verflossener Ruhm – verwechselte Gebeine. Der vergessene Staatssekretär Lorenzo Magalotti (1583–1637), in: Arne Karsten (Hg.), Jagd nach dem roten Hut, Göttingen 2004, S. 140–155

KOJA, STEPHAN (Hg.): Bernini, der Papst und der Tod, Dresden 2021

KRAUS, ANDREAS: Das päpstliche Staatssekretariat unter Urban VIII. 1623–1644, Freiburg i. Br. 1964

DERS.: Der Kardinal-Nepote Francesco Barberini und das Staatssekretariat Urbans VIII., in: Römische Quartalsschrift 64 (1969), S. 191–208

DERS.: Die auswärtige Politik Urbans VIII. Grundzüge und Wendepunkte, in: Mélanges Eugène Tisserant, Città del Vaticano 1964, Bd. 4, S. 407–426

KRAUTHEIMER, RICHARD: Roma di Alessandro VII, Rom 1987

KRIS, ERNST und KURZ, OTTO: Die Legende vom Künstler. Ein geschichtlicher Versuch, Frankfurt a. Main 1995 (1. Aufl. 1934)

LAVIN, IRVING: Bernini and the unity of visual arts, New York-London, 1980

DERS.: Bernini a San Pietro. Singularis in singulis, in omnibus unicum, Rom 2004

DERS.: Bernini e l'immagine del principe cristiano ideale, Modena 1998

DERS.: The young Bernini, in: Studi sul barocco romano. Scritti in onore di Maurizio Fagiolo dell'Arco, Rom 2004, S. 39–56

DERS.: Visible spirit. The art of Gian Lorenzo Bernini, 3 Bde., London 2007–2012

LEMAN, AUGUSTE: Urbain VIII et la rivalité de la France et de la maison d'Autriche de 1631 à 1635, Lille-Paris 1920

L'immagine sovrana. Urbano VIII e i Barberini, Ausst.Kat. Rom 2023

LLOYD, KAREN J.: Art, patronage and nepotism in early modern Rome, New York 2023

LUTZ, GEORG: Roma e il mondo germanico nel periodo della guerra dei Trent'-Anni, in: Gianuittono Signorotto und Maria Antonietta Visceglia (Hgg.), La Corte di Roma tra Cinque e Seicento, Rom 1998, S. 425–460

DERS.: Rom und Europa während des Pontifikats Urbans VIII., in: Reinhard Elze u.a. (Hgg.), Rom in der Neuzeit. Politische, kirchliche und kulturelle Aspekte, Wien-Rom 1976, S. 72–167

DERS.: Urbano VIII, in: Enciclopedia dei Papi, 3 Bde., Rom 2000, Bd. 3, S. 298–321

MARDER, TOD A.: Bernini's Scala Regia at the Vatican Palace, Cambridge u. a. 1997

DERS.: Gianlorenzo Bernini, Mailand 1998

MCPHEE, SARAH: Bernini's bell towers for St. Peter's and the politics of architecture at the Vatican, New Haven 1997

DIES.: Bernini's beloved. A portrait of Costanza Piccolomini, New Haven 2012

MENNITI-IPPOLITO, ANTONIO: Il Tramonto del Nepotismo alla Curia romana, Rom 1999

METZGER HABEL, DOROTHY: The urban development of Rome in the age of Alexander VII, Cambridge 2002

MIGNOSI-TANTILLO, ALMAMARIA: I Chigi ad Ariccia nel '600, in: L'Arte per i papi e per i principi nella campagna romana. Grande pittura del '600 e del '700, Ausst.Kat., 2 Bde., Rom 1990, Bd. 2, S. 69–114

MONTAGU, JENNIFER: Alessandro Algardi, 2 Bde., London 1985

MONTANARI, TOMASO: Bernini e Cristina di Svezia, in: Alessandro Angellini, Giovanni Lorenzo Bernini ed i Chigi tra Roma e Siena, Siena 1998, S. 328–477

DERS.: Il cardinale Decio Azzolini e le collezioni d'arte di Cristina di Svezia, in: Studi secenteschi 38 (1997), S. 185–264

MORMANDO, FRANCO: Gian Paolo Oliva. The forgotten celebritiy of baroque Rome, in: The holy name. Art of the Gesù. Bernini and his age, hgg. von Linda Wolk-Simon, Philadelphia 2018, 185–224

NEGRO, ANGELA: La collezione Rospigliosi. La quadreria e la commitenza artistica di una famiglia patrizia a Roma nel Sei e Settecento, Rom 1999

PANOFSKY, ERWIN: Die Scala Regia im Vatikan und die Kunstanschauungen Berninis, in: Jahrbuch der Preußischen Kunstsammlungen 40 (1919), S. 241–278

PASTOR, LUDWIG FREIHERR V.: Geschichte der Päpste seit dem Ausgang des Mittelalters, Bde. XII–XIV/1, Freiburg i. Br. 1929

PERLOVE, SHELLEY KAREN: Bernini and the idealization of death: the blessed Ludovica Albertoni and the Altieri Chapel, University Park 1990

PETRUCCI, FRANCESCO: Il ritrovato busto del Salvatore di Gianlorenzo Bernini, in: Bollettino d'Arte 88 (2003), S. 53–66

PREIMESBERGER, RUDOLF: Obeliscus Pamphilius. Beiträge zur Vorgeschichte und Ikonographie des Vierströmebrunnens auf der Piazza Navona, in: Münchner Jahrbuch der bildenden Kunst 25 (1974), S. 77–162

DERS.: Zu Berninis Borghese-Skulpturen, in: Herbert Beck und Sabine Schulze (Hgg.), Antikenzeption im Hochbarock, Berlin 1989, S. 109–127

PRODI, PAOLO: Il sovrano pontefice. Un corpo e due anime: La monarchia papale nella prima età moderna, Bologna 1982

RADER, OLAF B.: Grab und Herrschaft. Politischer Totenkult von Alexander d. Gr. bis Lenin, München 2003

REINHARD, WOLFGANG: Amici e Creature. Politische Mikrogeschichte der römischen Kurie im 17. Jahrhundert, in: QFIAB (Quellen und Forschungen der italienischen Archiven und Bibliotheken) 76 (1996), S. 309–333

DERS.: Freunde und Kreaturen. «Verflechtung» als Konzept zur Erforschung historischer Führungsgruppen. Römische Oligarchie um 1600, München 1979

DERS.: Geschichte der Staatsgewalt. Eine vergleichende Verfassungsgeschichte Europas von den Anfängen bis zur Gegenwart, München 1999

Ders.: Nepotismus. Der Funktionswandel einer papstgeschichtlichen Konstante, in: Zeitschrift für Kirchengeschichte 86 (1975), S. 145–185

Ders.: Papstfinanz und Nepotismus unter Paul V. Borghese (1605–1621). Studien und Quellen zur Struktur und quantitativen Aspekten des päpstlichen Herrschaftssystems, 2 Bde., Stuttgart 1974

Ders.: Paul V. Borghese (1605–1621). Mikropolitische Papstgeschichte, Stuttgart 2009

Ders. (Hg.): Römische Mikropolitik unter Papst Paul V. Borghese (1605–1621) zwischen Spanien, Neapel, Mailand und Genua, Tübingen 2004

Reinhardt, Volker: Im Schatten von St. Peter. Eine Geschichte des barocken Rom, Darmstadt 2011

Ders.: Kardinal Scipione Borghese (1605–1633). Vermögen, Finanzen und sozialer Aufstieg eines Papstnepoten, Tübingen 1984

Ders.: Rom. Ein illustrierter Führer durch die Geschichte, München 1999

Ders.: Rom. Kunst und Geschichte 1480–1650, Würzburg-Freiburg i. Br. 1992

Ders.: Überleben in der frühneuzeitlichen Stadt. Annona und Getreideversorgung in Rom 1563–1797, Tübingen 1991

Roberto, Sebastiano: Gianlorenzo Bernini e Clemente IX Rospigliosi. Arte e architettura a Roma e in Toscana nel Seicento, Rom 2004

Schiavo, Armando: Il viaggio del Bernini in Francia nei documenti dell'Archivio Segreto Vaticano, in: Bollettino del centro di Studi per la storia d'architettura 10 (1956), S. 23–80

Schütze, Sebastian: «Urbano inalza Pietro, e Pietro Urbano». Beobachtungen zu Idee und Gestalt der Ausstattung von Neu-St. Peter unter Urban VIII., in: Römisches Jahrbuch der Bibliotheca Hertziana 29 (1994), S. 215–287

Signorotto, Gianvittorio und Visceglia, Maria Antonietta (Hgg.): La Corte di Roma tra Cinque e Seicento. «Teatro» della politica europea, Rom 1998

Strunck, Christina: Berninis unbekanntes Meisterwerk. Die Galleria Colonna in Rom und die Kunstpatronage des römischen Uradels, München 2007

Dies.: Die Konkurrenz der Paläste. Alter Adel versus Nepoten im Rom des Seicento, in: Daniel Büchel und Volker Reinhardt (Hgg.), Die Kreise der Nepoten, Bern u. a. 2001, S. 203–233

Tamburini, Elena: Gian Lorenzo Bernini e il teatro dell'arte, Florenz 2012

Terhalle, Johannes: Sant'Andrea al Quirinale von Gian Lorenzo Bernini. Von den Anfängen bis zur Grundsteinlegung, Weimar 2011

Tratz, Helga: Werkstatt und Arbeitsweise Berninis, in: Römisches Jahrbuch der Bibliotheca Hertziana 27/28 (1991/92), S. 337–374

Visceglia, Maria Antonietta: La città rituale. Roma e le sue cerimonie in età moderna, Rom 2002

Dies.: La giusta Statera de' Porporati. Sulla composizione e rappresentazione del Sacro Collegio nella prima metà del Seicento, in: Roma moderna e contemporanea 4 (1996), S. 167–212

DIES. (Hg.): La nobiltà romana in età moderna, Profili istituzionali e pratiche sociali, Rom 2001

DIES.: Morte e elezioni del Papa. Norme, riti e conflitti. L'età moderna, Rom 2013

WARNKE, MARTIN: Hofkünstler. Zur Vorgeschichte des modernen Künstlers, Köln 1985

WASSILOWSKY, GÜNTHER: Die Konklavereform Gregors XV. (1621/22). Wertkonflikte, symbolische Inszenierung und Verfahrenswandel im posttridentinischen Papsttum, Stuttgart 2010

DERS. und WOLF, HUBERT (Hgg.): Normen und Symbole im päpstlichen Rom der frühen Neuzeit, Münster 2005

WEBER, CHRISTOPH: Die päpstlichen Referendare 1566–1809. Chronologie und Prosopographie, 3 Bde., Stuttgart 2003

DERS.: Genealogien zur Papstgeschichte, 6 Bde., Stuttgart 1999–2002

DERS. (Hg.): Legati e Governatori nello Stato Pontificio (1550–1809), Rom 1994

DERS.: Senatus Divinus. Verborgene Strukturen im Kardinalskollegium der frühen Neuzeit (1500–1800), Frankfurt a. Main 1996

WITTKOWER, RUDOLF: Arte e architettura in Italia 1600–1750, Turin 1972 (1. Aufl. London 1958)

DERS.: Bernini. The Sculptor of the Roman Baroque, London 1990 (1. Aufl. London 1955)

WOOD, CAROLYN H.: The Indian Summer of Bolognese Painting: Gregory XV (1621–1623) and Ludovisi art patronage in Rome, Ann Arbor 1988

ZITZLSPERGER, PHILIPP: Gianlorenzo Bernini. Die Papst- und Herrscherporträts. Zum Verhältnis von Bildnis und Macht, München 2002

DERS.: Stumme Diener? Papst- und Kardinalsporträts im diplomatischen Einsatz, in: Daniel Büchel und Volker Reinhardt (Hgg.), Modell Rom? Der Kirchenstaat und Italien in der Frühen Neuzeit, Köln u. a. 2003, 137–150

ZOLLIKOFER, KASPAR: Berninis Grabmal für Alexander VII. Fiktion und Repräsentation, Worms 1994

ZUNCKEL, JULIA: Rangordnungen der Orthodoxie? Päpstlicher Suprematieanspruch und Wertewandel im Spiegel der Präzedenzkonflikte am heiligen römischen Hof in post-tridentinischer Zeit, in: Günther Wassilowsky und Hubert Wolf (Hgg.), Werte und Symbole im frühneuzeitlichen Rom, Münster 2005, S. 101–128

DIES. und KARSTEN, ARNE: Perspektiven der Romforschung, in: Historische Zeitschrift 282 (2006), S. 681–715

Abbildungsnachweis

Berlin, Philipp Zitzlsperger: *Abb. 18, 27, 50;* bpk/RMN – Grand Palais/Gérard Blot: *Abb. 40*; akg-images/Manuel Cohen: *Abb. 49*

Charles Avery: Bernini. Genius of the baroque, London 1997: *Abb. 17, 30, 38, 39, 44*
Andrea Bacchi (Hg.): Scultura del '600 a Roma, Mailand 1996: *Abb. 29*
Heinrich Brauer und Rudolf Wittkower (Hgg.): Die Zeichnungen des Gianlorenzo Bernini, Berlin 1931: *Abb. 5, 14, 15*
Horst Bredekamp: Thomas Hobbes, der Leviathan. Das Urbild des modernen Staates und seine Gegenbilder 1651–2001, Berlin 2003: *Abb. 41*
Anna Coliva und Sebastian Schütze (Hgg.): Bernini scultore. La nascita del barocco in Casa Borghese, Rom 1998: *Abb. 1, 2, 3, 6, 8, 9, 10, 11, 13, 19, 21*
Maurizio Fagiolo Dell'Arco: La festa barocca, Rom 1997: *Abb. 35*
Oreste Ferrari und Serenita Papaldo: Le sculture del Seicento a Roma, Rom 1999: *Abb. 25, 28*
Axel Christoph Gampp: Die Peripherie als Zentrum. Strategien des Städtebaus im römischen Umland, 1600–1730. Die Beispiele Ariccia, Genzano und Zagarolo, Worms 1996: *Abb. 45*
Mario Gori Sassoli: Roma veduta. Disegni e stampe panoramiche della cittá dal XV al XIX secolo, Rom 2000: *Abb. 47, Vorsatz*
Richard Krautheimer: The Rome of Alexander VII., Princeton 1985: *Abb. 32, 43*
Tod A. Marder: Bernini's Scala Regia at the Vatican, Cambridge 1997: *Abb. 33, 34*
Sarah McPhee, Bernini's bell towers for St. Peter's and the politics of architecture at the Vatican, New Hawen 1997: *Abb. 20*
Gerda Panofsky: Michelangelos «Christus» und sein römischer Auftraggeber, Worms 1991: *Abb. 4*
Francesco Petrucci: Il ritrovato busto del Salvatore di Gianlorenzo Bernini, in: Bollettino d'Arte 88 (2003), S. 53–66: *Abb. 51*
Antonio Pinelli (Hg.): La Basilica di San Pietro in Vaticano, 4 Bde., Modena 2000: *Abb. 16, 22, 23, 24, 31, 42*
Eduard A. Safarik: Palazzo Colonna, Rom 1999: *Abb. 37*
Rudolf Wittkower: Bernini. The sculptor of the Roman Baroque, London 2001: *Abb. 7, 12, 26, 46*
Alle weiteren Abbildungen stammen aus dem Archiv des Autors oder des Verlages

Personenregister

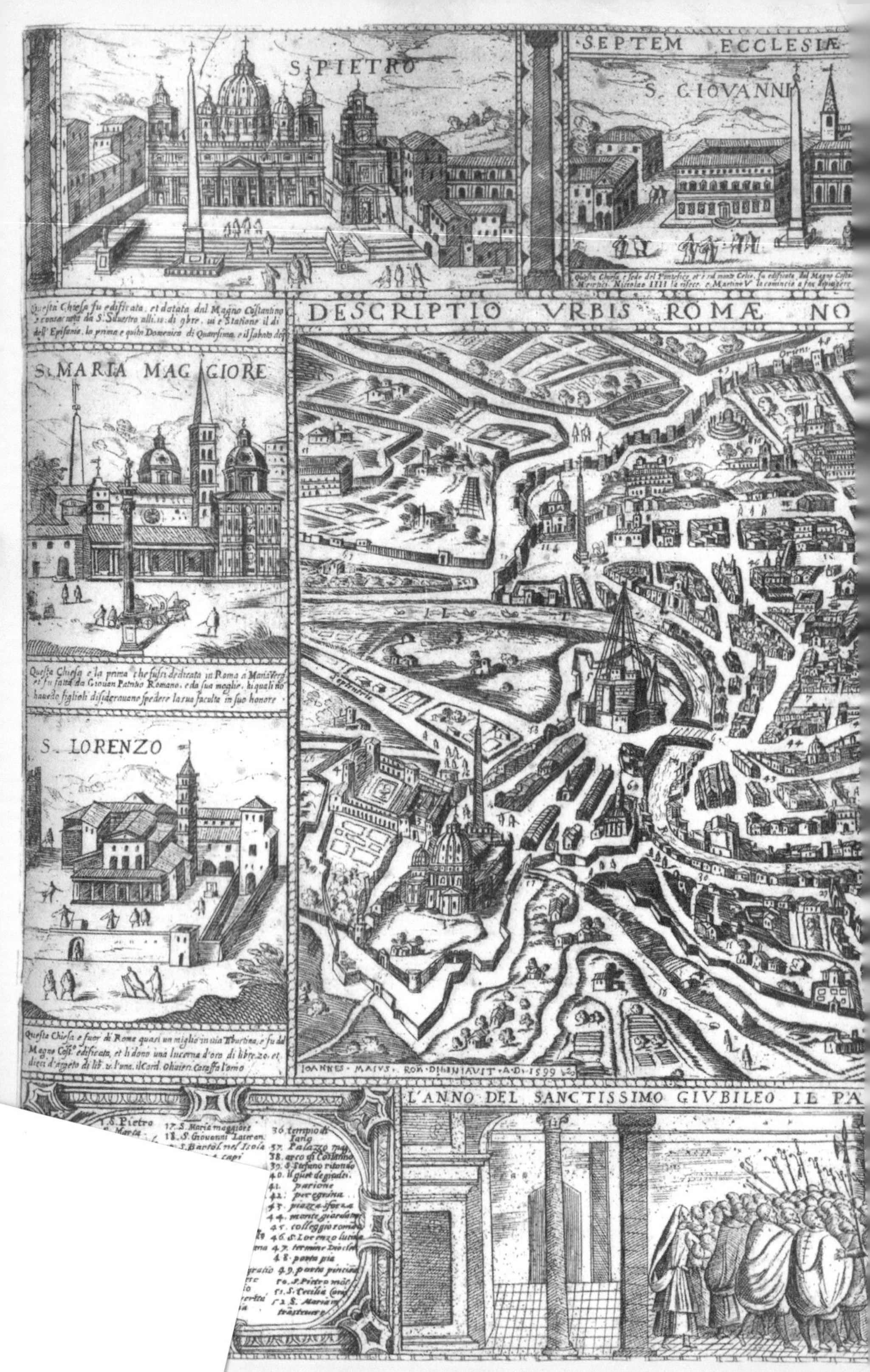
S. PIETRO
SEPTEM ECCLESIÆ
S. GIOVANNI
DESCRIPTIO VRBIS ROMÆ NO
S. MARIA MAGGIORE
S. LORENZO
IOANNES MAIVS ROM. DELINIAVIT A.D. 1599
L'ANNO DEL SANCTISSIMO GIVBILEO IL PA